WhatsApp

Wirklich einfach erklärt

BILDNER Verlag GmbH
Bahnhofstraße 8
94032 Passau

http://www.bildner-verlag.de
info@bildner-verlag.de

ISBN: 978-3-8328-0632-3

Autorin: Anja Schmid
Herausgeber: Christian Bildner

Bildnachweis:
Cover: ©Evgeny Atamanenko - stock.adobe.com
Kapitelbilder: olliethedesigner - stock.adobe.com

Druck: CPI Clausen & Bosse GmbH, Birkstr. 10, 25917 Leck

Inhaltsverzeichnis

Wichtiges vorab

WhatsApp ist ein Messenger, also ein Programm, mit dem Sie Nachrichten schnell versenden und anzeigen. Neben WhatsApp gibt es eine Vielzahl anderer Messenger, wie z. B. Facebook Messenger, Skype, Signal oder Threema, um nur einige zu nennen. Wichtig zu wissen ist, dass Sender und Empfänger den gleichen Messenger verwenden müssen, um sich austauschen zu können. Mit WhatsApp haben Sie sich für den derzeit meist verbreiteten Messenger entschieden.

Über eine Milliarde Menschen nutzen WhatsApp und versenden damit Nachrichten, Fotos oder Videos. WhatsApp ist für Android-Smartphones (wie z. B. Samsung, OPPO, Xiaomi, Sony und viele andere) und für iPhones (Apple) erhältlich. Zwischen diesen Geräten können Nachrichten problemlos über WhatsApp ausgetauscht werden.

Bedienung und Funktionen von WhatsApp sind auf allen Geräten ähnlich. Dennoch bestehen Unterschiede und es ist möglich, dass eine Funktion für Android-Smartphones bereits zur Verfügung steht, während iPhone-Nutzer noch darauf warten müssen und umgekehrt.

Das vorliegende Buch wurde für Android-Smartphones konzipiert. Welches Android-Smartphone Sie verwenden, ist zum Verständnis von untergeordneter Bedeutung, da die aktuelle Version von WhatsApp auf allen Geräten überwiegend gleich aussieht.

Was ist Android?

Android ist das Betriebssystem Ihres Smartphones. Es bildet die Plattform zur Speicherung der Apps und zur Ausführung aller Gerätefunktionen. Hersteller, wie z. B. Samsung, OPPO, Xiaomi, Sony, Wiko, Google etc. verwenden Android für ihre Smartphones.

Wie entstehen Unterschiede im Aussehen von Android?

Viele Hersteller versehen Android mit einem eigenen Design, z. B. Samsung. Da die Marke Android zu Google gehört, verfügen Google-Smartphones über eine unveränderte Android-Oberfläche. Dieses wird in diesem Buch als Standard-Android bezeichnet.

Neben herstellerspezifischen Veränderungen kommt es auch auf die verwendete Android-Version an. Die aktuelle Version ist Android 14. Die aktuelle Android-Version wird nicht notwendigerweise allen Smartphones zur Verfügung gestellt. Selbst wenn Sie ein neues Gerät gekauft haben, kann dort eine ältere Version von Android installiert sein.

Zur Nutzung des Messengers wird von WhatsApp eine Version nicht niedriger als Android 5.0) empfohlen. Wenn Sie ein neues Smartphone kaufen, wird wahrscheinlich Android 13 oder 14 auf dem Smartphone installiert sein – also kein Problem.

Was bedeuten die Unterschiede für WhatsApp?

Die Oberfläche und Menüführung des aktuellen WhatsApp ist auf allen Android-Geräten gleich. Kleine Unterschiede treten an den Stellen auf, wo Sie WhatsApp verlassen. Das ist beispielsweise der Fall im Aussehen und der Funktionsweise der Bildschirmtastatur. Also bei allen Bereichen, die nicht direkt WhatsApp betreffen, z. B. Einstellungen des Smartphones, der Speicherort von Fotos etc.

WhatsApp Updates

WhatsApp erhält kontinuierlich Updates, die den Funktionsumfang der App erweitern bzw. verbessern. Deswegen ist es möglich, dass sich Abweichungen zu den Abbildungen und Erläuterungen in diesem Buch ergeben.

Nutzung im WLAN und in mobilen Netzen

WLAN steht für Wireless Local Area Network, also ein kabelloses lokales Netzwerk. Für Zuhause haben Sie im Zuge eines Vertragsabschluss mit einem Provider (z. B. O2, Vodafone, Telekom, 1&1 etc.) wahrscheinlich einen Router (Internetzugang über die Telefonleitung) oder ein Kabelmodem (Internetzugang über eine TV-Kabelverbindung) erhalten und eingerichtet. Mit diesem Gerät verbinden Sie Ihr Smartphone, aber auch den Computer, Laptop oder das Tablet und erhalten dadurch eine Verbindung zum Internet. Außerhalb eines WLANs verbindet sich das Smartphone über das Mobilfunknetz mit dem Internet (mobile Datenverbindung).

Mobile Datenverbindung und Datenvolumen

Als Teil Ihres Vertrags für Ihr Smartphone wird Ihnen ein bestimmtes Datenvolumen für den laufenden Monat zur Verfügung gestellt, z. B. 6 GB (Gigabyte). Dieses Datenvolumen verbrauchen Sie, wenn Sie **nicht** mit einem WLAN-Netzwerk verbunden sind und im Internet surfen oder WhatsApp verwenden. Sie nutzen dann eine **mobile Datenverbindung**.

Wenn das Datenvolumen aufgebraucht ist, ist die Nutzung der genannten Dienste zwar theoretisch noch möglich, aber praktisch zu langsam, da die Geschwindigkeit von den Anbietern „gedrosselt“ wird. Manche Verträge sehen aber auch vor, dass das Datenvolumen für diesen Fall automatisch kostenpflichtig erweitert wird.

Eine Nachricht über WhatsApp zu versenden oder zu erhalten, reduziert Ihr Datenvolumen nur sehr geringfügig. Die Übertragung einer größeren Menge an Fotos oder gar ein Videotelefonat schlägt hier schon stärker zu Buche. Deshalb sollten Sie für diese Aktionen das Smartphone mit einem WLAN verbinden. Ob Ihr Gerät momentan mit einem WLAN verbunden ist, entnehmen Sie der Statusleiste am oberen Rand des Smartphone-Displays.

Smartphone ist mit WLAN verbunden

Smartphone ist **nicht** mit WLAN verbunden

Versuchen Sie, wenn möglich, beim Ausprobieren und später auch bei der alltäglichen Nutzung von WhatsApp Ihr Smartphone mit einem WLAN zu verbinden. Das schont das Datenvolumen Ihres Mobilfunkvertrags.

Nutzung von fremden WLAN

Hotspots, offenes WLAN oder free WiFi bieten alles dasselbe – eine kostenlose Internetverbindung. Diese Möglichkeit erhalten Sie oft in Einkaufszentren, Bahnhöfen, in Zügen oder Cafés. Wenn Sie sich mit einem offenen WLAN verbinden sollten Sie unbedingt darauf achten, während der Nutzung keine sensiblen Daten einzugeben, d. h. beispielsweise kein Online-Banking oder Bezahlung mit Kreditkarte. Tatsächlich betrifft dies jede Form der Eingabe von Kennwörtern. Behalten Sie sich diese Aktionen vor, wenn Sie wieder mit Ihrem heimischen WLAN verbunden sind.

Darüber hinaus sollten Sie im Hotel oder einer Ferienwohnung erfragen, ob die Nutzung des WLANs kostenlos ist.

Über dieses Buch

Befehle und Bezeichnungen von Schaltflächen sind zur besseren Unterscheidung farbig und kursiv hervorgehoben, zum Beispiel: Tippen Sie auf die Schaltfläche ***Neuer Chat***.

Im Text finden Sie Nummerierungen 1. Diese beziehen sich meistens auf die darunter aufgeführten Bilder. Auf Ausnahmen wird hingewiesen.

Sowohl Ihr Smartphone als auch WhatsApp verfügen über ***Einstellungen***. Dabei handelt es sich um zwei völlig unterschiedliche Bereiche:

- Die ***Einstellungen*** Ihres Smartphones rufen Sie über die App ***Einstellungen*** auf. Diese App wird je nach Smartphone-Typ mit einem anderen Symbol dargestellt; oft mit einem Zahnradsymbol.
- Die ***Einstellungen*** von WhatsApp öffnen Sie in WhatsApp über das Menü. Hier legen Sie z. B. Ihr Profilbild fest.
- Naturgemäß werden in diesem Buch die WhatsApp Einstellungen behandelt. Für die wenigen Fälle, die die Einstellungen Ihres Smartphones zum Thema haben, wird, um Verwechslungen vorzubeugen, folgendes Symbol abgebildet:

  Die Darstellung der Einstellungen unterscheidet sich ein wenig von Hersteller zu Hersteller, hier ein paar Beispiele:

Samsung Xiaomi POCO OPPO Wiko

Kapitel 01

WhatsApp einrichten

Das erwartet Sie hier!

- Das Smartphone liegt vor Ihnen, aber wie kommt WhatsApp da jetzt drauf? Dazu benötigen Sie den **Play Store** – eine App, die bereits auf Ihrem Smartphone installiert ist. Der Play Store ist der Supermarkt für weitere Apps. Hier können Sie WhatsApp herunterladen.
- Danach folgt die **Einrichtung**. Dabei erlauben Sie WhatsApp den Zugriff auf verschiedene Bereiche Ihres Smartphones, z. B. den Zugriff auf gespeicherte Fotos. Außerdem richten Sie ein **Profil** ein. Dieses besteht aus einem Namen und optional aus einem Bild.
- Sie erhalten einen kurzen **Überblick** über die einzelnen Funktionen und wo Sie diese aufrufen. Außerdem erfahren Sie, wie Sie **Kontaktinformationen** (Mobilnummer) von Freunden hinzufügen.

Das Standardgerät zur Nutzung von WhatsApp ist das **Smartphone**. Im Einrichtungsprozess wird kein klassisches Benutzerkonto mit Name und Kennwort erstellt, wie Sie es vielleicht von der Einrichtung Ihres E-Mail-Kontos kennen. WhatsApp verlangt lediglich eine Telefonnummer und wird mit dieser verknüpft, weshalb ursprünglich WhatsApp mit derselben Handy-Nummer nur an einem Gerät betrieben werden konnte. Mittlerweile ist es jedoch möglich, dasselbe WhatsApp-Konto auf mehreren Telefonen zu nutzen, also ein weiteres Smartphone mit dem WhatsApp-Konto zu verknüpfen.

Darüber hinaus können Sie die WhatsApp-Inhalte Ihres Smartphones mittels einer Verknüpfung im Browser eines Laptops oder Tablets anzeigen. Wie das geht, erfahren Sie auf Seite 224.

Falls Sie in Ihr Handy zwei SIM-Karten einlegen können, ist es auch möglich beide Nummern mit WhatsApp zu verknüpfen.

1.1 WhatsApp installieren & einrichten

Gleich zu Beginn ein **Warnhinweis**: Falls Sie WhatsApp schon auf einem anderen Smartphone nutzen und Ihre Daten auch auf dem neuen Smartphone zur Verfügung stehen sollen, folgen Sie nicht gänzlich dieser Anleitung, sondern lesen Sie zunächst das Kapitel ***Datensicherung & Umzug***.

Außerdem ist es von Vorteil, wenn Ihr Smartphone beim Herunterladen der App mit einem WLAN verbunden ist. In der Regel ist Ihr Smartphone so eingerichtet, dass es sich Zuhause automatisch mit dem vorhandenen WLAN-Router verbindet.

App im Play Store finden und installieren

Play Store aufrufen: Zunächst müssen Sie den Play Store öffnen.

- Die Kachel für den Play Store befindet sich oft auf dem Startbildschirm des Smartphones. Tippen Sie diese an ❶.
- Vielleicht müssen Sie auch auf eine der folgenden Startbildschirmseiten wechseln. Dazu wischen Sie horizontal über das Display. Xiaomi-Handys verteilen die installierten Apps z. B. auf nachfolgenden Seiten.

- Viele Smartphones verwenden eine „App-Schublade", z. B. Geräte von Samsung. Hier sind alle installierten Apps aufgelistet. Zur Anzeige des App-Bildschirms wischen Sie von unten nach oben über den Bildschirm.

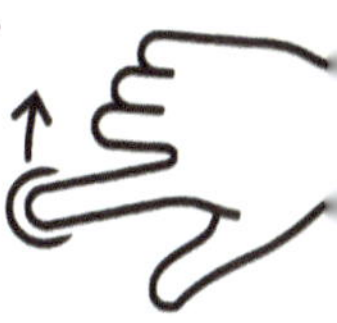

- Ältere Handys verwenden eine App-Bildschirm-Schaltfläche ❷. Diese tippen Sie an, um alle Apps anzuzeigen.

Probleme mit dem Play Store? Bei der Ersteinrichtung Ihres Smartphones haben Sie sich mit einem Google-Konto angemeldet. Dieses besteht aus einer E-Mail-Adresse, z. B. beispielname@gmail.com, und einem Kennwort. In diesem Fall können Sie den Play Store nutzen. Ist dies nicht der Fall, müssen Sie sich nachträglich für den Play Store anmelden.

WhatsApp anzeigen und installieren:

- Geben Sie ***whatsapp*** oben in das Suchfeld ein ③.

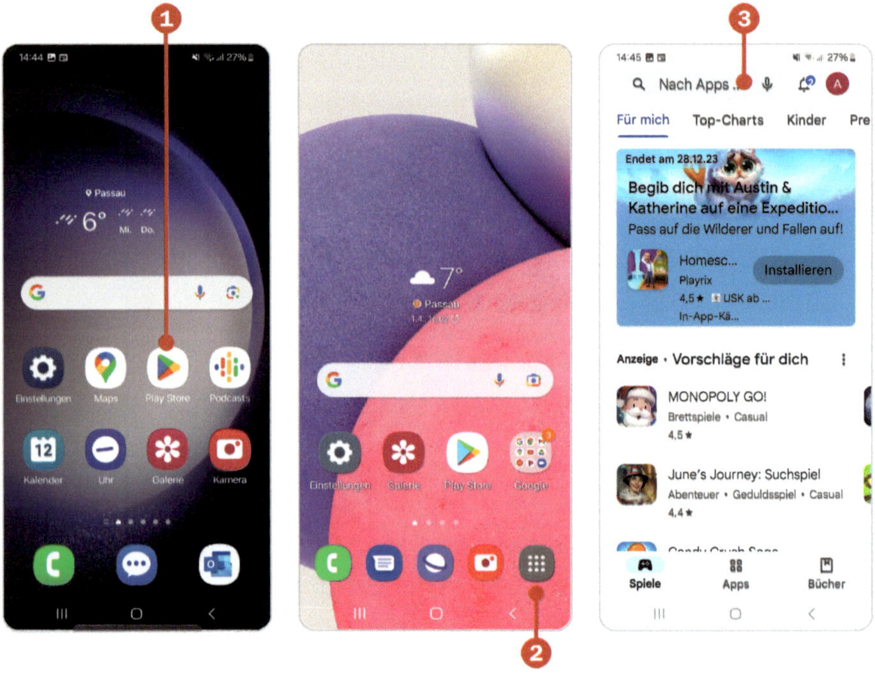

- Sie müssen das meist gar nicht ausschreiben, weil eine Liste mit Vorschlägen ④ angezeigt wird, aus der Sie durch Antippen auswählen. Wenn Sie den App-Namen ausgewählt haben, erscheint in der Regel sofort im oberen Bereich die gesuchte App.

Installieren Sie die richtige App: Manche Hersteller versuchen, am Erfolg von WhatsApp teilzuhaben und beispielsweise durch ein ähnliches Logo Nutzer zu verleiten, ihre App versehentlich herunterzuladen. Achten Sie beim Download darauf, den *WhatsApp Messenger* der Firma *WhatsApp LLC* (5) auszuwählen. Ein anderer Hinweis auf die richtige App ist die Anzahl ihrer Gesamtdownloads, die mit mehr als 5 Milliarden (6) beziffert wird. „Mogel-Apps" erreichen diese Downloadzahl nicht.

- Tippen Sie auf ***Installieren***. Nach erfolgtem Download wird die Schaltfläche ***Öffnen*** (7) angezeigt. Tippen Sie diese an, um WhatsApp zu öffnen.

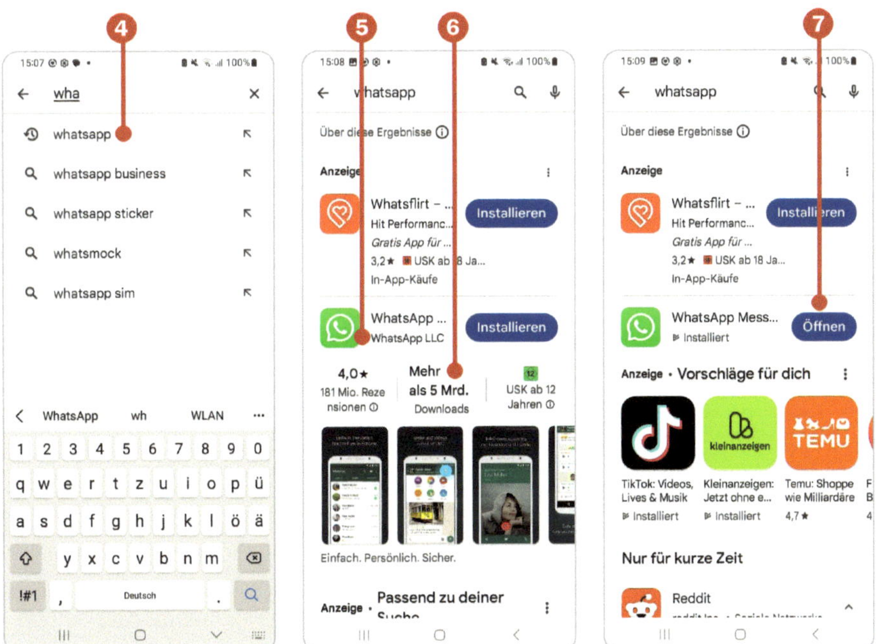

WhatsApp einrichten

Nach dem Öffnen von WhatsApp müssen Sie einmalig einige Einstellungen vornehmen, bevor Sie die App verwenden können:

- WhatsApp verwendet standardmäßig die am Gerät eingestellte Sprache ❶. Tippen Sie auf , um dies beizubehalten oder wählen Sie eine andere Sprache aus.
- Stimmen Sie dann den Nutzungsbedingungen und Datenschutzrichtlinien zu. Um diese zu lesen, tippen Sie auf die farbig hinterlegten Worte ❷. Die rechtlichen Hinweise werden im Browser angezeigt. Streichen Sie vertikal über den Bildschirm, um durch den Text zu blättern. Verwenden Sie dann die Zurück-Taste Ihres Smartphones, um wieder zu WhatsApp zurückzukehren. Tippen Sie auf ***Zustimmen und Fortfahren***.
- WhatsApp möchte Ihnen Benachrichtigungen schicken. Bestätigen Sie die Anfrage mit ***Zulassen*** ❸.

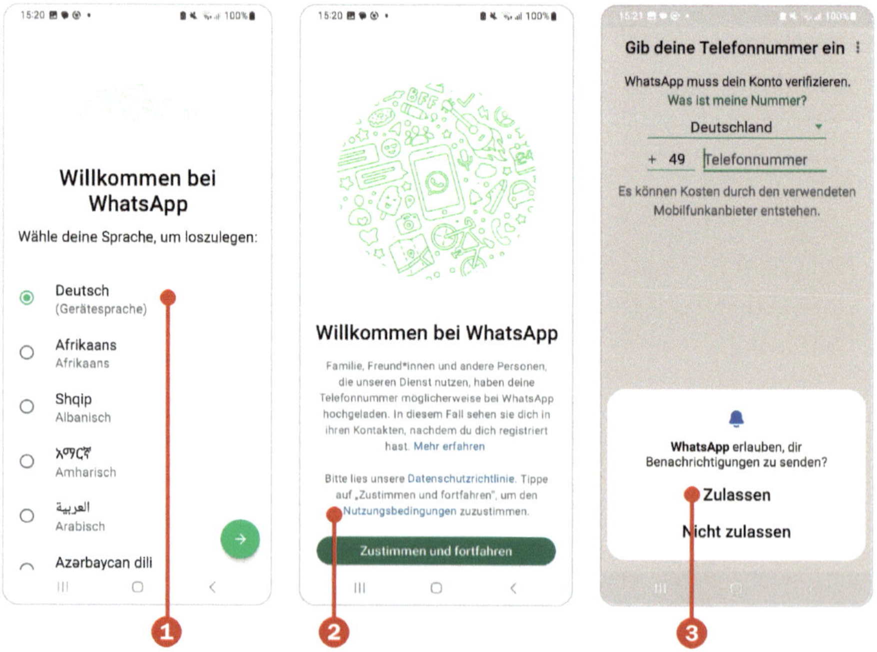

Was ist die Zurück-Taste?

Die Navigationstasten Ihres Smartphones werden in der Regel als Bildschirmtasten unten angezeigt, ältere Smartphone-Modelle verfügen zum Teil auch noch über physische Tasten. Die Home-Taste, zur Anzeige des Startbildschirms, ist in der Mitte, die Zurück-Taste befindet sich bei manchen Geräten rechts, bei anderen links von der Home-Taste. Die Zurück-Taste wird in Pfeilform dargestellt. Falls Sie ein Smartphone mit Gestensteuerung verwenden, wischen Sie vom rechten bzw. linken Rand zur Mitte.

Nummer verifizieren:

Geben Sie die Telefonnummer ein. Beachten Sie:

- In der Regel ist hier bereits das passende Land, in unserem Beispiel ***Deutschland***, ausgewählt. Die Länderauswahl bestimmt die korrekte Vorwahl, also hier die +49. Durch Antippen des grünen Pfeils können Sie ein anderes Land auswählen. Tragen Sie dann Ihre Telefonnummer ein 4. Durch die Ländervorwahl **+49** entfällt die erste Null Ihrer Handynummer. Tippen Sie auf ***Weiter***.
- Die eingetippte Nummer wird zur nochmaligen Überprüfung angezeigt. Kontrollieren Sie, dass die Nummer korrekt ist, und bestätigen Sie mit ***Ja***. Falls Sie einen Fehler entdecken, tippen Sie auf ***Bearbeiten***, dann können Sie die Nummer korrigieren.
- An Ihr Smartphone wird nach Bestätigung der Handynummer eine SMS versendet. Dadurch verifiziert WhatsApp die Telefonnummer, d. h. dass die angegebene Nummer existiert und zu diesem Smartphone gehört. In der Regel läuft dieser Vorgang automatisch ab.

Probleme bei der Verifikation der Telefonnummer?

- Sie können den Code auch der SMS entnehmen und diesen händisch eingeben.
- Falls die Aktion nicht abgeschlossen werden kann, erhalten Sie nach kurzer Zeit die Möglichkeit zur Korrektur. Tippen Sie dazu auf *Falsche Nummer*.
- Sollten Sie aufgrund eines Verbindungsproblems gar keine SMS erhalten haben, tippen Sie auf *Keinen Code erhalten*.

- Um den vollen Funktionsumfang von WhatsApp nutzen zu können, müssen Sie den Zugriff auf gewisse Daten erlauben. Tippen Sie auf ***Weiter*** 5.
- WhatsApp benötigt Zugriff auf die Adressdaten der App Kontakte. Tippen Sie auf ***Zulassen*** 6. In der App Kontakte speichern Sie die Telefonnummern Ihrer Familie und Freunde. Auf dieser Grundlage wird in WhatsApp automatisch eine Kontaktliste erstellt, die benötigt wird, um einen Chat zu starten.

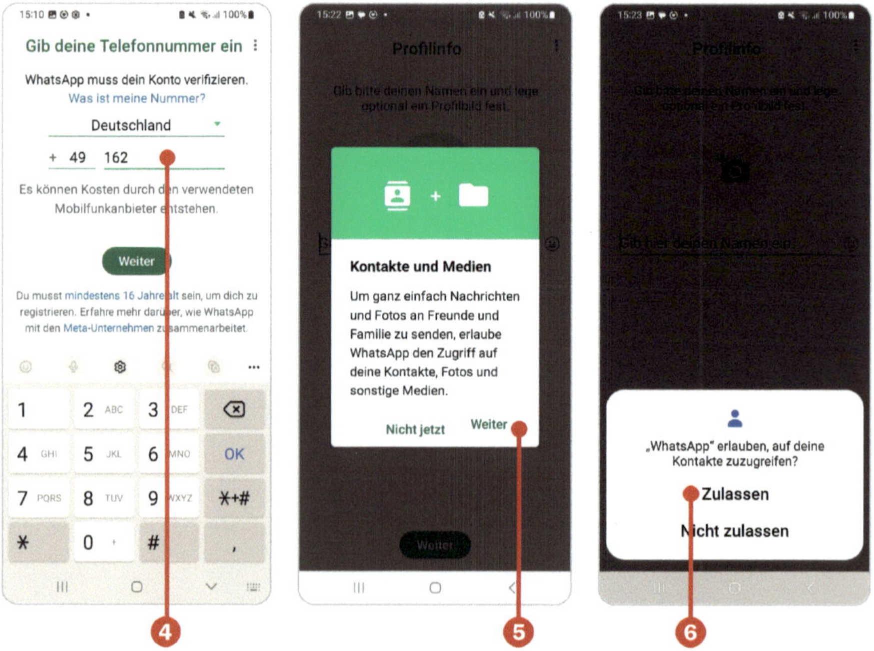

- In der nächsten Abfrage soll der Zugriff auf Musik- und Audiodateien und dann auf Fotos und Videos erlaubt werden. WhatsApp ohne Fotoversand ist wie Fernsehen ohne Bild. Wenn Sie den Zugriff jetzt nicht gestatten, werden Sie dazu aufgefordert, wenn Sie das Medium zum ersten Mal in WhatsApp verwenden, z. B. ein Foto versenden.
- Zuletzt geben Sie einen Namen ein, der Ihren WhatsApp-Kontakten angezeigt wird. Das kann ihr vollständiger Name oder ein Spitzname sein, ganz wie Sie möchten. Tippen Sie gegebenenfalls in das Feld, um die Bildschirmtastatur anzuzeigen.

Diese Information können Sie auch später bearbeiten und ein Profilbild hinzufügen. Bestätigen Sie mit ***Weiter***. Nach der Einrichtung wird die Oberfläche von WhatsApp angezeigt.

WhatsApp zwischen den Versionen

WhatsApp macht zur Zeit eine große Wandlung durch. Viele neue Funktionen wurden oder werden hinzugefügt, z. B. Kanäle, Communitys und vieles mehr. Außerdem soll WhatsApp auch eine neue Oberfläche bekommen, die seit Monaten als Beta-Version (vorläufige Testversion) zur Verfügung gestellt wird. Ich gehe davon aus, dass auch Sie bald, diese Version auf Ihr Smartphone laden können oder schon geladen haben.

Alte Version

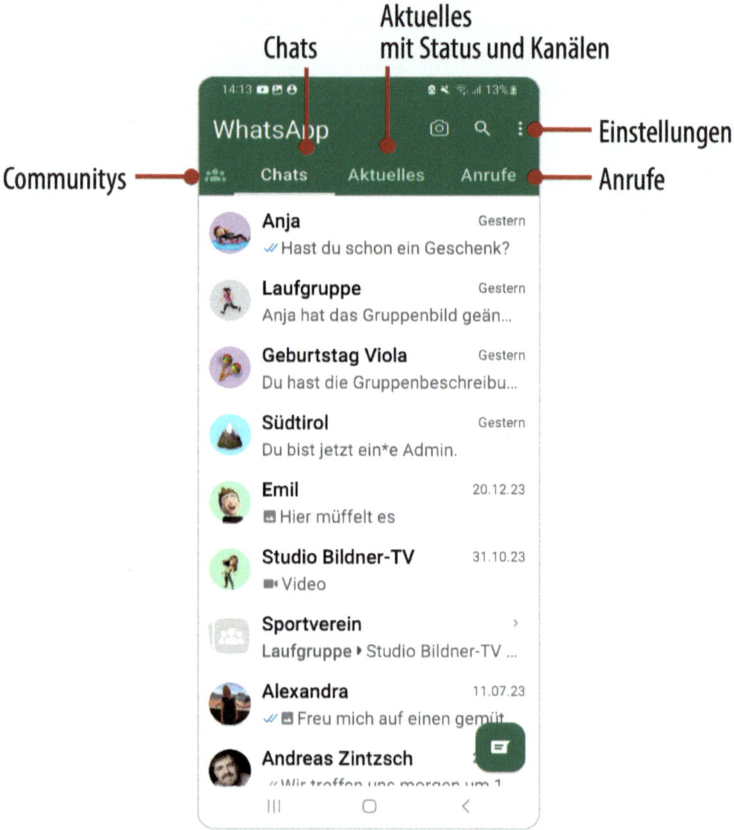

Der Unterschied zwischen neuer und alter Version ist die Position des Registers zur Auswahl der einzelnen Bereiche. In der alten Version sind diese oben platziert, in der neuen Version unten. Das Buch basiert auf der neuen Version.

Neue Version

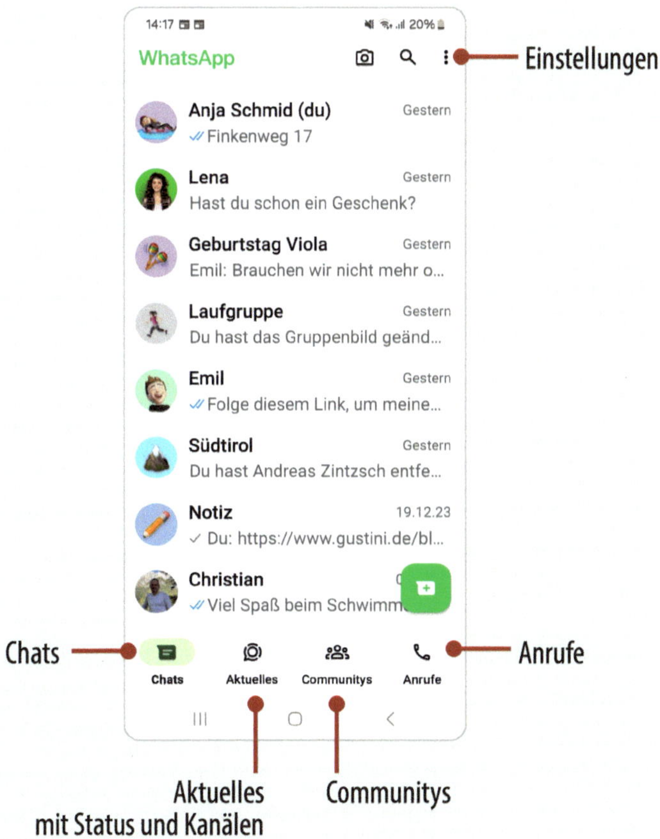

1.2 WhatsApp-Oberfläche

Chats, Status, Anrufe und mehr

Die WhatsApp-Oberfläche ist aufgeteilt in die Bereiche ***Chats***, ***Aktuelles***, ***Communitys*** und ***Anrufe***. Zum Wechseln tippen Sie am unteren Rand auf einen Bereichsnamen.

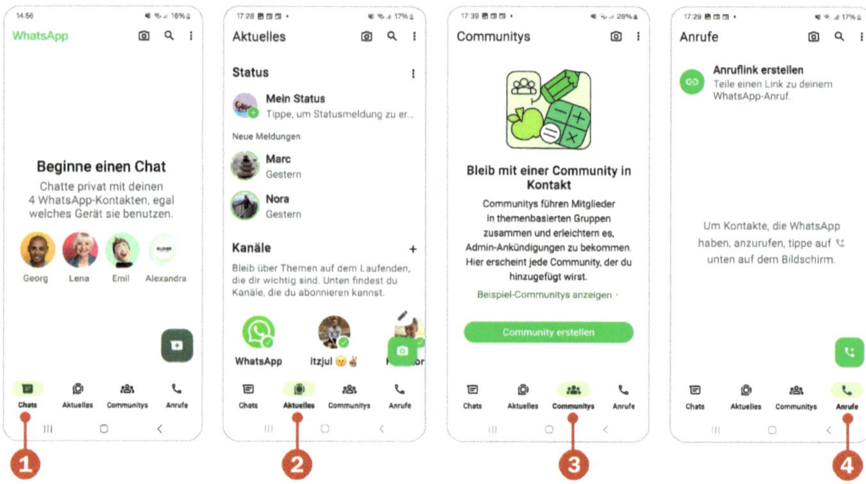

1. Im Bereich **Chats** tauschen Sie Nachrichten, Fotos und mehr mit Ihren Freunden aus. Beim ersten Start ist der Bereich noch leer, füllt sich aber schnell mit Einzel- und Gruppenchats. Dieser Bereich wird angezeigt, wenn Sie WhatsApp öffnen.

2. **Aktuelles** bietet Zugriff auf Statusmeldungen und Kanäle. Im **Status** zeigen Sie Fotos, Videos und Texte für alle ausgewählten Freunde an. Nach 24 Std. wird der Status automatisch entfernt. Hier sehen Sie auch die Statusmeldungen von Freunden. **Kanäle** werden von Organisationen, Vereinen, Firmen aber auch von Privatpersonen betrieben und halten Sie zu einem bestimmten Thema auf dem Laufenden. Kanäle sind öffentlich und jeder WhatsApp-Nutzer kann beitreten.

3 In **Communitys** werden mehrere Gruppen organisiert. Das Paradebeispiel ist ein Sportverein als Community mit den angebotenen Sportarten als Gruppen. Die Community macht es für Organisatoren leichter alle zu informieren und für Mitglieder erleichtert sie den Zugang zu anderen Gruppen.

4 Im Bereich **Anrufe** starten Sie Sprach- und Videoanrufe und erhalten eine Liste aller verpassten und durchgeführten Telefonate.

Den Bereich Einstellungen finden

Viele Funktionen und Einstellungsoptionen rufen Sie über das Menü ⋮ 1 auf. Dieses wird rechts oben angezeigt und durch Antippen geöffnet. Die Auswahl im Menü ist abhängig vom gerade gewählten Bereich (Chats, Aktuelles, Communitys, Anrufe, etc.) und stellt Optionen für diesen zur Verfügung. Eine Ausnahme bilden die ***Einstellungen*** 2. Diese sind fast überall verfügbar. Die Einstellungen sind die **Schaltzentrale** für WhatsApp. Hier nehmen Sie Anpassungen für die gesamte App vor.

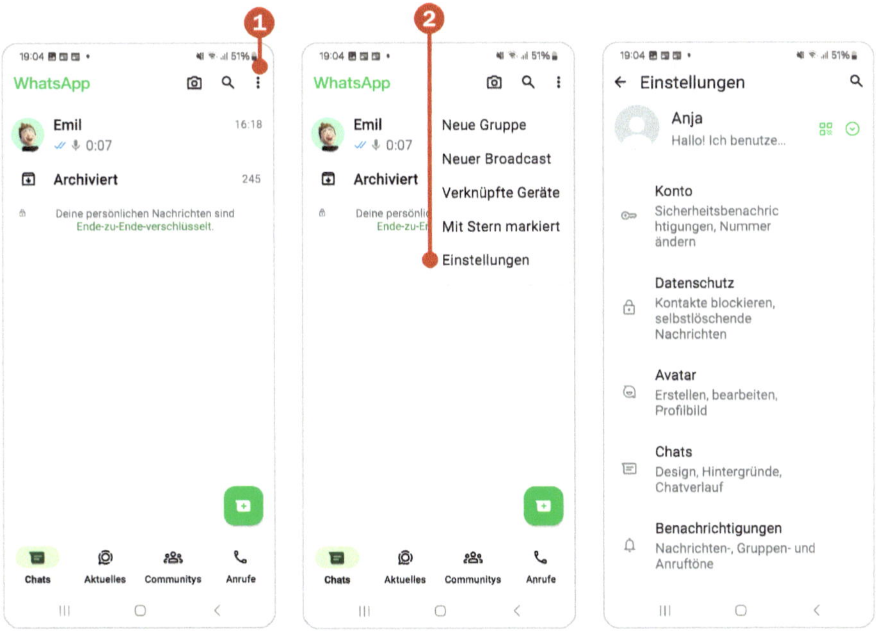

Schriftgröße der Chats bestimmen

Sind die Nachrichten im Chat zu klein und schwer zu lesen? Wenn ja, dann gehen Sie so vor: Rufen Sie die WhatsApp Einstellungen über das Dreipunkte-Symbol rechts oben auf ⋮ und wählen Sie dann ***Chats*** ❶ aus. Tippen Sie ***Schriftgröße*** ❷ an und wählen Sie ***Groß*** ❸ aus.

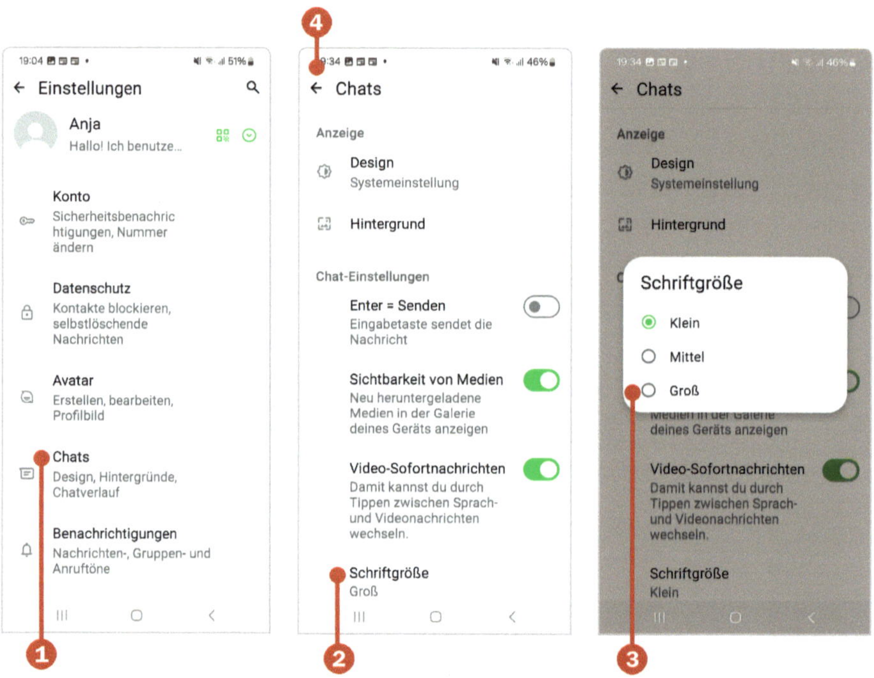

Bereich verlassen: Zum Verlassen eines Bereichs halten Sie Ausschau nach einem Pfeilsymbol ❹ links oben oder verwenden Sie die Zurück-Taste.

Dunkles Design auswählen

Standardmäßig zeigt sich WhatsApp im hellen Design mit schwarzer Schrift auf hellem Hintergrund. Es gibt allerdings auch ein dunkles Design. Mit ihm zeigen Sie die App-Oberfläche mit weißer Schrift auf schwarzem Hintergrund an. Das spart Energie (zumindest bei OLED-Bildschirmen) und soll angenehmer für die Augen sein.

- Entscheiden Sie selbst und wählen Sie über ***Weitere Optionen*** ⋮ ▶ ***Einstellungen*** ▶ ***Chats*** ▶ ***Design*** ❶ die Option ***Dunkel*** ❷ aus.

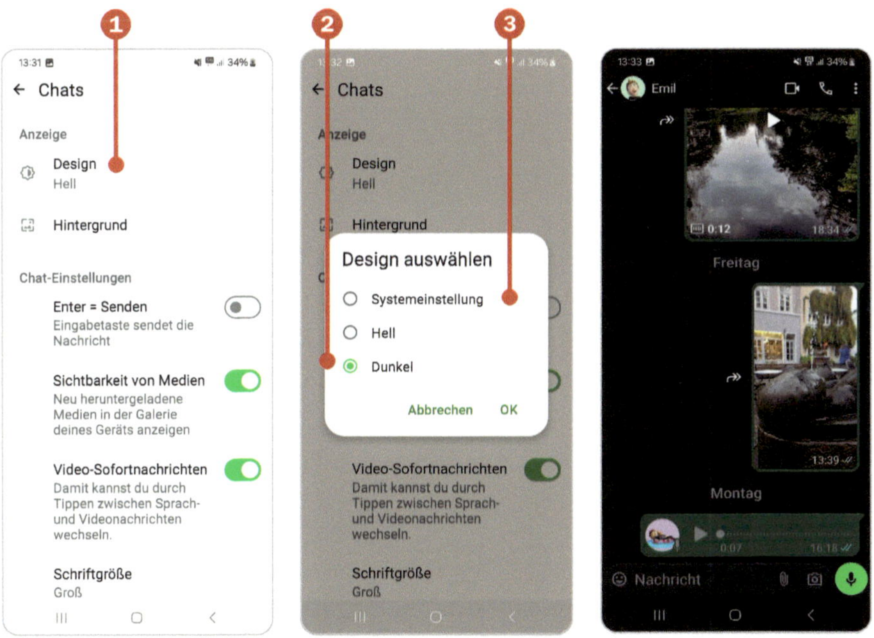

Bei vielen Smartphonemodellen finden Sie hier auch noch die Option ***Systemeinstellung*** ❸. In diesem Fall verwenden Sie ein Gerät, dass die Moduswahl unterstützt. Sie können dann in den ***Einstellungen*** des Smartphones bestimmen, welchen Modus Sie für Ihr Handy verwenden möchten. Nach diesen Einstellungen richtet sich bei Auswahl von ***Systemeinstellung*** dann auch WhatsApp.

Mein Profil mit Name und Bild

Bei der Einrichtung von WhatsApp haben Sie bis jetzt nur Ihren Namen als Profil hinterlegt. Dadurch erscheinen Sie in der Kontaktliste Ihrer Freunde etwas farblos – nur mit einem Platzhalter.

Wer mag, kann ein Foto hinzufügen und so den langweiligen Profilplatzhalter loswerden. Das Foto kann Sie selbst zeigen; viele verwenden auch ein Bild des Haustiers, laden ein Urlaubsfoto hoch oder passen das Profilbild je nach Stimmung oder Jahreszeit an. Sie können auch ein Avatarbild von Ihnen verwenden. Mehr zum Avatar finden Sie auf den Seite 96 undSeite 259.

- Öffnen Sie über das Menü ⋮ rechts oben die ***Einstellungen***. Tippen Sie den Profilbereich 1 an.
- Tippen Sie dann auf den Profilbildplatzhalter 2 und wählen unten ***Galerie*** 3. Die Galerie ist unterteilt in verschiedene Kategorien, z. B. ***Kamerafotos*** (Bilder, die mit dem Smartphone geknipst wurden) oder ***Download*** (Fotos, die Sie z. B. via E-Mail erhalten haben) und unter Umständen weitere. In der Kategorie ***Alle Fotos*** oder ***Aktuell*** finden Sie alle Bilder. Öffnen Sie die Kategorie und wählen Sie das gewünschte Foto durch Antippen aus. Die Namen der einzelnen Unterkategorien der Galerie können bei verschiedenen Smartphone-Modellen variieren.
- Das Foto wird angezeigt; durch Ziehen an den weißen Begrenzungen können Sie nur einen Teil des Bilds als Profil anzeigen. Bestätigen Sie mit ***Fertig*** 4. Im Profilbereich wird unter dem ausgewählten Bild ebenfalls der eingegebene Name angezeigt. Falls Sie diesen nachträglich verändern möchten, tippen Sie auf den Stift 5.
- Sie verlassen den Profilbereich und danach die Einstellungen über den ← Pfeil links oben. Mehr zur Bearbeitung des Profils und vor allem zur Frage, wer das Profilbild sehen kann, erfahren Sie ab Seite 263.

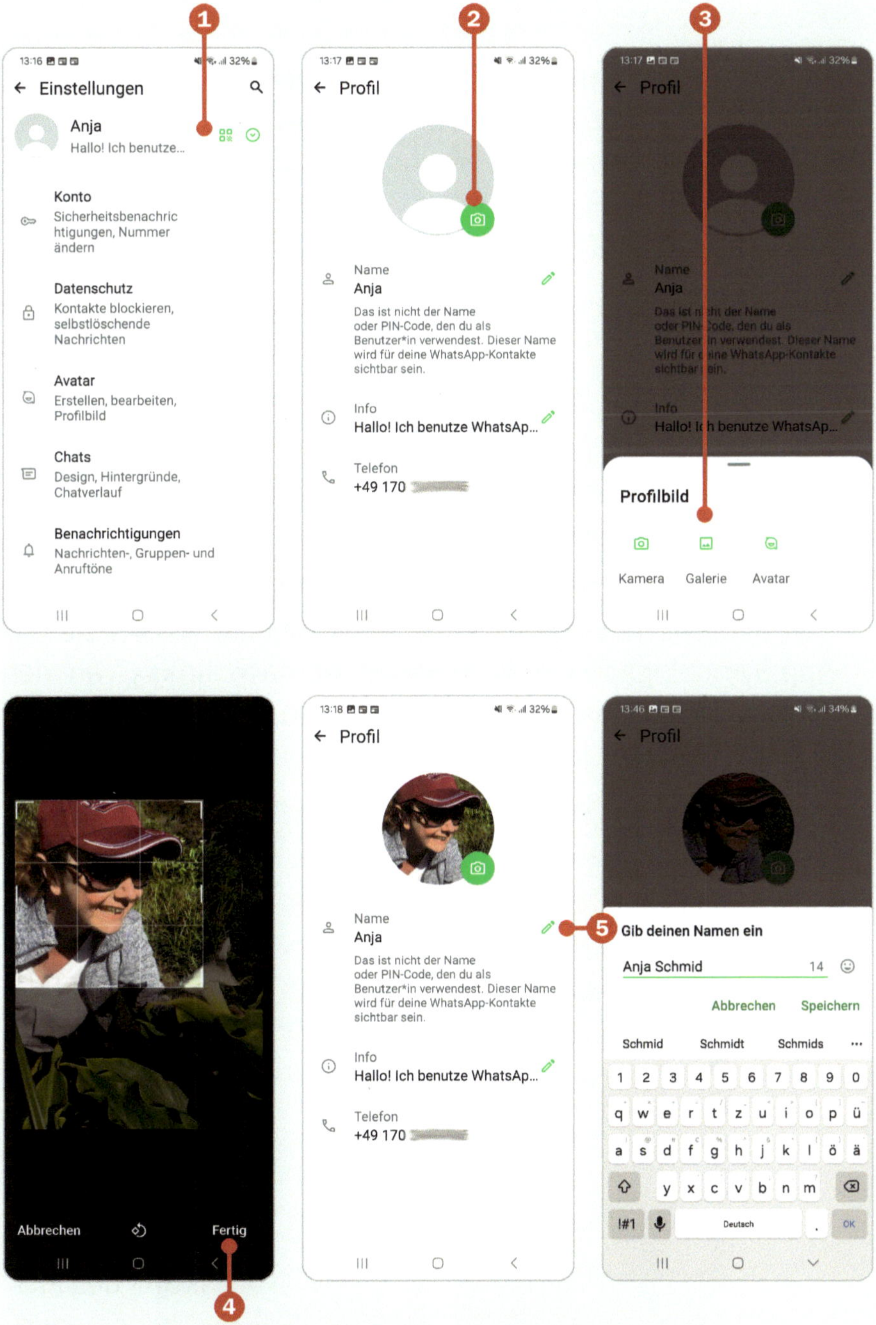
1
2
3
13:16
32%
Einstellungen
Anja
Hallo! Ich benutze...
Konto
Sicherheitsbenachrichtigungen, Nummer ändern
Datenschutz
Kontakte blockieren, selbstlöschende Nachrichten
Avatar
Erstellen, bearbeiten, Profilbild
Chats
Design, Hintergründe, Chatverlauf
Benachrichtigungen
Nachrichten-, Gruppen- und Anruftöne
13:17
32%
Profil
Name
Anja
Das ist nicht der Name oder PIN-Code, den du als Benutzer*in verwendest. Dieser Name wird für deine WhatsApp-Kontakte sichtbar sein.
Info
Hallo! Ich benutze WhatsAp...
Telefon
+49 170
Profilbild
Kamera
Galerie
Avatar
Abbrechen
Fertig
4
13:18
Profil
Name
Anja
Das ist nicht der Name oder PIN-Code, den du als Benutzer*in verwendest. Dieser Name wird für deine WhatsApp-Kontakte sichtbar sein.
Info
Hallo! Ich benutze WhatsAp...
Telefon
+49 170
5
13:46
34%
Profil
Gib deinen Namen ein
Anja Schmid
14
Abbrechen
Speichern
Schmid
Schmidt
Schmids
Deutsch
OK

WhatsApp vom Startbildschirm öffnen

Viele finden es praktisch, WhatsApp gleich vom Startbildschirm aus zu öffnen. Dazu müssen Sie das App-Symbol verschieben. Dabei kommt es darauf an, ob Ihr Smartphone die neu installierten Apps auf einer der hinteren Startbildschirmseiten anzeigt oder ob eine „App-Schublade“ verwendet wird.

- **App-Schublade:** Zeigen Sie den Inhalt der App-Schublade durch vertikales Wischen über den Bildschirm an. Tippen Sie etwas länger auf WhatsApp . Ein Menü erscheint, hier wählen Sie ***Zu Start hin...*** 1 aus. Das App-Symbol wird zu einer beliebigen Startbildschirmseite hinzugefügt. Sollte im Menü kein passender Eintrag zur Verfügung stehen, dann ziehen Sie die App, wie unten beschrieben, nach **oben↑** auf den Startbildschirm.
- **Von Startbildschirmseite verschieben:** Wischen Sie horizontal über den Bildschirm, um WhatsApp zu finden. Halten Sie das App-Symbol gedrückt und ziehen es nach **links←** an den Rand, bis die Seite wechselt. Lassen Sie das App-Symbol 2 erst los, wenn Sie es auf der ersten Seite positioniert haben.

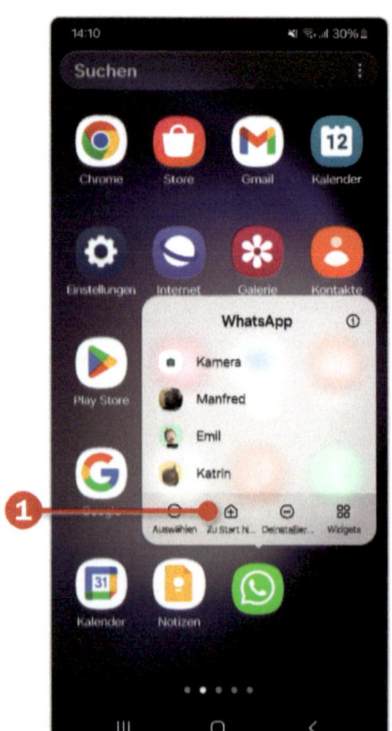

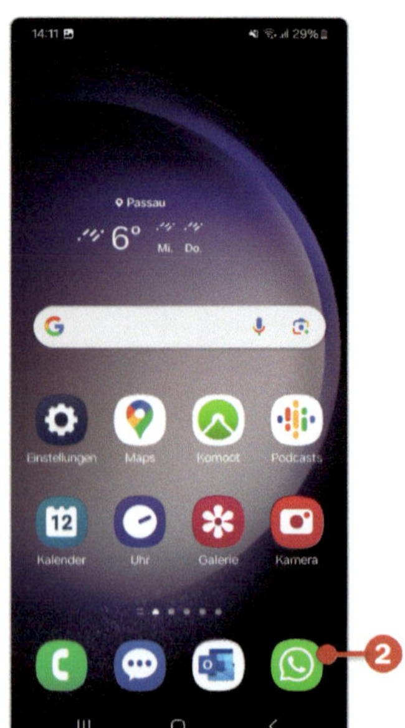

1.3 Freunde zu WhatsApp-Kontakten hinzufügen

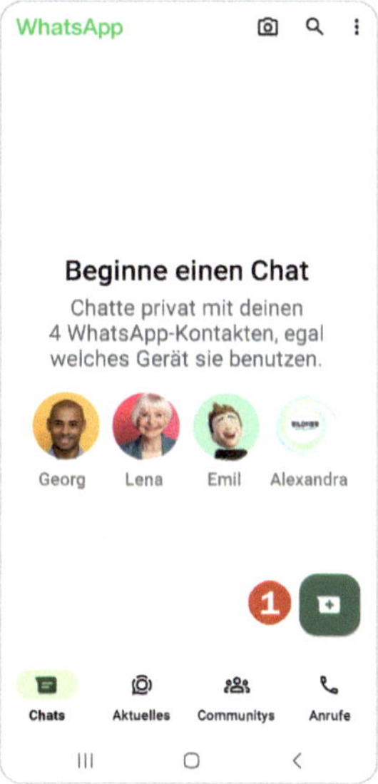

Zum Start einer Unterhaltung oder eines Anrufs benötigen Sie die Handynummer der Kontaktperson. Die Nummern Ihrer Freunde wurden von Ihnen in der App Kontakte gespeichert. Diese Kontaktdaten übernimmt WhatsApp. Zur Anzeige Ihrer WhatsApp-Kontakte tippen Sie im Bereich ***Chats*** auf die **Kontaktliste** 1.

Zunächst sind alle Freunde 2 (Grafik nächste Seite) aufgeführt, die WhatsApp verwenden und deren Nummer bereits auf Ihrem Smartphone gespeichert ist – mit diesen können Sie in Kontakt treten. Im Beispiel sind vier Kontakte vorhanden. Darunter finden Sie Personen 3, deren Nummer zwar auf Ihrem Smartphone gespeichert ist, die jedoch kein WhatsApp verwenden.

Sie verlassen die Kontaktliste wieder durch Anklicken des Pfeils ← links oben.

Kontakt hinzufügen

Möchten Sie einen neuen WhatsApp-Kontakt hinzufügen, so können sie dies gleich hier in der Kontaktliste tun:

- Wählen Sie ***Neuer Kontakt*** 4. Tragen Sie Vor- und Nachname sowie die Handynummer der Person ein. Tippen Sie jeweils in das entsprechende Feld, um die Tastatur anzuzeigen. Mehr zur Bedienung der Tastatur erfahren Sie ab Seite 83.
- Für die Eingabe der Telefonnummer ist die Ländervorwahl für Deutschland bereits vorausgewählt. Tippen Sie in das Feld dahinter die Handynummer 5 ein, **ohne** die Führungsnull. Es

können auch weitere Informationen hinterlegt werden. Diese sind allerdings für die Verwendung von WhatsApp unerheblich.

- Wenn Sie eine andere Ländervorwahl benötigen, tippen Sie auf die deutsche Ländervorwahl und wählen aus der angezeigten Liste eine andere aus.
- Bestätigen Sie mit ***Speichern***. Die Kontaktliste wird automatisch aktualisiert und der neue Kontakt angezeigt 6.

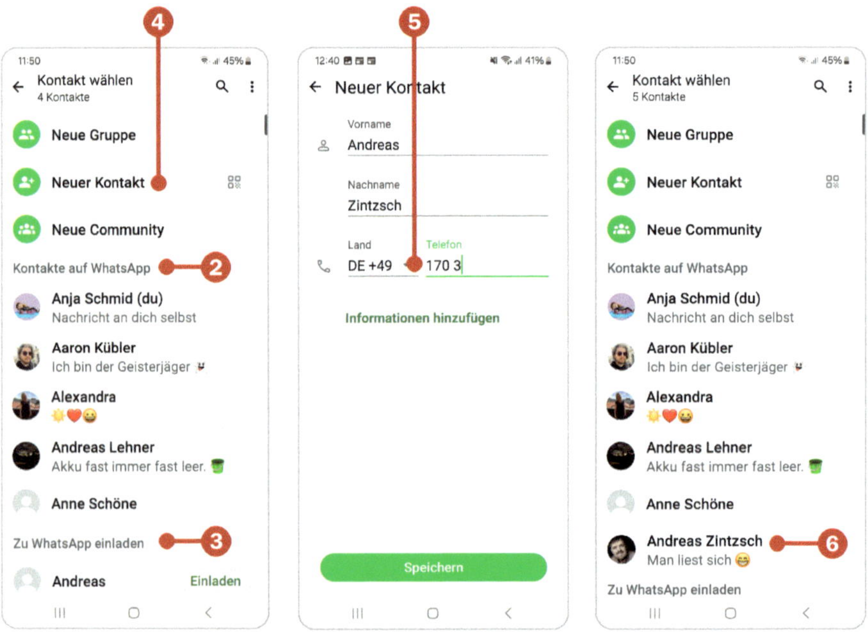

Neue Telefonnummer ohne Tippen übernehmen

Sie haben gerade jemanden kennengelernt und möchten Name und Telefonnummer schnell in WhatsApp speichern. Anstatt die Telefonnummer einzutippen, scannen Sie diese einfach.

1 Rufen Sie und Ihr neuer Bekannter beide in WhatsApp die Kontaktliste auf. Dazu tippen Sie in der Chatübersicht auf .

2 Dann tippen beide das QR-Code-Symbol ❶ neben ***Neuer Kontakt*** an. Unter Umständen müssen Sie den Zugriff auf die Kamera erlauben.

Person 1 gibt die Nummer weiter und tippt auf ***Mein Code*** ❷.

Person 2 wählt ***Code scannen*** ❸ und hält das Smartphone über das Handy von Person 1.

Sobald der Code erfasst wurde, wird die Schaltfläche ***Zu Kontakten hinzufügen*** ❹ angezeigt. Tippen Sie diese an. Ein Eingabeformular wird aufgerufen, in das bereits der Name und die Telefonnummer eingetragen sind. Tippen Sie auf ***Speichern***.

Danach wird der leere Chat mit Person 1 geöffnet. Hier können Sie jetzt auf ***Meine Kontaktinfo teilen*** ❺ tippen, um Ihre Kontaktdaten zu versenden. Diese werden vor dem Versenden nochmals angezeigt. Falls weitere Informationen, außer der Mobilnummer, aufgeführt sind, entfernen Sie das Häkchen hinter Info. Dazu tippen Sie es an. Tippen Sie dann auf Senden ❻.

Person 1 erhält eine WhatsApp-Nachricht mit der Kontaktinformation. Tippen Sie auf ***Hinzufügen*** ❼, wählen Sie ***Neuen Kontakt erstellen*** und speichern Sie die Kontaktinformationen ab.

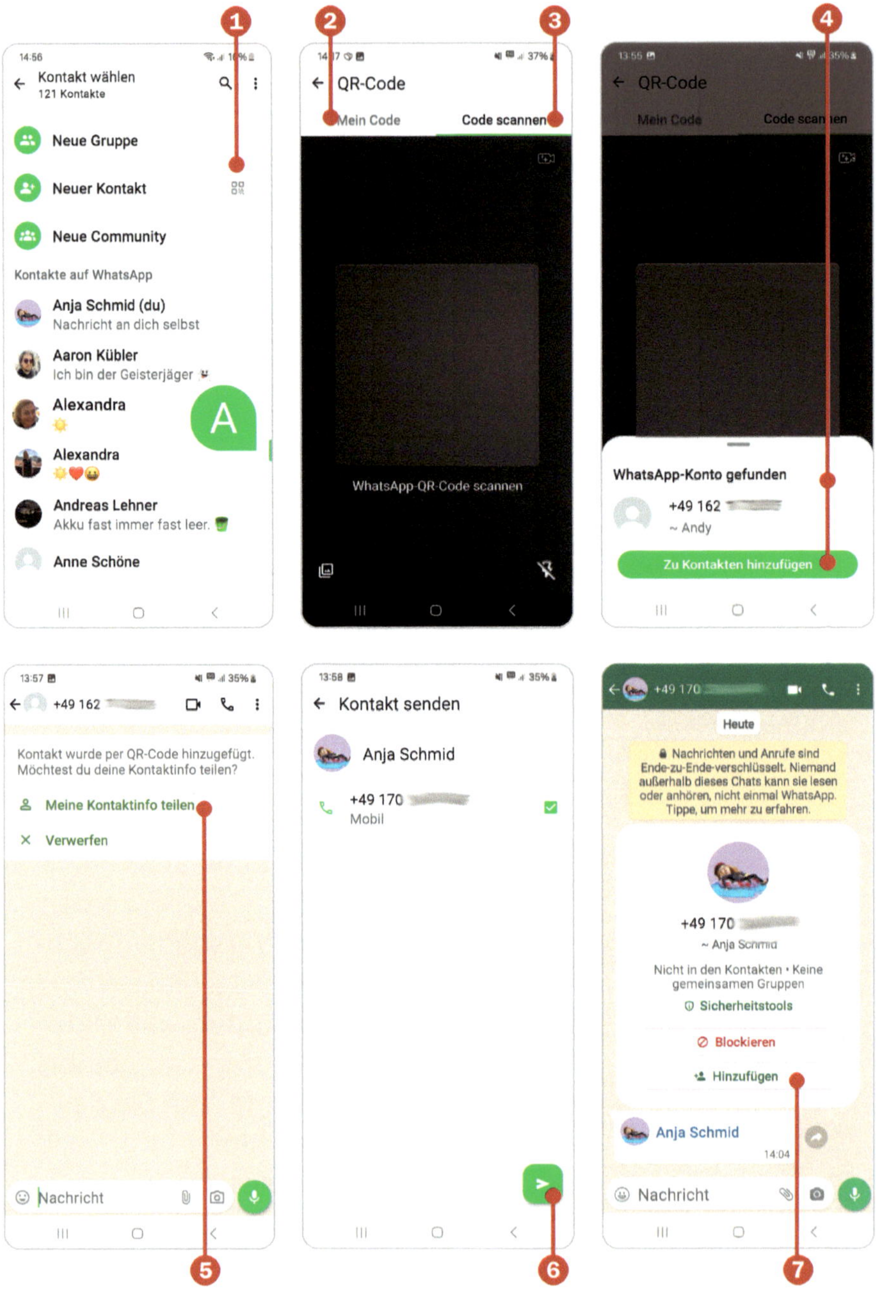
1
2
3
4
Kontakt wählen
121 Kontakte
Neue Gruppe
Neuer Kontakt
Neue Community
Kontakte auf WhatsApp
Anja Schmid (du)
Nachricht an dich selbst
Aaron Kübler
Ich bin der Geisterjäger
Alexandra
Alexandra
Andreas Lehner
Akku fast immer fast leer.
Anne Schöne
QR-Code
Mein Code
Code scannen
WhatsApp-QR-Code scannen
QR-Code
Mein Code
Code scannen
WhatsApp-Konto gefunden
+49 162
~ Andy
Zu Kontakten hinzufügen
+49 162
Kontakt wurde per QR-Code hinzugefügt. Möchtest du deine Kontaktinfo teilen?
Meine Kontaktinfo teilen
Verwerfen
Nachricht
Kontakt senden
Anja Schmid
+49 170
Mobil
+49 170
Heute
Nachrichten und Anrufe sind Ende-zu-Ende-verschlüsselt. Niemand außerhalb dieses Chats kann sie lesen oder anhören, nicht einmal WhatsApp. Tippe, um mehr zu erfahren.
+49 170
~ Anja Schmid
Nicht in den Kontakten • Keine gemeinsamen Gruppen
Sicherheitstools
Blockieren
Hinzufügen
Anja Schmid
14:04
Nachricht
5
6
7

Kapitel 02

Nachrichten, Fotos & mehr austauschen

Das erwartet Sie hier!

- In diesem Kapitel spreche ich über den Austausch von Nachrichten. Dabei geht es nicht nur um die einfache **Textnachricht** sondern selbstverständlich auch um **Fotos** oder **Videos**.
- Beliebt insbesondere bei jüngeren Nutzern ist die **Sprachnachricht**: Das ist als würden Sie sich gegenseitig auf den Anrufbeantworter quasseln.
- Wenn Sie etwas Tolles im Internet entdeckt haben, können Sie den **Link** zu der Seite über WhatsApp an Ihre Freunde senden.
- Praktisch ist auch die Möglichkeit **Kontaktdaten** weiterzuleiten, also die Telefonnummer oder E-Mail-Adresse eines Freundes. Der Empfänger kann die Information dann ganz leicht und ohne Zahlendreher auf dem Smartphone in der App Kontakte speichern.
- Nicht so häufig gebraucht, aber trotzdem tolle Möglichkeiten sind das Weiterleiten von **Dokumenten** (z. B. einem Rezept als PDF) oder **Audiodateien** (z. B. ein Musikstück als mp3) und die **Standortfreigabe**. Damit teilen Sie einem Freund mit, wo Sie sich gerade befinden.
- Eine weitere Funktion, über die Sie sich freuen dürfen: **Umfragen** in Chats. Diese Möglichkeit erleichtert Ihnen, das Sammeln von Informationen oder das Treffen gemeinsamer Entscheidungen.
- In Ihrer Kontaktliste tauchen Sie selbst mit Namen auf. Durch Auswahl dieses Chats können Sie sich selbst Notizen senden.

2.1 Kontaktliste verwenden

Neuen Chat starten

Um einen Freund auszuwählen, mit dem Sie einen Chat beginnen möchten, rufen Sie im Bereich ***Chats*** ❶ die **Kontaktliste** durch Antippen von ❷ auf. Diese ist nach Vornamen alphabetisch sortiert. Wenn Sie viele Kontakte gespeichert haben, reicht zur Anzeige aller Kontakte eine Bildschirmseite meist nicht aus. Wischen Sie mit dem Finger vertikal über das Display, um weitere Einträge anzuzeigen. Oder tippen Sie rechts auf den kleinen senkrechten Balken ❸ und ziehen Sie diesen nach unten bzw. oben zum schnellen Scrollen durch ein alphabetisches Register. Wo Sie sich gerade befinden, wird durch einen Buchstaben angezeigt.

Kontakt nicht gefunden

Hat der Freund kein Profilfoto hinterlegt, wird der Kontakt nur mit einem Bildplatzhalter ❹ angezeigt. Haben Sie bei einem Kontakt mehrere Mobilfunknummern gespeichert, z. B. privat und geschäftlich, und für beide Nummern wird WhatsApp verwendet, dann taucht der Kontakt zweimal in der Liste auf. Es ist natürlich auch möglich, dass Sie versehentlich zweimal die Person in Ihrer App Kontakte hinterlegt haben. Falls die Nummer einer Person in Ihrer App Kontakte gespeichert ist, diese aber nicht in der Kontaktliste aufgeführt ist, kann das zwei Gründe haben: Der Freund verwendet kein WhatsApp oder die eingegebene Nummer ist nicht korrekt.

Probleme mit der Kontaktliste lösen Sie immer in der **App Kontakte**, da die Kontaktinformationen für WhatsApp von dort bezogen werden.

Sofern Sie in der App Kontakte gerade eine Mobilnummer eingegeben oder geändert haben, ist es möglich, dass die Daten noch nicht übernommen wurden. Tippen Sie rechts oben auf das Menüsymbol ⋮ und wählen Sie ***Aktualisieren*** 5.

Über das Menüsymbol ⋮ und Auswahl von Kontakte können Sie die App Kontakte aus WhatsApp öffnen.

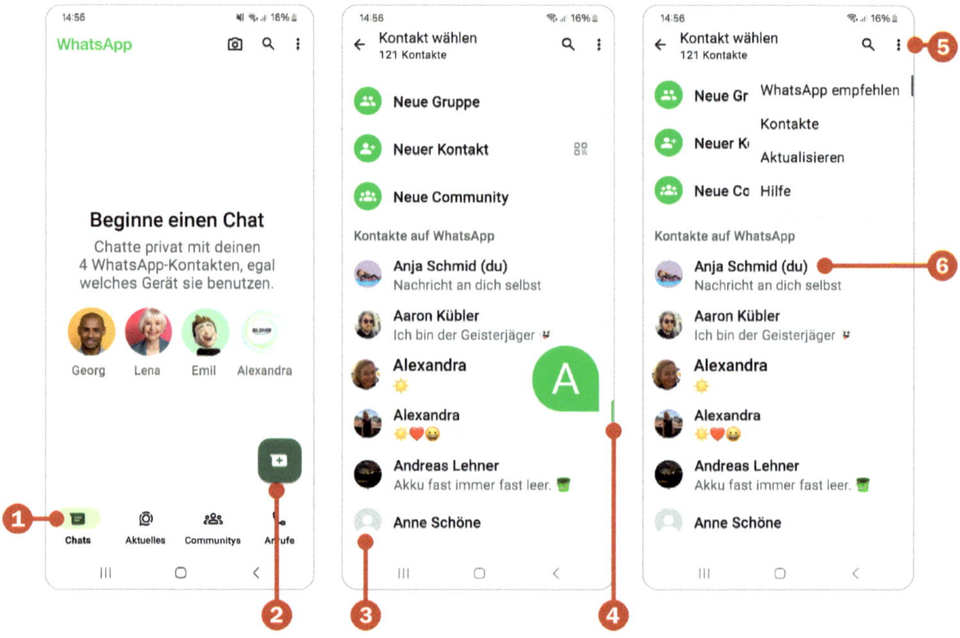

Nachricht an dich selbst – Das ominöse du in WhatsApp

Sie können in WhatsApp nicht nur mit anderen sondern auch mit sich selbst chatten. Was zunächst ein wenig absurd klingt, ist eine praktische Funktion mit der WhatsApp zum **Notizblock** wird. Nutzen können Sie die Option ganz nach Geschmack: Schreiben Sie auf, was Sie erledigen möchten, nutzen Sie diesen Bereich als Einkaufsliste, sammeln Sie interessante Links oder Fotos dort oder verfassen Sie ein Tagebuch.

So starten Sie den persönlichen Chat:

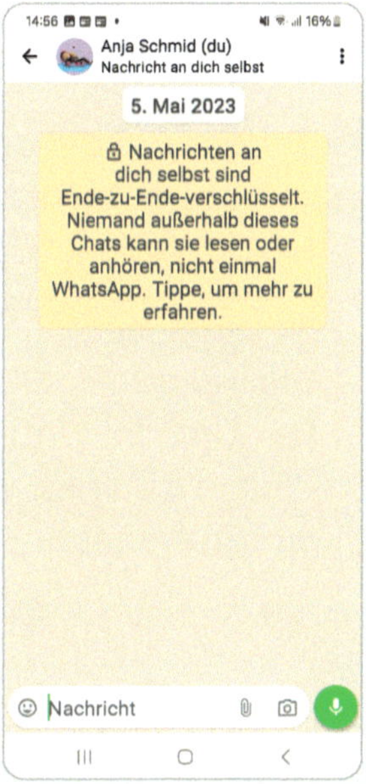

- Tippen Sie in Chats auf zur Anzeige der Kontaktliste.
- Wählen Sie den Eintrag mit Ihrem Namen bzw. Ihrer Telefonnummer und dem Zusatz ***(du)*** 6 (vorige Seite). Ob hier Ihr Name oder Ihre Telefonnummer erscheint, hängt davon ab, ob Sie sich selbst mit Name und Telefonnummer in der App Kontakte hinterlegt haben.
- Anschließend öffnet sich Ihr persönlicher Chat und Sie können beginnen, sich selbst Nachrichten zu senden. Nach der ersten Nachricht wird Ihnen Ihr eigener Chat, genauso wie auch alle anderen Unterhaltungen, im Bereich Chats angezeigt.

Der *(du)-Chat* sieht aus und funktioniert wie herkömmliche Chats, allerdings sind offensichtlich unnötige Funktionen nicht vorhanden, z. B. Anrufe, Stummschaltung, Blockierung, etc.

2.2 Textnachrichten verschicken

Eine Unterhaltung beginnen

- Beim ersten Austausch von Nachrichten mit einem Freund tippen Sie im Bereich ***Chats*** unten auf die Schaltfläche und wählen dann aus der Kontaktliste die Person durch Antippen aus. Der Empfänger der Nachricht wird jetzt im persönlichen Chat oben angezeigt 1.
- Geben Sie über die Tastatur eine Nachricht ein und versenden Sie diese durch Antippen des Pfeilsymbols 2. Sollte die Tastatur nicht angezeigt werden, dann tippen Sie einmal in das Nachrichtenfeld 3.
- Die Nachricht, die Sie gesendet haben, erscheint im Chatfenster. Um die Unterhaltung zu verlassen, klicken Sie auf den Pfeil oben links ← 4 oder verwenden die Zurück-Taste des Smartphones.

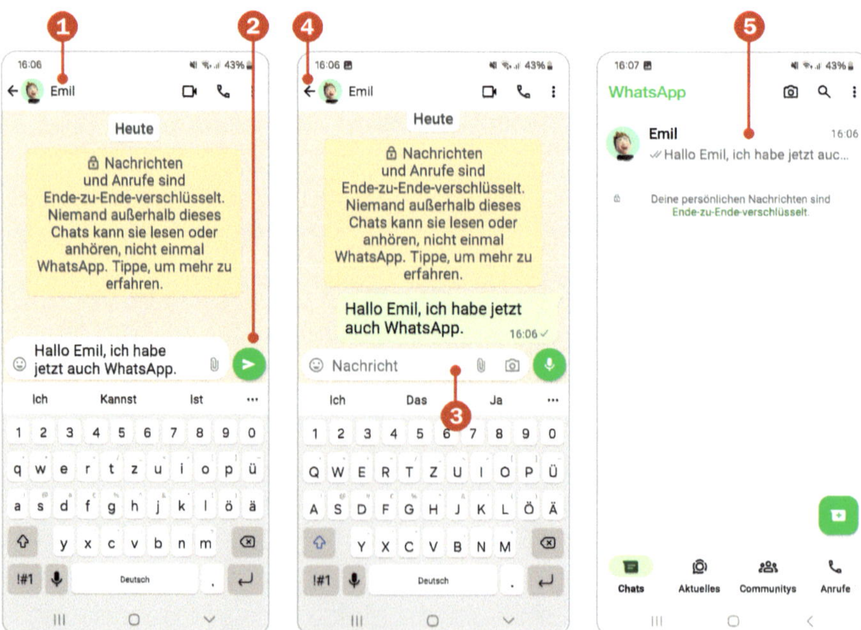

- Die Unterhaltung mit dieser Person 5 wird ab jetzt im Bereich ***Chats*** angezeigt. Tippen Sie den Chat an, um weitere Nachrichten auszutauschen.

Tipp: Im Kapitel 3 finden Sie Wissenswertes zur Tastatur und zur Verwendung von Smileys. Wenn Ihnen die Größe des Texts etwas zu klein ist, lesen Sie auf Seite 28, wie Sie diese verändern.

Nachrichten erhalten

So kündigt sich eine neue Nachricht an

In der Standardeinstellung ertönt bei Eingang einer Nachricht ein kurzer Benachrichtigungston. Die Nachricht erscheint entweder mit Text auf dem Sperrbildschirm oder Sie werden nur mit einem Symbol 1 darauf aufmerksam gemacht.

In der Statusleiste des Smartphones finden Sie ebenfalls das WhatsApp-Symbol 2. Sie erweitern die Anzeige der Statusleiste, indem Sie vom oberen Bildschirmrand nach unten streichen; hier finden Sie dann die WhatsApp-Nachricht 3. Bei einigen Handys müssen Sie zur Anzeige der Benachrichtigungen in der linken Hälfte des Bildschirms vom oberen Rand nach unten wischen. Sie fragen sich jetzt vielleicht, warum Sie die Nachricht nicht gleich in WhatsApp lesen? Kurz gesagt, wenn Sie den Text hier lesen, erhält Ihr Chatpartner keine Information, dass die Nachricht gelesen wurde. Sie betrachten die Nachricht also im Geheimen! Mehr dazu auf Seite 263.

Zusätzlich zeigt ein oranger Indikator am WhatsApp-Symbol 4 die Anzahl der neuen Nachrichten an.

Alle genannten Hinweise können am Smartphone individualisiert bzw. abgeschaltet werden. Außerdem variiert die Darstellung auf dem Sperrbildschirm (links) und im Benachrichtigungsbereich (Mitte) je nach installierter Android-Version und Smartphone-Hersteller.

Nachricht beantworten

Mit dem Öffnen von WhatsApp verschwinden alle Benachrichtigungshinweise. Sie sehen am Bereichsnamen ***Chats*** ❺, wie viele neue Nachrichten insgesamt eingegangen sind . Neue Chats sind oben angeordnet und durch einen grünen Indikator ❶ gekennzeichnet. Durch Antippen öffnen Sie den entsprechenden Chat.

Im Chat sind die Nachrichten, die Sie **selbst** versendet haben, **rechts** angeordnet und grün hinterlegt. Nachrichten, die Sie **erhalten** haben ❻, sind weiß hinterlegt und **links** angeordnet. Zur Eingabe einer Antwort tippen Sie in das Nachrichtenfeld. Dadurch wird die Tastatur angezeigt.

Da Sie nicht nur mit einer Person Nachrichten austauschen, wird sich der Bereich ***Chats*** mit weiteren Unterhaltungen füllen. Um hier den Überblick zu behalten, sind die einzelnen Chats nach dem Änderungsdatum sortiert, d. h. die Unterhaltung, in der Sie zuletzt eine Nachricht versendet bzw. erhalten haben, wird oben angezeigt. Dadurch ändert sich die Reihenfolge ständig.

Zur Anzeige von älteren Chats wischen Sie vertikal von unten nach oben über den Bildschirm. Damit verschieben Sie den angezeigten Ausschnitt und können einen älteren Chat auswählen.

Tipp: Wenn Sie den passenden Chat gerade nicht finden, wählen Sie die Person über die Kontaktliste 7 aus. Diese ist alphabetisch geordnet. Auf diese Weise wird der Chat ebenfalls angezeigt.

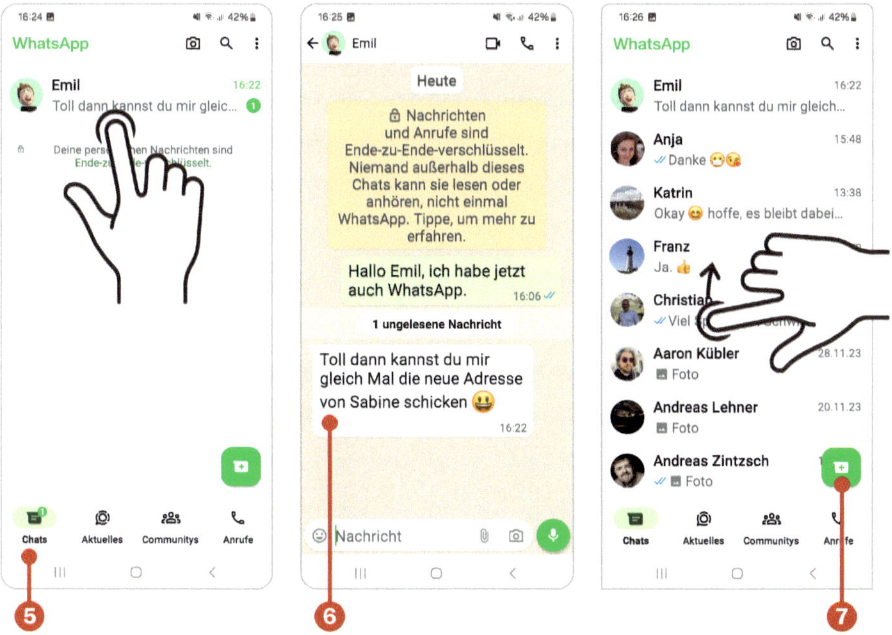

Nachrichten von Fremden oder ungespeicherten Freunden

Selbstverständlich kann jeder Ihnen eine Nachricht schicken, der Ihre Telefonnummer kennt. Bei Nachrichten von Personen, die nicht in der App Kontakte gespeichert sind, wird für die erhaltene Mitteilung in der Übersicht nicht der Name, sondern die Telefonnummer angezeigt ❶. Öffnen Sie den Chat durch Antippen.

Absender blockieren: Unter der Nachricht finden Sie die Option ***Blockieren*** ❷, die Sie verwenden können, wenn Sie den Absender nicht kennen. Dann werden keine Nachrichten dieser Nummer mehr angezeigt (dazu mehr in Kapitel 4).

Nummer hinzufügen: Wenn Sie die Nummer kennen, können Sie diese ***Hinzufügen*** ❸. Damit speichern Sie den neuen Kontakt schnell in der App Kontakte. Sie müssen dann nur noch entscheiden, ob Sie die Telefonnummer ***Zu bestehendem Kontakt hinzufügen*** (also als zweite Nummer zu einem bereits vorhandenen Kontakt) oder einen ***Neuen Kontakt erstellen*** wollen.

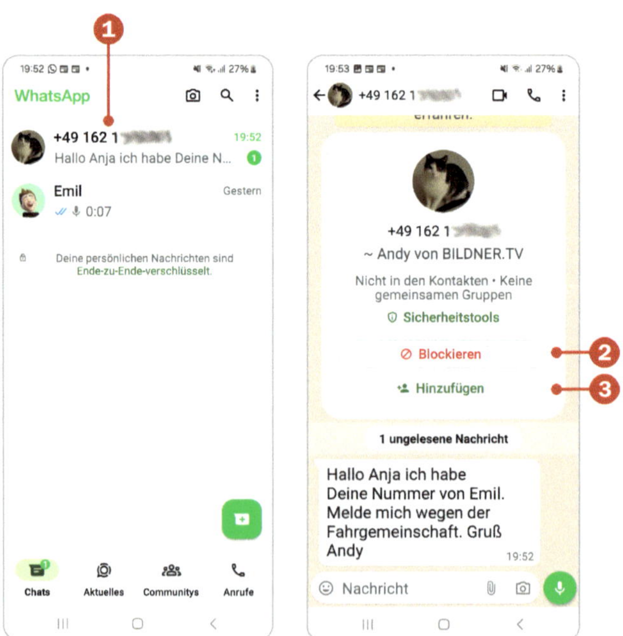

- Nach Auswahl von ***Neuen Kontakt erstellen*** 4 wird ein Kontaktformular angezeigt, in das Name und Mobilnummer bereits eingetragen sind. Sie können Vor- und Nachname ggf. noch korrigieren. Bestätigen Sie dann mit ***Speichern*** 6. Der Kontakt ist jetzt in der App Kontakte gespeichert.
- Wenn Sie schon gespeicherte Kontaktdaten zu dieser Person haben, wählen Sie ***Zu bestehendem Kontakt hinzufügen*** 5. Sie erhalten eine Liste Ihrer Kontaktdaten. Hier können Sie die passende Person auswählen. Die zusätzliche Nummer wird automatisch eingetragen. Sie bestätigen nur noch mit ***Speichern***.
- In WhatsApp ist der Chat nun 7 mit dem eingegebenen Namen versehen.

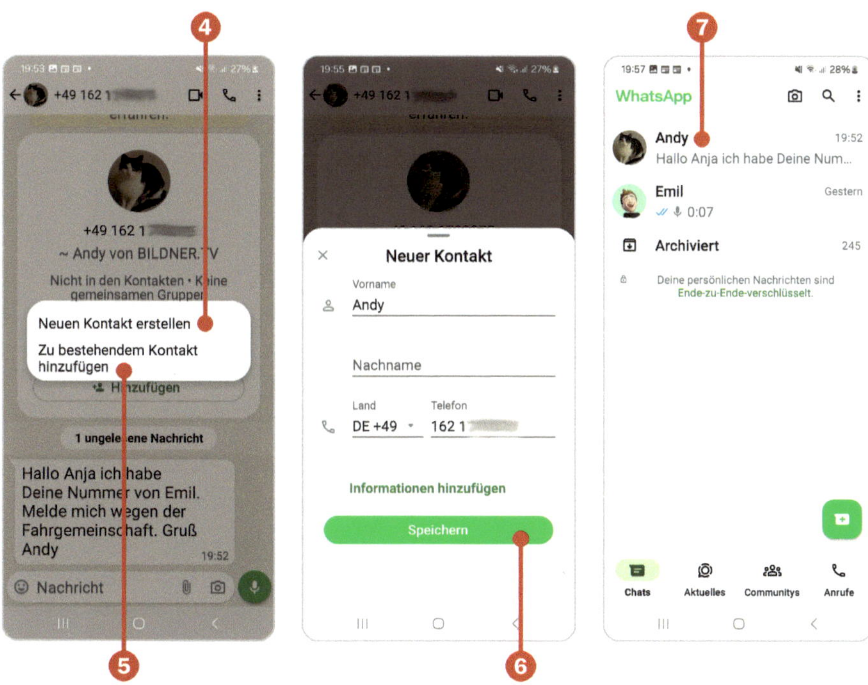

2.3 Fotos und Videos versenden

Neben Textnachrichten können via WhatsApp Fotos und Videos, aber auch Sprachnachrichten, andere Audiodateien oder Dokumente versendet werden. Wir beginnen mit dem Wichtigsten: Fotos und Videos.

Zur Auswahl eines Fotos oder Videos steht im Nachrichtenfeld die Büroklammer 📎 zur Verfügung. Tippen Sie diese an.

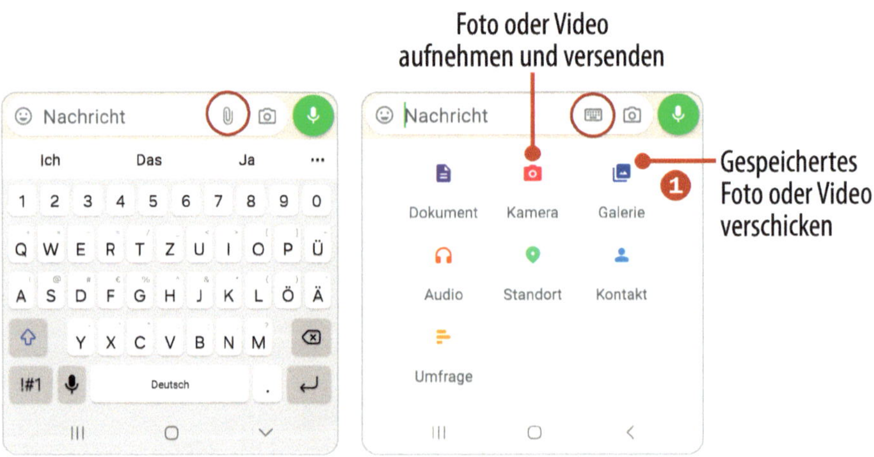

Gespeicherte Fotos oder Videos versenden

Bilder und Videos, die Sie mit dem Smartphone aufgenommen haben, werden in der App Galerie bzw. in der App Fotos angezeigt. Die Google-App Fotos ist auf jedem Android Handy vorinstalliert. Stellt der Smartphonehersteller eine eigene App zur Verfügung, wird diese von WhatsApp zum Einfügen von Fotos verwendet.

Galerie - Samsung | Galerie - Xiaomi | Galerie - POCO | Fotos - OPPO | Google-Fotos

Ein Foto versenden

- Öffnen Sie den Chat. Tippen Sie im Nachrichtenfeld auf die Büroklammer und dann auf ***Galerie*** ❶ (siehe vorige Seite).
- In der Galerie entscheiden Sie sich für einen Ordner: Wenn Sie das Bild mit der Handy-Kamera aufgenommen haben, wählen Sie in der Regel den Ordner ***Kamera*** ❷. Die Benennung der einzelnen Ordner unterscheidet sich je nach Handymodell. Öffnen Sie den gewünschten Ordner durch Antippen und wählen Sie ein Foto aus.
- Tippen Sie in das Feld ***Bildunterschrift hinzufügen*** ❸ um eine Nachricht hinzuzufügen. Mit versenden Sie das Bild.

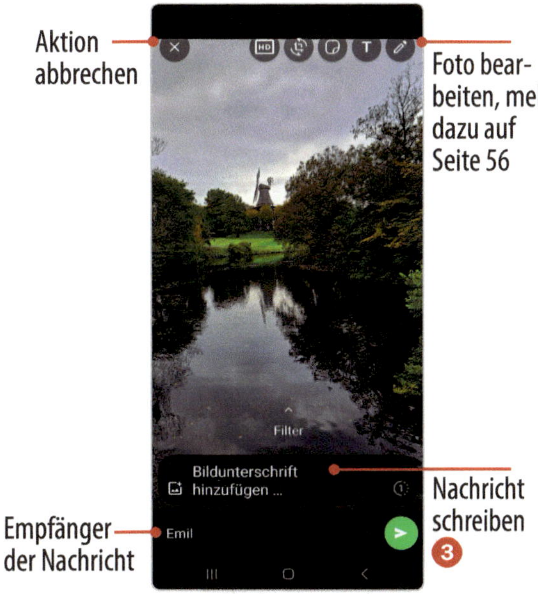

Achtung! Das Empfangen und Versenden von Medien schmälert das Datenvolumen Ihres Mobilfunkvertrags mehr, als es der Austausch von Textnachrichten tut. Versuchen Sie große Datenmengen nur auszutauschen, wenn Ihr Smartphone mit einem WLAN verbunden ist.

Mehrere Fotos auswählen

- Verweilen Sie beim Antippen des ersten Fotos etwas länger auf diesem, bis es eine grün umrandete Nummer erhält. Jetzt können Sie weitere Elemente auswählen. Die Zahlen zeigen die Reihenfolge an, in der die Fotos versandt werden. Durch nochmaliges Antippen, eines bereits ausgewählten Bildes, entfernen Sie dieses wieder aus der Auswahl.
- Bestätigen Sie mit ✓ 1.
- In der Miniaturübersicht 2 können Sie jedes Bild durch Antippen nochmals groß anzeigen und ggf. mit dem Papierkorbsymbol löschen. Zu jedem ausgewählten Bild kann eine Bildunterschrift eingetippt werden. Fehlt noch ein Bild können Sie dieses über 3 hinzufügen. Nach dem Versenden werden die Fotos in einem Container 4 zusammengefasst. Fotos mit Bildunterschrift werden einzeln angezeigt. Sie können den Container jederzeit anklicken, um die Bilder einzeln zu betrachten.

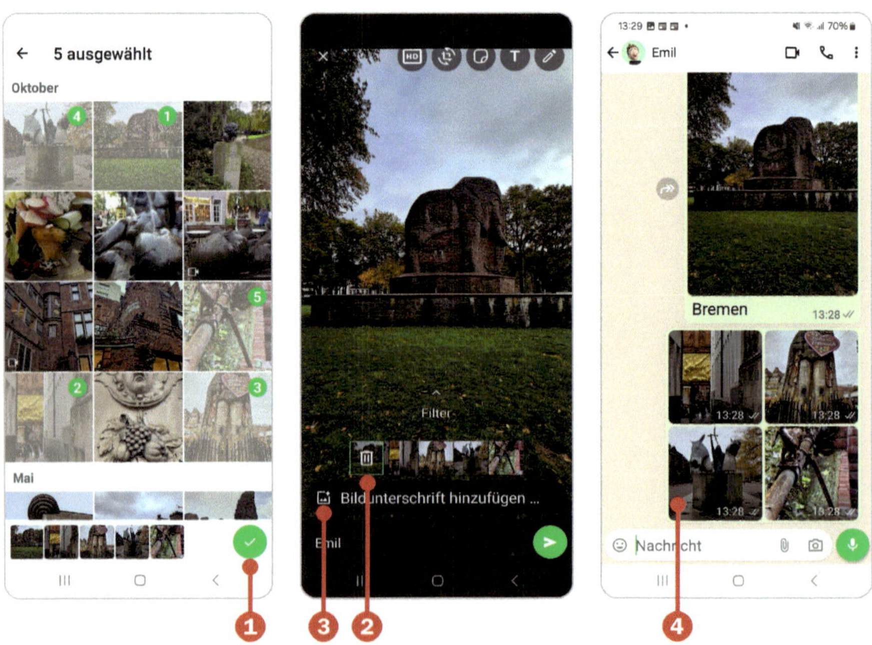

Video verschicken

Der Videoversand unterscheidet sich kaum vom Versand eines Fotos. Auch hier greifen Sie über ***Galerie*** auf Ihre gespeicherten Videos zu. Fündig werden Sie z. B. im Ordner ***Kamera***; hier sind die Videos mit einem Symbol gekennzeichnet. Allerdings ist der Ordner ***Alle Videos*** ❶ besser geeignet, schnell das Passende zu finden. Öffnen Sie diesen und tippen Sie das gewünschte Video an.

Oben sehen Sie die Abspieldauer und die Größe der Videodatei ❷. Durch Antippen von ***Abspielen*** ❸ zeigen Sie das Video vor dem Versenden an. Nochmaliges Antippen des Displays stoppt das Video wieder. Durch Ziehen an den weißen Punkten oben rechts und links ❹ kürzen Sie das Video.

Wenn der Upload (Übermittlung der Datei zum WhatsApp-Server) beim Versenden eines Videos etwas länger dauert, wird links unten ein Fortschrittskreis ❺ eingeblendet. Erst wenn hier die Videodauer angezeigt wird, wurde das Video versendet.

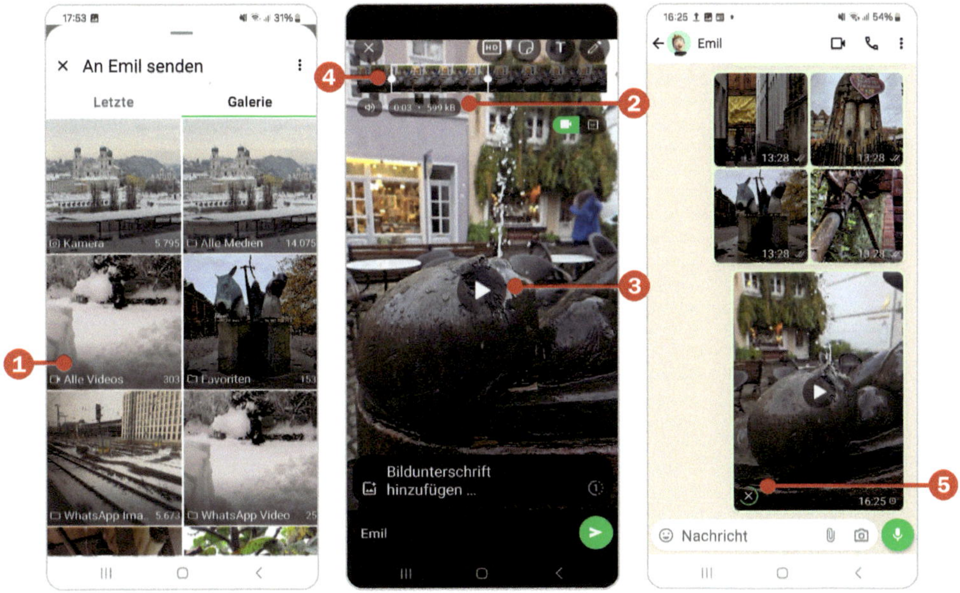

Dateigröße von Fotos und Videos

Die Dateigröße wird beim Versenden von Fotos und Videos standardmäßig reduziert, damit weniger Speicherplatz verbraucht wird und das Versenden schneller geht. Das ist auch völlig in Ordnung mit einer Ausnahme: Sie verschickten Fotos, die vom Empfänger ausgedruckt werden, z. B. für ein Fotobuch oder einen Kalender. Oder das verschickte Video soll am Fernseher oder über einen Beamer vorgeführt werden. Dann sollten Sie das Medium in besserer Qualität senden.

Dazu tippen Sie nach Auswahl des Fotos oder Videos oben auf HD ❶ und wählen dann ***HD-Qualität*** ❷. Dann verfahren Sie, wie gewohnt. Ein Foto oder Video, das in besserer Qualität gesendet wurde, erhält den Zusatz ***HD*** in der linken unteren Ecke. Keine Qualitätsverluste haben Sie, wenn Sie das Foto beispielsweise via E-Mail verschicken.

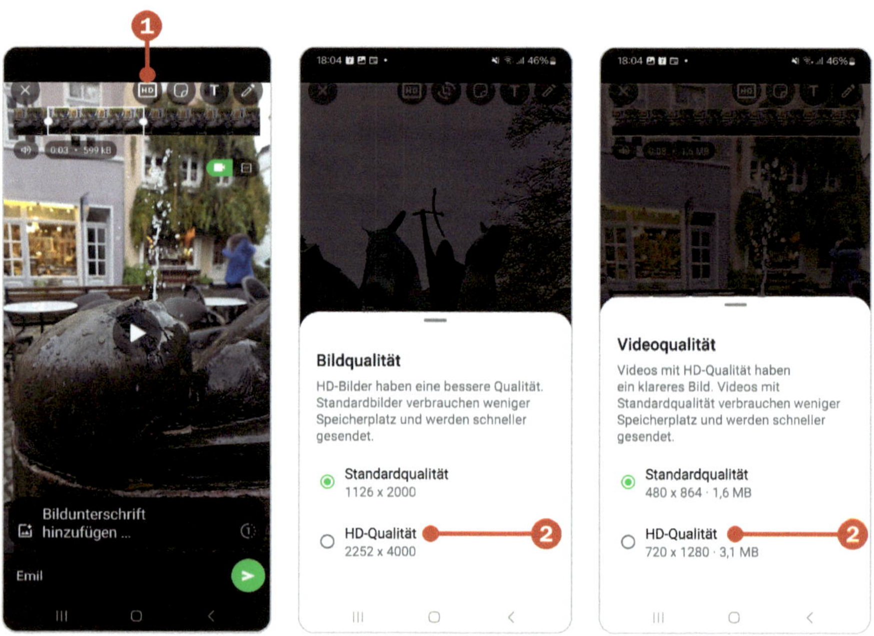

Foto oder Video aufnehmen und versenden

Mit der Option ***Kamera*** können Sie aus WhatsApp ein Foto knipsen oder ein Video aufnehmen und versenden. Diese Option wird selten verwendet. Die Fotos oder Videos, die Sie so aufnehmen werden in der Galerie nicht im Album Kamera sondern in den WhatsApp-Alben angezeigt.

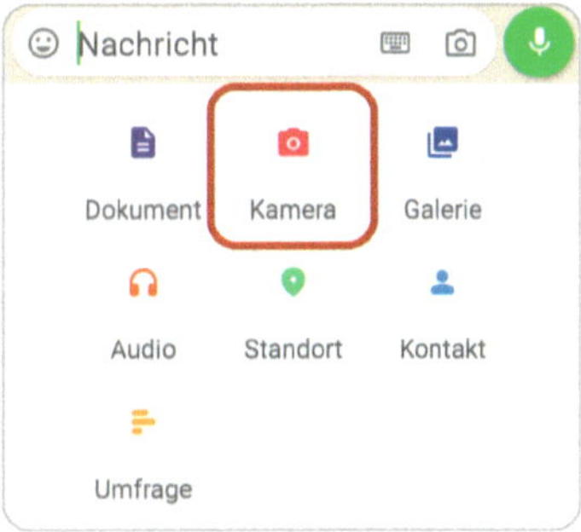

- Tippen Sie im Nachrichtenfeld auf die Büroklammer und wählen Sie ***Kamera*** aus. Wenn Sie diese Aktion zum ersten Mal durchführen, müssen Sie unter Umständen den Zugriff auf die Kamera und bei Video zusätzlich auch auf Audio erlauben. Tippen Sie auf ***Bei Nutzung der App*** 1.
- **Kamerawechsel:** Verwenden Sie zum Wechsel zwischen Front- und Rückkamera . Mit der Frontkamera knipsen Sie ein Selfie oder nehmen ein Video von sich selbst auf.
- Tippen Sie auf den Auslöser 2, um ein **Foto** zu knipsen.
- **Blitz einschalten:** Falls Sie einen Blitz benötigen, wechseln Sie durch Antippen zwischen den drei Optionen 3:

Blitz löst immer aus	Blitz ist ausgeschaltet	Automatischer Blitz

- Für ein **Video** tippen Sie im unteren Bereich auf ***Video*** 4, um in den Videomodus zu wechseln. Anschließend tippen Sie auf den Auslöser, um die Aufnahme zu starten und ein zweites Mal, wenn die Aufnahme beendet werden soll. Sie können auch für eine Videoaufnahme den Blitz verwenden, um die Aufnahme etwas auszuleuchten.

- Zum aufgenommenen Foto oder Video können Sie selbstverständlich im Feld ***Bildunterschrift hinzufügen*** eine Nachricht eintippen. Versenden Sie die Aufnahme durch Antippen von .

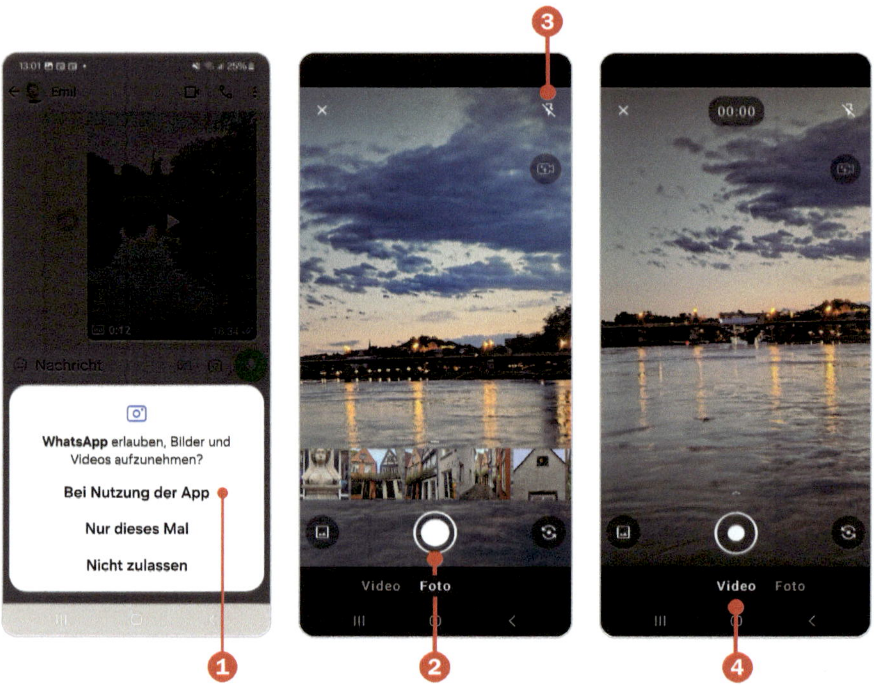

GIF erstellen und versenden

Ein GIF ist ein bewegtes Bild, das eine Bildsequenz in Dauerschleife anzeigt, z. B. einen hüpfenden Hund. Neben den GIFS die in WhatsApp bereits zur Verfügung stehen (siehe Seite 96) können Sie auch ein eigenes GIF erstellen. Dazu verwenden Sie entweder ein bereits aufgenommenes **Video** oder nehmen über WhatsApp schnell eines auf. Mit dem richtigen Videomaterial erstellen Sie lustige GIFs Ihrer Freunde oder Haustiere.

Die einzige Voraussetzung ist, dass das Video nicht länger als sechs Sekunden ist. Das ist kein Problem, da WhatsApp ja die Möglichkeit bietet das Video zu kürzen.

Zeigen Sie den Chat an, in dem Sie das GIF verschicken möchten und tippen auf die Büroklammer 📎 um ein Video aufzuzeichnen oder auszuwählen.

Falls die Sequenz zu lange ist, können Sie diese, durch ziehen an den zwei weißen Punkten, verkürzen. Die aktuelle Dauer sehen Sie darunter ❶. Ab sechs Sekunden erscheint links die Option ***GIF*** ❷. Tippen Sie diese an und versenden Sie das Bild. Beim Empfänger wird das GIF ❸ abgespielt; zum nochmaligen Betrachten tippen Sie auf das Bild.

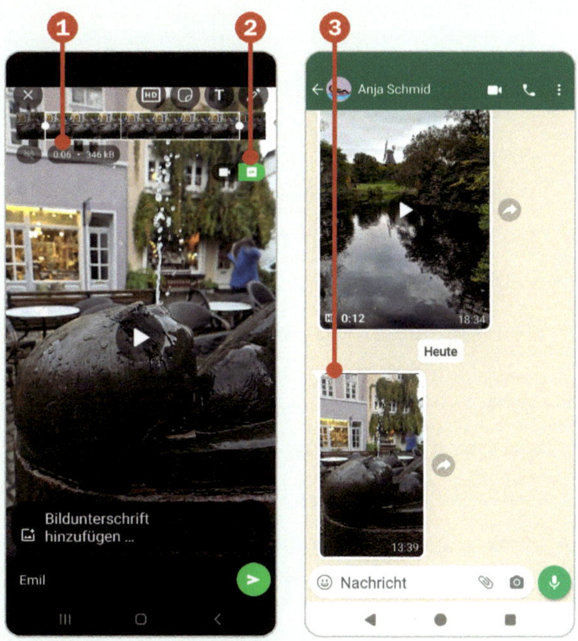

Fotos bearbeiten

Vor dem Versenden kann jedes Foto noch schnell verschönert werden. Die Veränderungen, die Sie hier vornehmen, werden nicht in der Originaldatei auf Ihrem Smartphone gespeichert.

- **Bild zuschneiden und drehen:** Klicken Sie auf ⊞ 1 und ziehen Sie an den weißen Begrenzungslinien, um einen unschönen Teil des Fotos abzuschneiden. Mit ⟲ 2 kann das Bild auch gedreht werden. Tippen Sie dann auf ***Fertig***. Mit ***Abbrechen*** verlassen Sie die Ansicht, ohne eine Änderung vorzunehmen.
- **Filter:** Es stehen verschiedene Filter zur Verfügung. Wischen Sie vertikal über das Bild 3, um die Filteroptionen anzuzeigen. Zur Auswahl tippen Sie einen Filter an. Mit ***kein*** 4 kehren Sie wieder zur Originalansicht zurück. Sind Sie mit dem Ergebnis zufrieden, tippen Sie auf das Schließensymbol links oben ⊗.
- **Foto mit Emojis verschönern:** Mit 5 fügen Sie Smileys und andere Grafiken ein. Tippen Sie auf ***Emoji*** 6 zur Anzeige der gelben Gesichter. Über die Leiste unten wechseln Sie zu einer anderen Kategorie. Zum Einfügen tippen Sie ein Emoji an. Sie können es auf dem Foto mit dem Finger verschieben. Ziehen Sie zwei Finger über dem Emoji auseinander, um es zu vergrößern. Hinter Emojis verbergen Sie Gesichter, die Sie nicht auf dem Foto zeigen möchten.
- **Text hinzufügen:** Tippen Sie auf T und geben Sie Ihren Text ein. Über die Leiste 7 unten wählen Sie eine andere Schriftart. Bestätigen Sie mit ***Fertig***. Mit dem Finger können Sie das Textfeld an die gewünschte Position rücken. Das Stiftsymbol ✎ bietet die Möglichkeit, mit dem Finger auf dem Foto zu malen.
- **Änderung rückgängig machen:** Änderungen am Foto nehmen Sie durch Antippen von ↶ 8 schrittweise zurück.
- **Bearbeitetes Foto versenden:** Sind Sie zufrieden mit dem Ergebnis, können Sie noch eine Bildunterschrift eingeben und das Bild dann mit ***Senden*** ▶ verschicken.

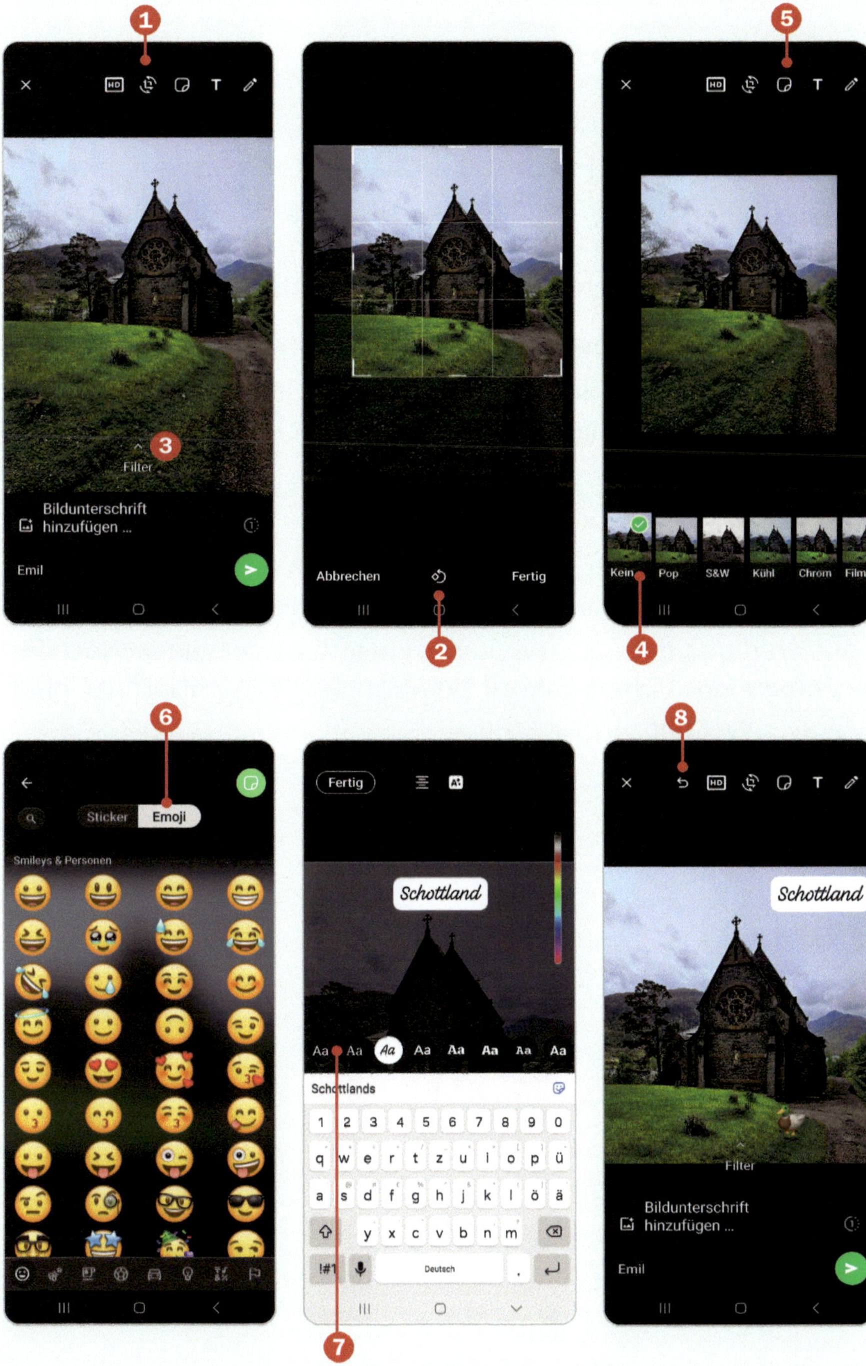
1
3
Filter
Bildunterschrift hinzufügen ...
Emil
Abbrechen
Fertig
2
5
Kein
Pop
S&W
Kühl
Chrom
Film
4
6
Sticker
Emoji
Smileys & Personen
8
Fertig
Schottland
Schottlands
Deutsch
7
Schottland
Filter
Bildunterschrift hinzufügen ...
Emil

Medien erhalten

Fotos anzeigen

Zum Betrachten der Fotos ist das Chatfenster meist ausreichend. Durch Antippen eines Bildes wird dieses gesondert dargestellt. Erhalten Sie mehrere Bilder auf einmal, werden diese zusammengefasst, davon ausgenommen sind Fotos mit Bildunterschrift.

Tippen Sie die Zusammenstellung ❶ an, um die Fotos der Reihe nach zu betrachten. Sie verlassen die Einzelansicht wieder durch Anklicken des Pfeils links ❷ oben oder mit der Zurück-Taste.

Video abspielen

Das Video wird durch Antippen ❸ in einem neuen Fenster abgespielt. Sie können das Video jederzeit durch erneutes Antippen pausieren und mit einem weiteren Fingertipp fortsetzen. Nach Betrachten eines Videos kehren Sie über das Pfeilsymbol links oben wieder zum Chat zurück.

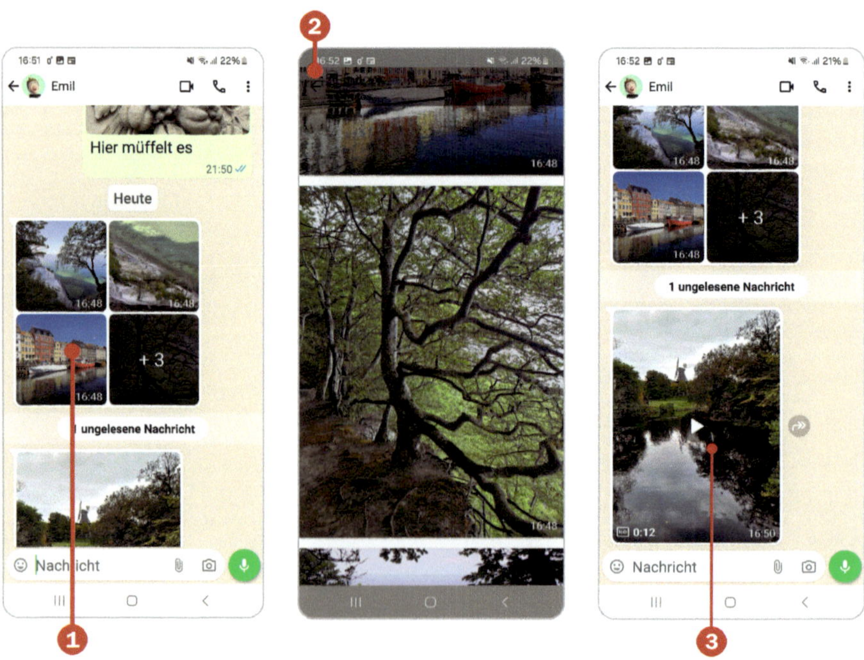

Zugesandte Fotos und Videos sind auf Ihrem Handy gespeichert und können in der App ***Galerie*** bzw. in der App ***Fotos*** angezeigt werden. Hierfür werden automatisch zwei neue ***Alben*** 5 erstellt: ***WhatsApp Images*** und ***WhatsApp Video*** 6. Natürlich reihen sich die Fotos/Videos auch in die Gesamtübersicht unter ***Bilder*** 7 ein. Sie können die Anzeige von WhatsApp Fotos und Videos in der Galerie allerdings unterbinden (dazu mehr auf Seite 248).

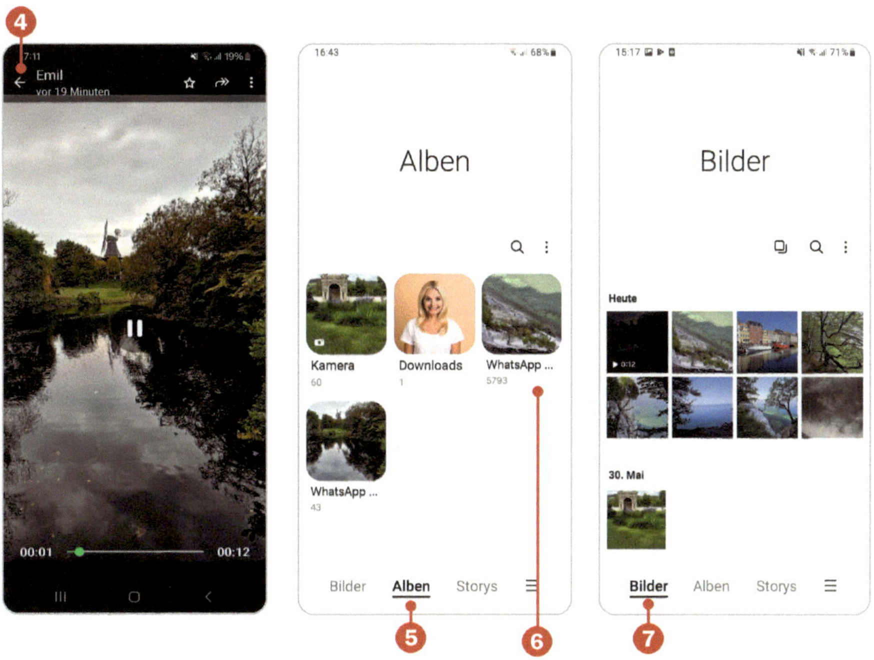

Download starten

Fotos und Videos müssen unter Umständen heruntergeladen werden. Ob der Download (d. h. das Übertragen und Speichern der Daten auf Ihrem Smartphone) automatisch geschieht oder Sie tätig werden müssen, hängt von zwei Faktoren ab: Ihren Einstellungen bei WhatsApp (dazu mehr auf Seite 274) und ob Sie mit einem WLAN verbunden sind. Wenn Sie gerade **nicht** mit einem WLAN verbunden sind, sollten Sie zur Schonung Ihres Datenvolumens darauf verzichten, viele Fotos oder Videos herunterzuladen.

Den Download starten Sie durch Antippen 8. Beim Bild bzw. Video sehen Sie im linken unteren Eck den Download-Fortschritt.

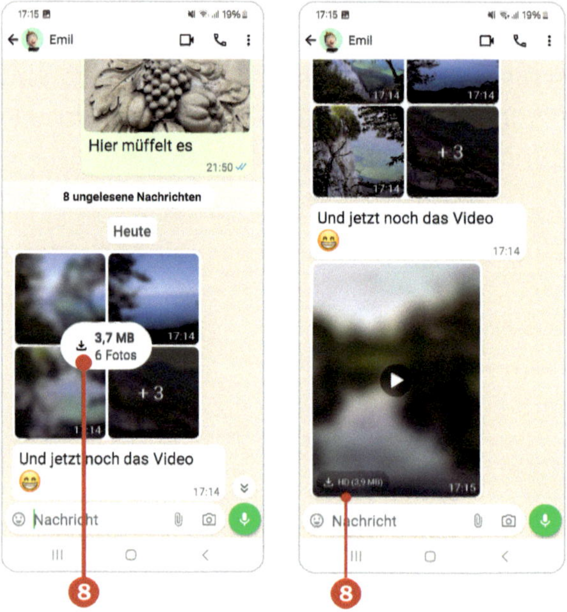

2.4 Sprach- oder Videonachrichten austauschen

Gesprochene Nachricht versenden

Wer nicht gerne tippt, dem empfehle ich die Aufnahme einer gesprochenen Nachricht. Mit der Aufnahmetaste rechts neben dem Nachrichtenfeld können Sie Sprachnachrichten aufnehmen und sofort versenden. Beim ersten Verwenden dieser Funktion müssen Sie unter Umständen ***Zulassen***, dass WhatsApp Audioaufnahmen macht.

- **Aufnahme starten:** Zum Aufnehmen halten Sie die Aufnahmetaste rechts neben dem Nachrichtenfeld gedrückt und sprechen Ihre Nachricht. Sobald Sie die Taste loslassen, wird die Nachricht sofort versendet.

- **Aufnahme verwerfen:** Falls Sie während des Sprechens entscheiden, die Sprachnachricht nicht zu versenden, halten Sie die Aufnahmetaste weiterhin gedrückt und wischen nach links. Das Löschen wird durch eine Animation symbolisiert, bei der das rote Mikrofon im Mülleimer verschwindet.
- **Mehr Bequemlichkeit:** Bei längeren Nachrichten ist es angenehmer, die Aufnahmetaste zu sperren; dadurch muss sie nicht die ganze Zeit gehalten werden. Tippen Sie dazu auf die Aufnahmetaste und ziehen Sie diese nach oben (1). Wenn Sie fertig sind, tippen Sie zum Versenden der Nachricht auf ▶. Falls Sie die Nachricht nicht übermitteln möchten, tippen Sie auf ***Löschen*** (2). Die Aufnahme der Nachricht kann mit (3) auch pausiert werden. Mit (4) setzen Sie die Aufnahme fort.

  Wenn Sie vor dem Versenden die Nachricht gern nochmals anhören möchten, dann pausieren Sie die Aufnahme und spielen die Sprachnachricht durch Antippen von (5) ab.

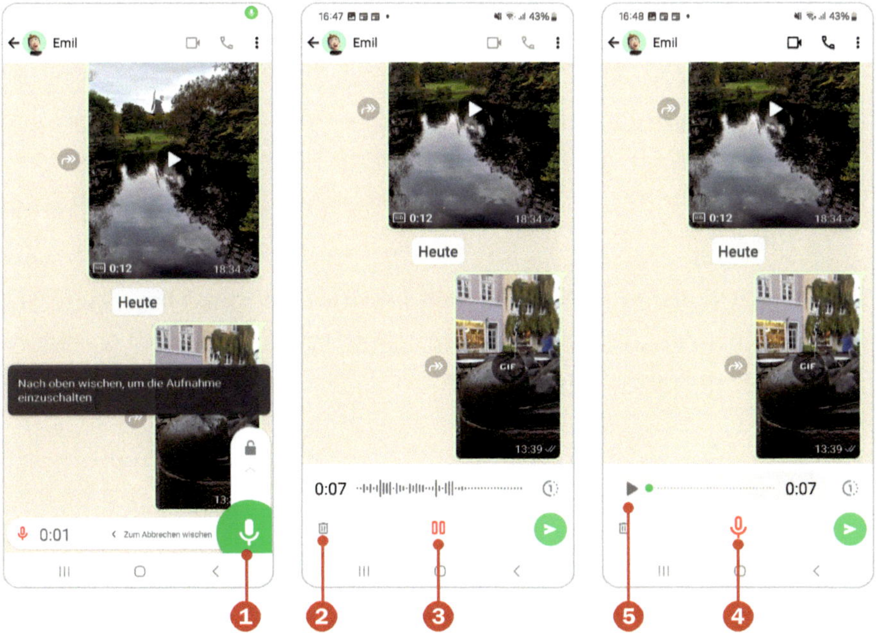

Ein Video sagt mehr als tausend Worte

Wer zum gesprochenen Wort noch ein Bild übertragen möchte, wählt die Videonachricht. Diese Option muss allerdings zunächst in den Einstellungen aktiviert werden.

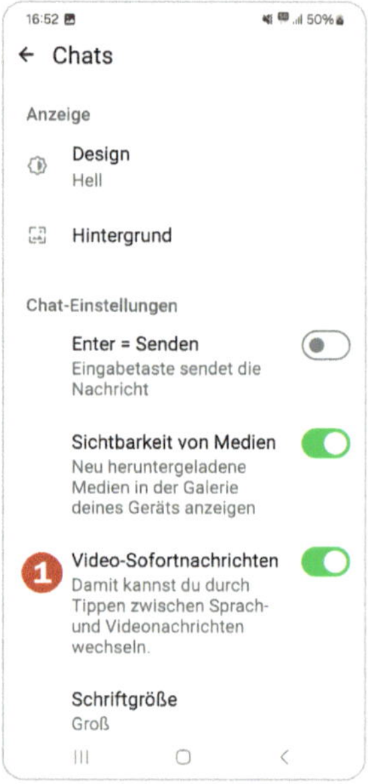

- Wählen Sie über ***Weitere Optionen*** ⋮ ▸ ***Einstellungen*** ▸ ***Chats*** und tippen auf ***Video-Sofortnachrichten*** ❶, um die Option zu aktivieren.
- Wechseln Sie in den Chat und tippen Sie kurz auf die Aufnahmetaste 🎤. Dadurch wechselt diese in den Videomodus 📹. Drücken Sie etwas länger auf die Video-Aufnahmetaste ❷, um die Aufnahme zu starten.
- Die Bedienung der Taste funktioniert analog zur Aufnahmetaste der Sprachnachricht.
- Das Video verwendet beim Start die Frontkamera des Smartphones, um Sie aufzunehmen. Wenn Sie etwas von Ihrer Umgebung im Video einfangen möchten, wechseln Sie die Kamera mit ❸.
- Mit den Videoanrufeffekten ❹ können Sie eine Unschärfe auf den Hintergrund legen. Dieser Effekt wird im Kapitel 5 „Videoanrufe“ genauer besprochen.

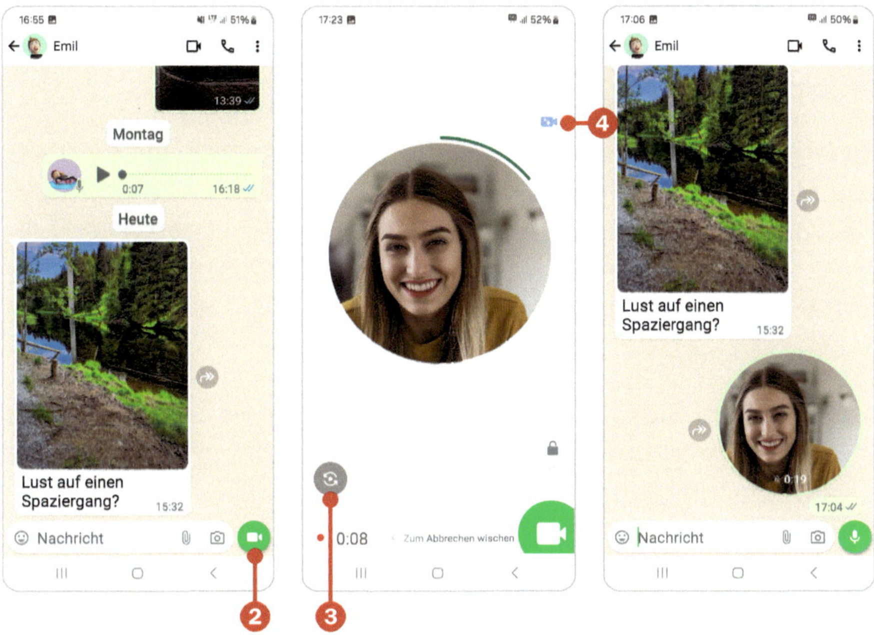

Sofortnachricht erhalten und abspielen

Die **Sprachnachricht** zeigt das Profilbild des Absenders. Sie wird automatisch heruntergeladen, auch wenn Sie nicht mit einem WLAN verbunden sind. Daran können Sie auch in den Einstellungen nichts ändern.

- Zum Abspielen tippen Sie auf ▶, mit **II** pausieren Sie und setzen mit einem weiteren Antippen die Wiedergabe fort.

Aber Achtung: Alle Umstehenden hören mit, was Sie bei einer Sprachnachricht wahrscheinlich lieber vermeiden möchten. Hier hilft ein kleiner Trick: Starten Sie die

Wiedergabe und halten Sie dann das Telefon ans Ohr, als würden Sie telefonieren. Dadurch wird die Nachricht nur auf dem oberen Lautsprecher übertragen.

Wiedergabe beschleunigen: Gerade bei Sprachnachrichten gilt für manche nicht der Grundsatz „in der Kürze liegt die Würze", sondern sie versenden Sprachnachrichten in epischer Länge. Hier hilft die beschleunigte Wiedergabe mit eineinhalbfacher oder doppelter Geschwindigkeit. Der Absender klingt dann ein wenig wie Mickey Mouse.

- Nach dem Start der Sprachnachricht tippen Sie auf ***1x***. Die Geschwindigkeit wechselt zu ***1,5x***, nach einem nochmaligen Antippen zu ***2x*** und dann wieder zu ***1x***.

Aufnahmen außerhalb des Chats abspielen: Gerade bei längeren Sprachnachrichten kann man auch während des Zuhörens noch schnell etwas anders am Handy erledigen:

- Starten Sie die Wiedergabe und wechseln Sie dann zu einem anderen Chat. In WhatsApp wird die abgespielte Datei oben angezeigt. Hier können Sie die Wiedergabe pausieren oder mit ***x*** das Abspielen beenden und die Leiste wieder ausblenden. Sie können aber auch eine andere App aufrufen, dadurch wird die Wiedergabe ebenfalls nicht unterbrochen.

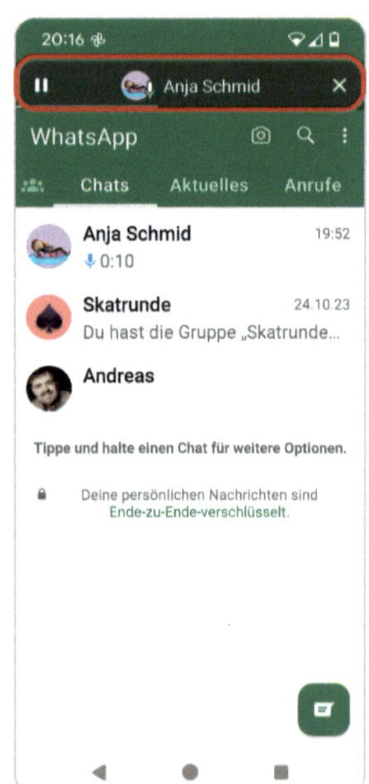

Die Wiedergabe der **Videonachricht** erfolgt beim Öffnen des Chats, allerdings ohne Ton. Tippen Sie das Video an um es größer und mit Ton anzuschauen.

2.5 Dokumente & Musik versenden und erhalten

Mit WhatsApp versenden Sie schnell ein PDF, ein Word-Dokument, eine Excel-Arbeitsmappe etc. Dazu muss die Datei auf Ihrem Smartphone gespeichert sein. Dokumente können bis zu einer Grenze von 2 Gigabyte versendet werden. Gerüchte besagen, dass diese Funktion in Zukunft kostenpflichtig werden soll. In diesem Fall versenden Sie das Dokument einfach via E-Mail.

Dokument versenden

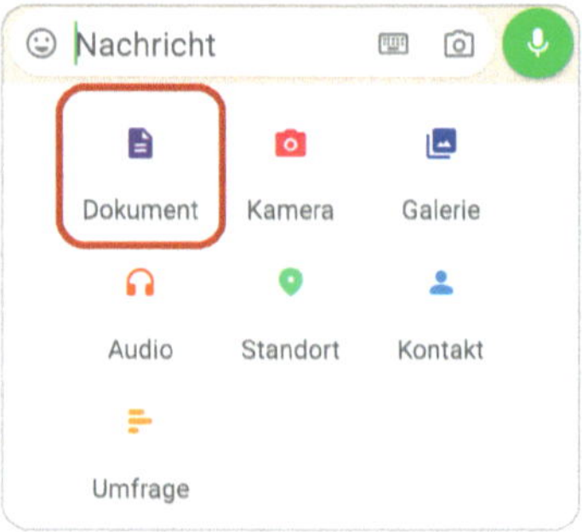

- Wählen Sie den Kontakt aus, dem Sie eine Datei schicken möchten, und tippen Sie im Nachrichtenfeld auf 📎 und dann auf ***Dokument*** .
- Sie erhalten eine Aufstellung aller auf dem Smartphone gespeicherten Dokumente. Die Liste kann alphabetisch bzw. nach Datum sortiert werden, tippen Sie auf 1, um die Sortierung auszuwählen. Zusammen mit der Datei wird auch die Dateigröße angezeigt. Wählen Sie die Datei durch Antippen aus und bestätigen Sie mit ***Senden*** rechts oben.
- Anschließend können Sie noch eine Nachricht hinzufügen. Bestätigen Sie nochmals mit Senden 2.
- Bei großen Dateien kann der Upload durchaus etwas Zeit in Anspruch nehmen. Der grüne Kreis neben der Nachricht gibt Auskunft über den Übertragungsfortschritt.

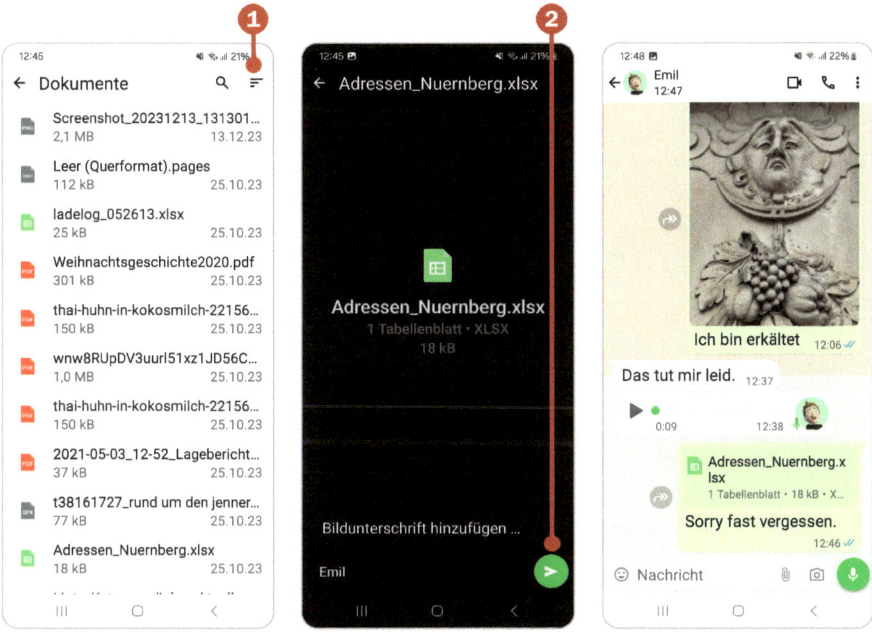

Dokumente öffnen am Beispiel eines PDFs

Zur Anzeige des Inhalts übersandter Word- und Excel-Dateien oder PDFs muss die entsprechende App auf Ihrem Smartphone installiert sein. Stehen verschiedene Apps zur Verfügung, wählen Sie eine App beim ersten Öffnen der Datei aus. Zum Betrachten von PDFs sollte zumindest der Google-Drive-PDF-Viewer auf Ihrem Gerät installiert sein.

- Tippen Sie das PDF 1 im Chat an. Unter Umständen müssen Sie auswählen, mit welcher App Sie das PDF anzeigen möchten. Tippen Sie eine App an, z. B. ***Google-Drive-PDF-Viewer*** 2.
- Streichen Sie vertikal über das Display, um durch das PDF zu blättern. Durch das Auseinanderziehen zweier Finger auf dem Bildschirm vergrößern Sie die Anzeige des PDFs. Ziehen Sie die Finger zusammen, um die Anzeige wieder zu verkleinern.

- Durch Antippen des Pfeils ❸ links oben, kehren Sie zu WhatsApp zurück.

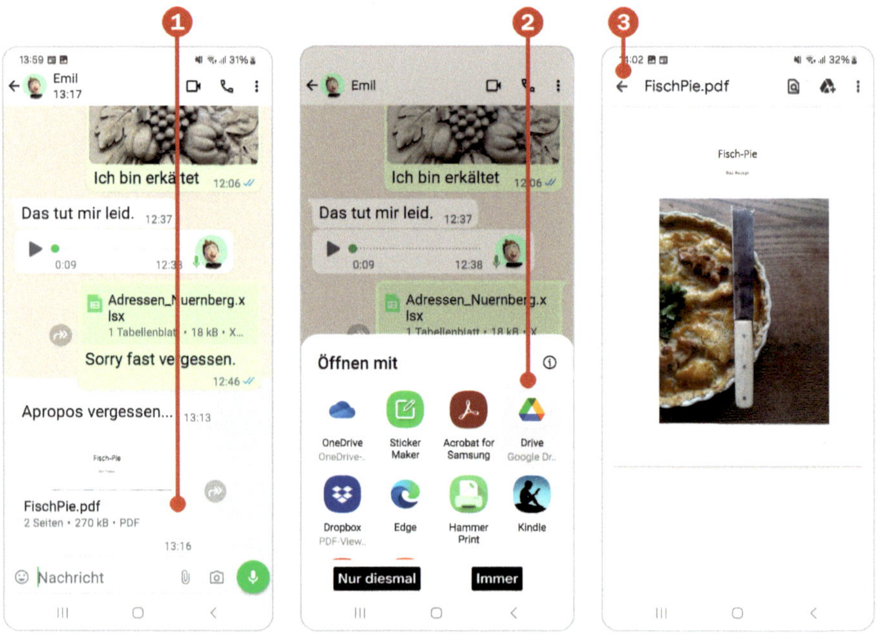

Audiotitel verschicken

Sie können auch Aufnahmen, die Sie mit einer anderen App erstellt haben, oder ein Musikstück via WhatsApp übermitteln.

- Wählen Sie zunächst den Chat aus und tippen Sie im Nachrichtenfeld auf 📎 und dann auf ***Audio*** 🎧 ❶. Unter Umständen müssen Sie den Zugriff auf Musik und Audio zulassen.
- Alle Audiodateien im Format mp3, die auf Ihrem Smartphone gespeichert sind, werden angezeigt. Durch Antippen von ▶ ❷ wird der Titel abgespielt.
- Wählen Sie ein Musikstück oder eine andere Sound-Datei aus. Mit ▶ versenden Sie das ausgewählte Stück. Sie müssen den Versand nochmals durch Antippen von ***Senden*** bestätigen.

Audiotitel empfangen

Audiotitel werden durch ein oranges Symbol ❸ gekennzeichnet. Es kann festgelegt werden, dass Audiodateien nur bei einer bestehenden WLAN-Verbindung heruntergeladen werden (mehr dazu auf Seite 274). Das schont das Datenvolumen.

- Zum Abspielen tippen Sie auf ▶, mit ❚❚ pausieren Sie und setzen mit einem weiteren Antippen die Wiedergabe fort. Der Titel wird für alle hörbar abgespielt. Wenn Sie das Smartphone ans Ohr halten (als würden Sie telefonieren), wechselt die Ausgabe zum Telefonlautsprecher und keiner kann mithören.

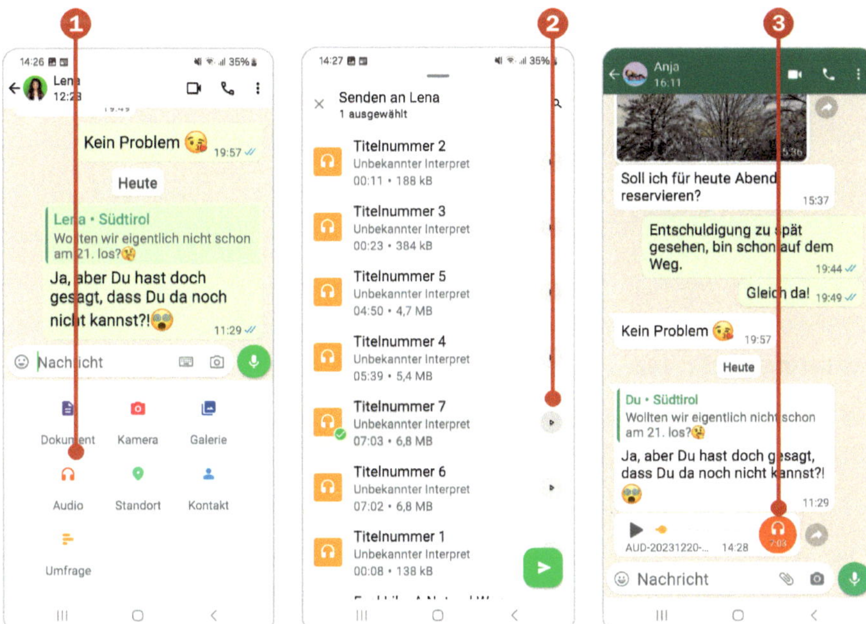

2.6 Kontaktdaten weiterleiten

Kontaktdaten versenden

Telefonnummern, E-Mail-Adressen oder postalische Adressen Ihrer Freunde speichern Sie in der App ***Kontakte*** auf dem Smartphone. Diese Daten können Sie via WhatsApp versenden. So geht's:

- Zeigen Sie den Chat mit der Person an, an die Sie eine Telefonnummer etc. senden möchten, tippen Sie auf das Büroklammersymbol und wählen ***Kontakt*** aus.
- Wählen Sie den gewünschten Kontakt aus. Dieser wird dann oben angezeigt; falls Sie versehentlich den falschen Kontakt ausgewählt haben, tippen Sie auf das ***x*** 1. Fahren Sie fort mit 2.
- Im nächsten Schritt entscheiden Sie, welche Kontaktdaten versendet werden sollen. Deaktivieren Sie ggf. die Auswahl der Information durch Antippen der entsprechenden Häkchen 3. Tippen Sie dann auf ***Senden***.

Kontaktdaten erhalten

Beim Empfänger wird der Name des Kontakts im Chatfenster angezeigt. Unter Umständen fehlt das Profilfoto. Dies hängt von den WhatsApp-Einstellungen des Kontakts ab. Um die Kontaktdaten im Adressbuch zu speichern, gehen Sie so vor:

- Tippen Sie auf ***Kontakt hinzufügen*** 4 und entscheiden Sie, ob Sie einen vorhandenen Kontakt ergänzen oder einen neuen erstellen 5 möchten. Tippen Sie auf ***Speichern*** 6, um die neuen Kontaktdaten in der App Kontakte zu hinterlegen. Wird beim übersandten Kontakt ***Einladen*** angezeigt, ist diese Nummer nicht bei WhatsApp gelistet, d. h. dass diese Person WhatsApp bis jetzt nicht nutzt.

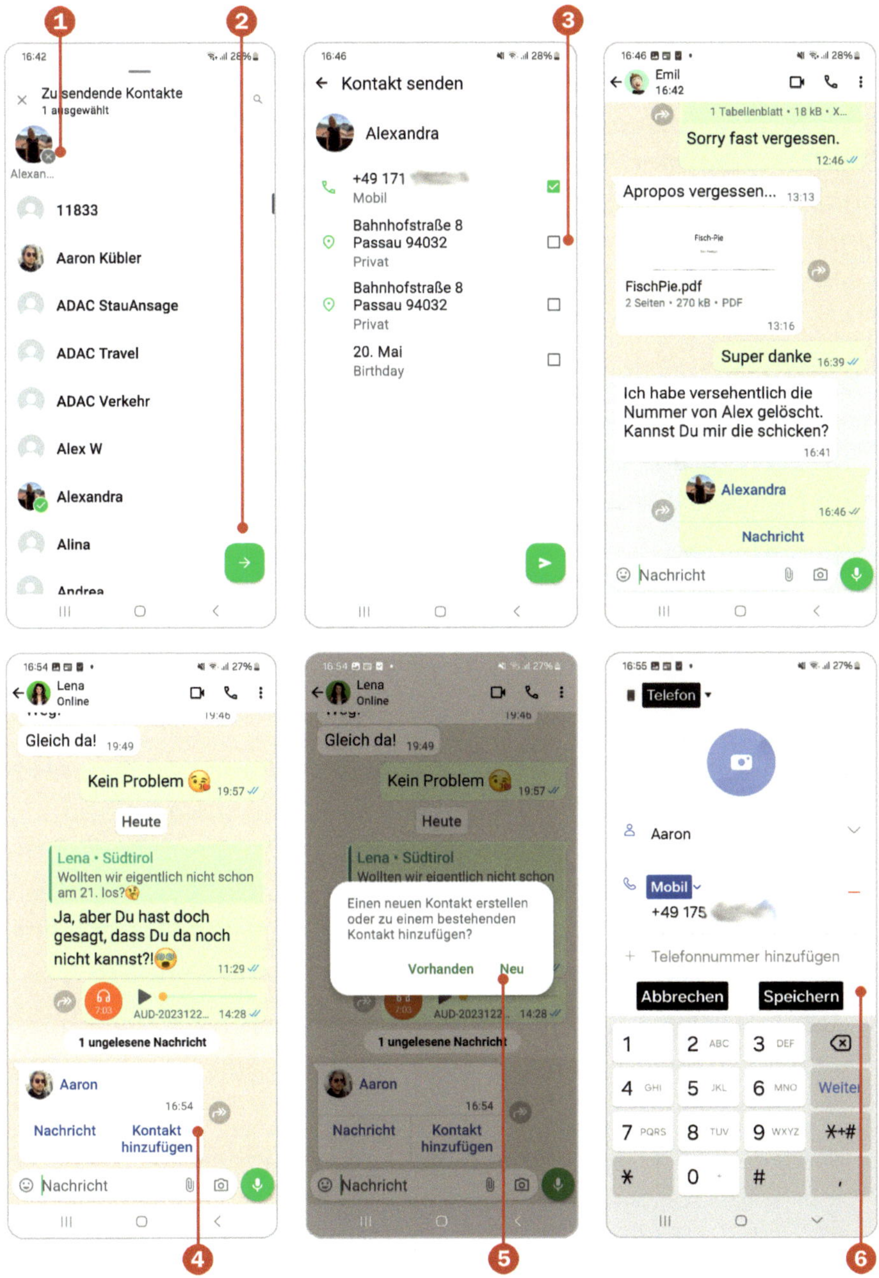
1
2
3
Zu sendende Kontakte
1 ausgewählt
Alexan...
11833
Aaron Kübler
ADAC StauAnsage
ADAC Travel
ADAC Verkehr
Alex W
Alexandra
Alina
Andrea
Kontakt senden
Alexandra
+49 171
Mobil
Bahnhofstraße 8
Passau 94032
Privat
Bahnhofstraße 8
Passau 94032
Privat
20. Mai
Birthday
Emil
16:42
1 Tabellenblatt • 18 kB • X...
Sorry fast vergessen.
Apropos vergessen...
FischPie.pdf
2 Seiten • 270 kB • PDF
Super danke
Ich habe versehentlich die Nummer von Alex gelöscht. Kannst Du mir die schicken?
Alexandra
Nachricht
Nachricht
Lena
Online
Gleich da!
Kein Problem
Heute
Lena • Südtirol
Wollten wir eigentlich nicht schon am 21. los?
Ja, aber Du hast doch gesagt, dass Du da noch nicht kannst?!
AUD-2023122...
1 ungelesene Nachricht
Aaron
Nachricht
Kontakt hinzufügen
Nachricht
Einen neuen Kontakt erstellen oder zu einem bestehenden Kontakt hinzufügen?
Vorhanden
Neu
4
5
Telefon
Aaron
Mobil
+49 175
Telefonnummer hinzufügen
Abbrechen
Speichern
Weiter
6

2.7 Wo bin ich? Standort verschicken

Sie sitzen in einem Café und Ihr Freund weiß nicht wo es ist. Dann schicken Sie doch einfach via WhatsApp eine Wegbeschreibung. Um Ihren Standort bestimmen zu können, muss am Smartphone GPS (GPS - Global Positioning System), das System zur Positionsbestimmung, eingeschaltet sein. Diese Funktion wird bei vielen Herstellern einfach als ***Standort*** bezeichnet.

Standortinformation versenden

- Zeigen Sie den WhatsApp-Kontakt an, der erfahren soll, wo Sie sich gerade befinden. Tippen Sie dann im Nachrichtenfeld auf 📎 und wählen ***Standort*** aus.
- Erlauben Sie, dass WhatsApp Zugriff auf Ihren Standort erhält. Ohne Vergabe der Berechtigung können Sie die Funktion nicht nutzen. Tippen Sie auf ***Weiter*** ❶ und wählen Sie ***Genau*** ❷ und ***Bei Nutzung der App*** oder, falls Sie die Funktion nicht oft verwenden, ***Nur dieses Mal***.
- **Standortdaten versenden:** Tippen Sie anschließend auf ***Aktuellen Standort senden*** ❸. Alternative: Cafés, Restaurants und andere Geschäfte am oder in der Nähe Ihres Standorts werden ebenfalls angezeigt. Vielleicht ist das Passende dabei, dann können Sie dieses auswählen. Dadurch wird der Firmenname gleich mit übermittelt. Der Standort wird versandt.
- **Aktion abbrechen:** Falls Sie Ihren Standort doch nicht versenden möchten, kehren Sie zum Chat zurück, indem Sie oben links auf den weißen Pfeil ❹ tippen.
- **Standortermittlung nicht verfügbar:** Unter Umständen erhalten Sie gleich bei Auswahl der Option ***Standort*** diese Fehlermeldung ❺; d. h., dass die Standortermittlung des Handys ausgeschaltet ist. Tippen Sie auf ***OK*** und schalten ❻ Sie die Standortermittlung ein.

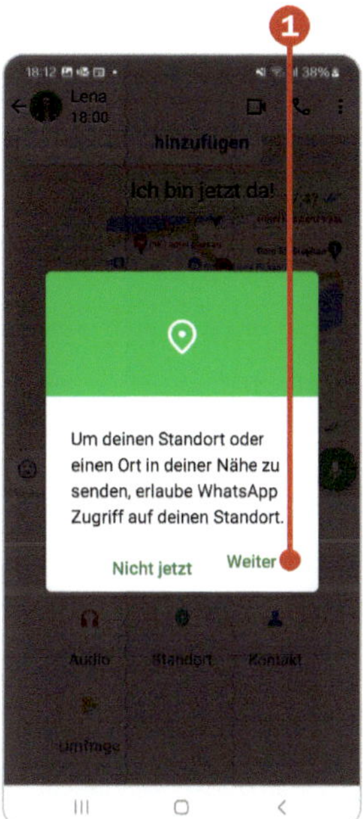
1
Um deinen Standort oder einen Ort in deiner Nähe zu senden, erlaube WhatsApp Zugriff auf deinen Standort.
Nicht jetzt
Weiter

2
WhatsApp erlauben, den Gerätestandort abzurufen?
Genau
Ungefähr
Bei Nutzung der App
Nur dieses Mal
Nicht zulassen

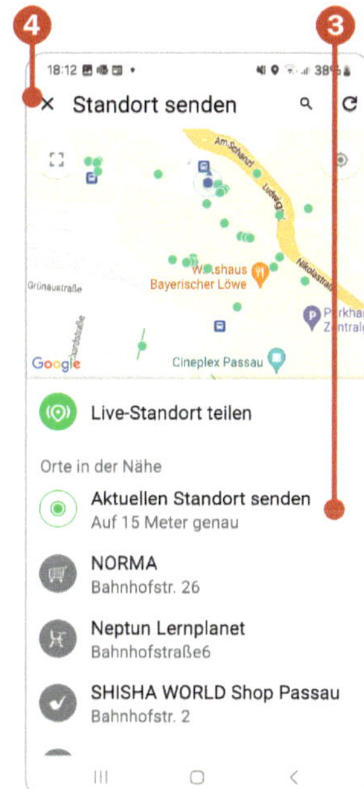
4
3
Standort senden
Wirtshaus Bayerischer Löwe
Cineplex Passau
Live-Standort teilen
Orte in der Nähe
Aktuellen Standort senden
Auf 15 Meter genau
NORMA
Bahnhofstr. 26
Neptun Lernplanet
Bahnhofstraße6
SHISHA WORLD Shop Passau
Bahnhofstr. 2

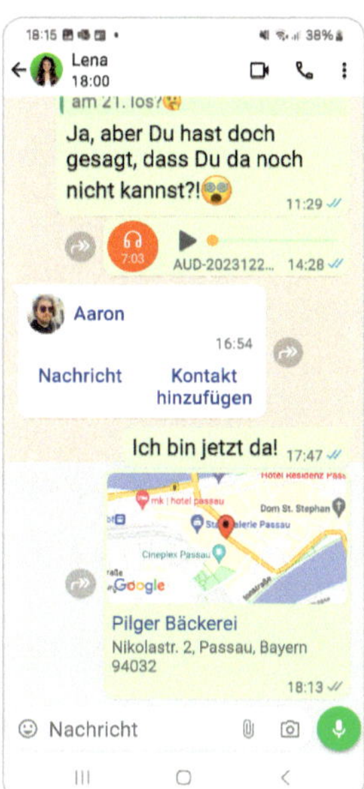
Lena
18:00
Ja, aber Du hast doch gesagt, dass Du da noch nicht kannst?!
11:29
AUD-2023122...
14:28
Aaron
16:54
Nachricht
Kontakt hinzufügen
Ich bin jetzt da!
17:47
Pilger Bäckerei
Nikolastr. 2, Passau, Bayern 94032
18:13
Nachricht

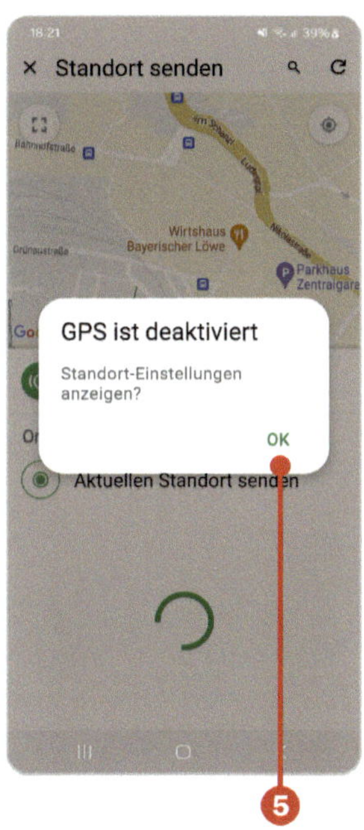
Standort senden
GPS ist deaktiviert
Standort-Einstellungen anzeigen?
OK
Aktuellen Standort senden
5

Standort
Aus
App-Berechtigungen
Standortdienste
6

Zum übersandten Treffpunkt navigieren

Wenn Sie eine Standortinformation erhalten haben, können Sie mit Google Maps zum Treffpunkt navigieren. So geht's:

- Zur Anzeige der Wegbeschreibung tippen Sie die Standortnachricht ⑦ an. Unter Umständen werden verschiedene Apps zur Anzeige angeboten. Ich verwende für das folgende Beispiel ***Maps*** von Google. Tippen Sie die App an.
- Um eine Wegbeschreibung anzuzeigen, tippen Sie auf ***Route*** ⑧. Falls oben nicht steht ***Mein Standort*** müssen Sie eingeben, wo Sie sich gerade befinden. Dann geben Sie ein, ob Sie zu Fuß ⑨, mit dem Fahrrad oder Auto unterwegs sind.
- Die Route zum Treffpunkt wird angezeigt. Zur audiovisuellen Navigation drücken Sie dann unten auf ***Starten*** ⑩.

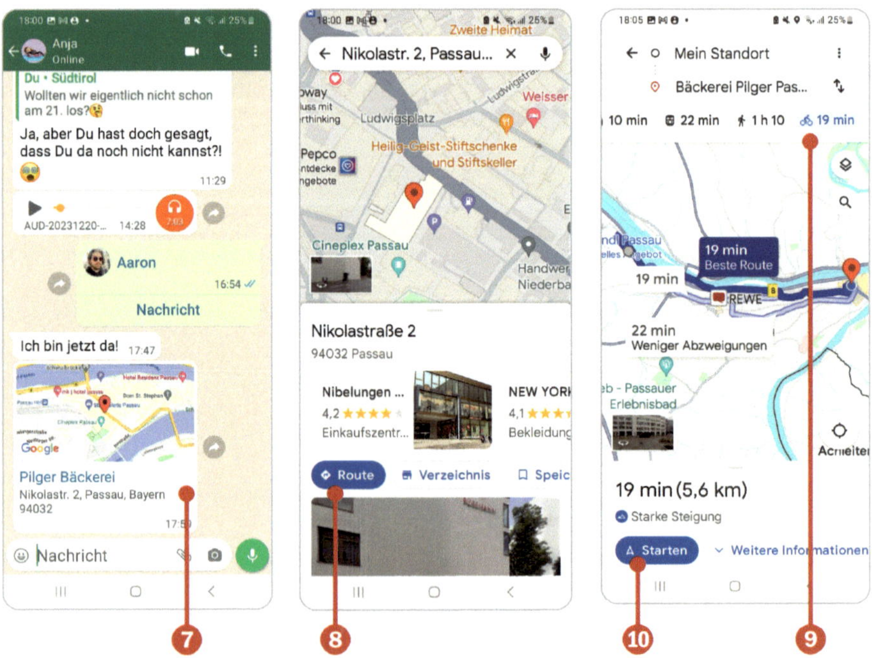

Live-Standort teilen

Im Gegensatz zur einfachen Standortnachricht, die eine ausgewählte Position sendet, wird der Live-Standort aktualisiert, d. h. man sieht in Echtzeit, wo Sie sich befinden. Ich nutze die Funktion, wenn ich z. B. jemanden abhole. Anhand meines Live-Standorts sieht die Person, wo ich mich befinde, weiß, dass ich mich verspäte, und kann sich rechtzeitig vor die Tür stellen.

Live-Standort teilen

- Tippen Sie im gewünschten Chat auf und wählen ***Standort*** aus. Wählen Sie ***Live-Standort teilen*** 1.
- Tippen Sie einen Zeitraum an 2, für den Sie die Information übertragen möchten. Fügen Sie eine kurze Nachricht hinzu und tippen dann auf ***Senden***.

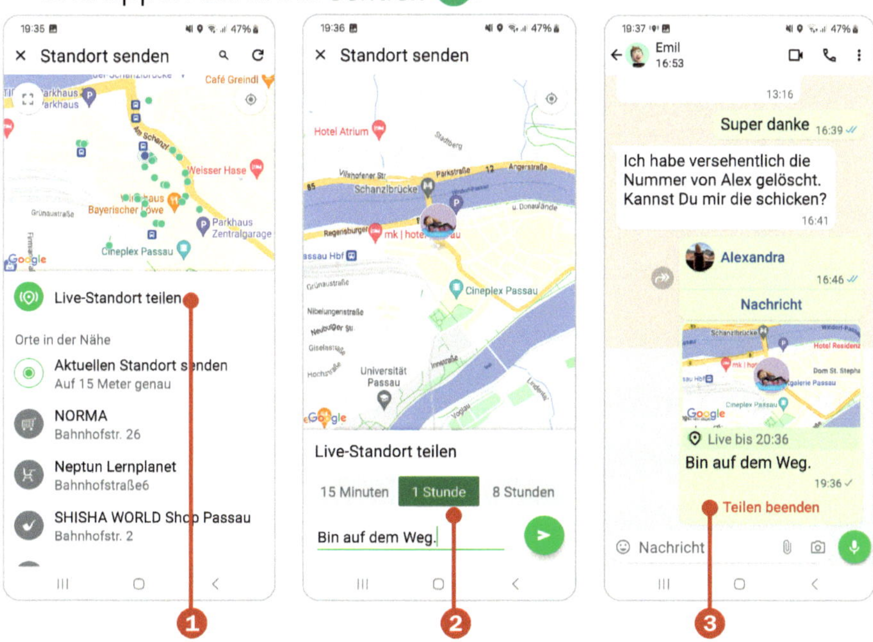

Wenn Sie vor Ablauf der gewählten Zeit die Live-Standortübermittlung beenden möchten, tippen Sie im Chat auf *Teilen beenden* 3.

Jemanden live verfolgen

Als Empfänger eines geteilten Live-Standorts erhalten Sie eine Nachricht im Chat. Tippen Sie hier auf ***Live-Standort ansehen*** 4, um nachzuvollziehen, wo sich die Person gerade befindet 5.

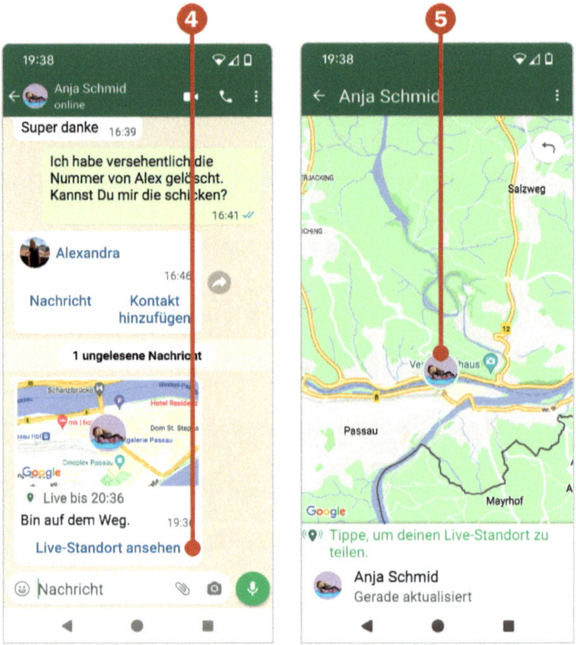

2.8 Link zu einer Webseite

Wenn Sie auf einer Webseite, z. B. bei einem Rezept oder Artikel, ein Symbol dieser Art entdecken, können Sie die Information z. B. über WhatsApp teilen.

Link versenden

Möchten Sie Freunde schnell auf eine interessante Website aufmerksam machen, dann gehen Sie wie folgt vor:

- Rufen Sie die Seite im Browser Ihres Smartphones, z. B. ***Chrome***, auf und tippen oben rechts auf das Symbol für Teilen (1) oder tippen auf Menü ⋮ und wählen dann ***Teilen*** aus.
- Tippen Sie auf ***WhatsApp*** (2), wählen den Kontakt im nächsten Schritt aus und bestätigen mit → (3). Kontakte (4) mit häufigem Austausch können ggf. direkt ausgewählt werden.
- Versenden Sie den Link im Anschluss mit ***Senden*** ▶.

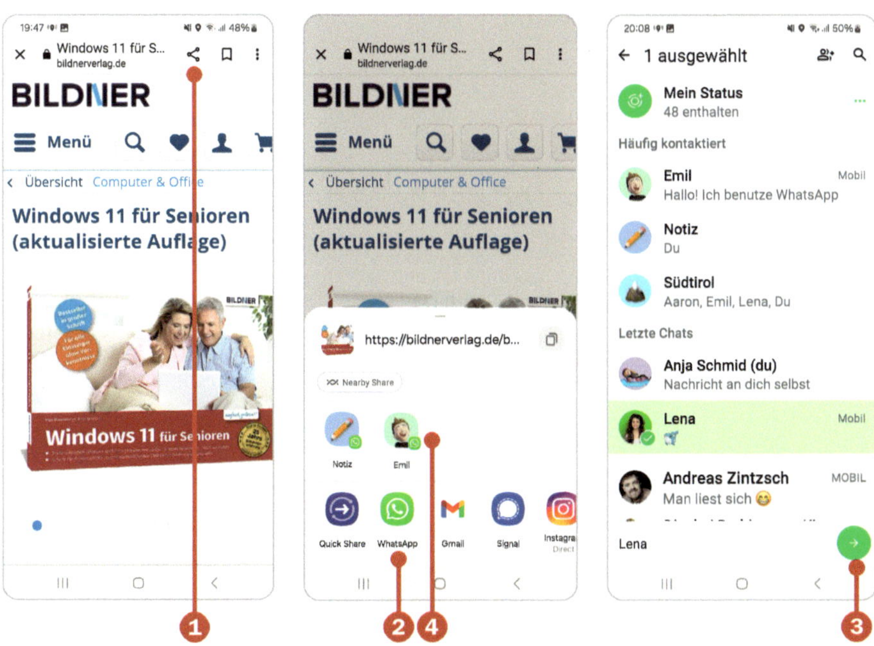

Link erhalten

Der Empfänger der Nachricht kann nun durch Antippen des Links ganz leicht die betreffende Seite an seinem Smartphone anzeigen. Achtung! Links in Nachrichten von fremden Absendern sollten Sie vorsichtshalber nicht anklicken.

2.9 Jede Stimme zählt – die Umfragefunktion

Wenn Sie sich mit Ihren Freunden abstimmen wollen, z. B. welcher Kuchen für den Geburtstag gebacken werden soll oder wohin der nächste Ausflug geht, bietet WhatsApp eine einfache Möglichkeit: die Umfrage. Die Umfrage kann sowohl im Einzelchat als auch im Gruppenchat durchgeführt werden. Doch generell macht sie weitaus mehr Sinn in einer Gruppe.

Umfrage erstellen

- Zeigen Sie den Chat an, dessen Mitglieder befragt werden sollen und wählen Sie durch Antippen der Büroklammer die ***Umfrage*** ❶ aus.
- Das Umfrageformular wird angezeigt. Tippen Sie ganz oben Ihre Frage ❷ ein und hinterlegen Sie darunter die zur Auswahl stehenden Antwortalternativen ❸. Die Eingabefelder für mehr Antwortmöglichkeiten erweitern sich automatisch.
- Die Reihenfolge der Umfrageoptionen lässt sich verändern, indem Sie das ≡-Symbol antippen, halten und es dann nach oben oder unten ziehen, um es zu verschieben.
- Sie entscheiden, ob mehrere Antworten oder lediglich eine einzige erlaubt ist. Standardmäßig können mehrere Optionen ausgewählt werden. Durch Tippen auf den Schieberegler ❹ ändern Sie diese Einstellung.
- Ist die Umfrage fertig erstellt, tippen Sie auf ***Senden***.

- Ihre Umfrage wird nun direkt in der Chatansicht veröffentlicht und ist zur Abstimmung freigegeben.

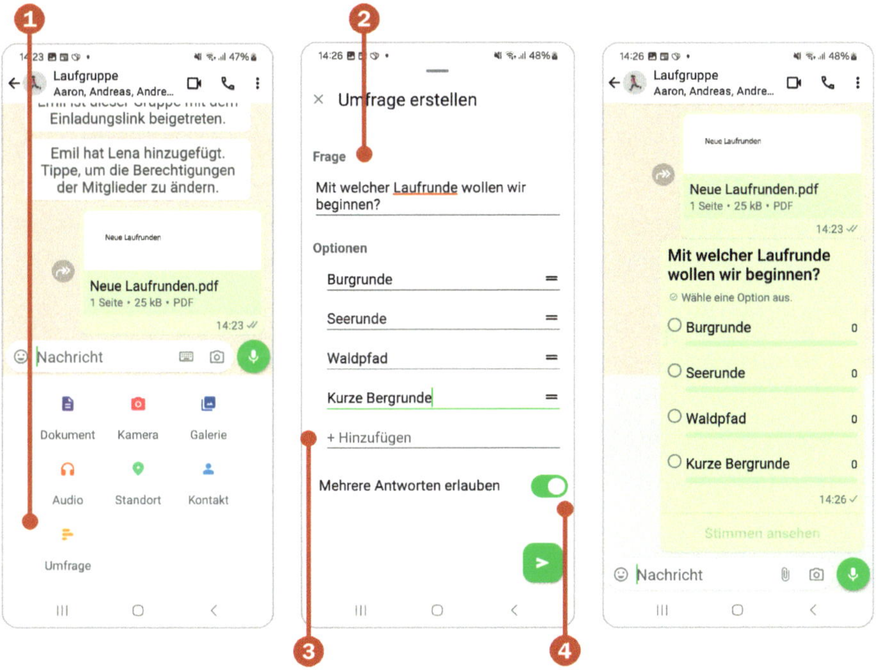

An einer Umfrage teilnehmen

- Haben Sie oder eine andere Person eine Umfrage veröffentlicht, wird diese in der Chatansicht angezeigt. Handelt es sich um eine von Ihnen erstellte Abstimmung, steht sie, genau wie Ihre Textnachrichten, auf der rechten Seite. Ist sie von einer anderen Person, wird sie links angezeigt.
- Die erlaubte Anzahl an Stimmen, wird unter der Frage 5 ersichtlich: ***Wähle mindestens eine Option aus*** bzw. ***Wähle eine Option aus***.
- Abstimmen können Sie, indem Sie auf den Kreis der gewünschten Antwortoption, z. B. ***Burgrunde*** 6, tippen. Tippen Sie erneut darauf, wird die Stimme wieder zurückgezogen. Auch der Ersteller der Umfrage kann mitabstimmen.

- Die Balken dienen der Visualisierung der Stimmverteilung. Die Zahl daneben stellt jeweils die aktuelle Anzahl der abgegebenen Stimmen dar. Die Darstellung wird **live** aktualisiert.

Umfragedetails ansehen

- Die Ergebnisse können sowohl vom Umfrageersteller, als auch von allen Abstimmenden, angesehen werden. Tippen Sie auf ***Stimmen ansehen*** 7, um sich die aktuellen ***Umfragedetails*** anzeigen zu lassen.
- Bei den Antwortoptionen 8 sehen Sie zum einen, wie viele Personen für die jeweilige Option insgesamt gestimmt haben, zum anderen werden Ihnen diese Kontakte im Einzelnen aufgelistet. Die Sortierung der Antworten erfolgt absteigend nach erhaltenen Stimmen.

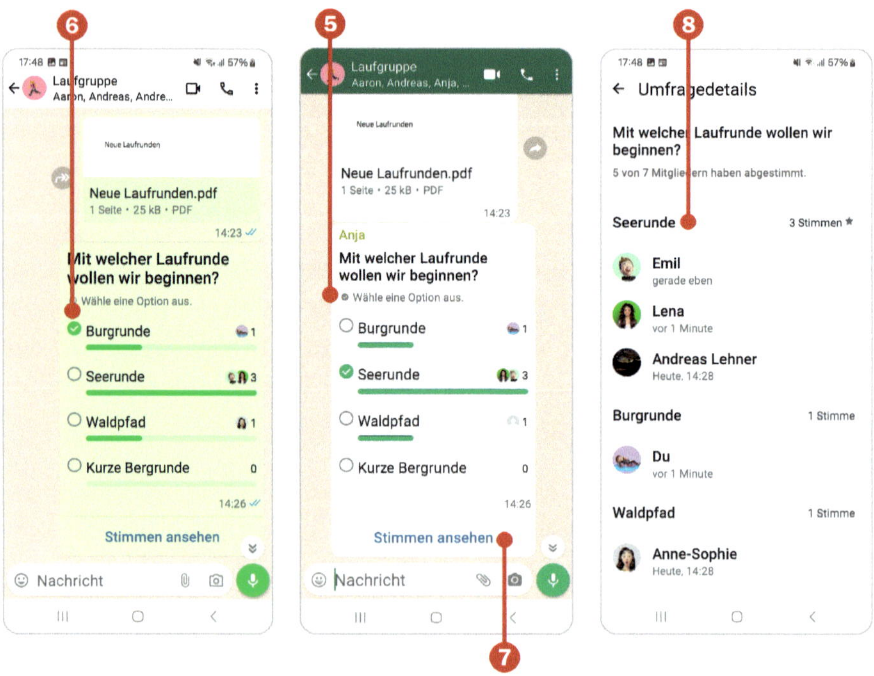

Kapitel 03

Text & Emojis

Das erwartet Sie hier!

- Erfahren Sie alles, was es über die **Tastatureingabe** zu wissen gibt: wie Sie Großbuchstaben eintippen, wo sich das ß versteckt, aber auch wie Sie die Eingabe vereinfachen und beschleunigen können.
- Neben der Nutzung von Wortvorschlägen können Sie lange Texte auch **diktieren**. Manchmal sagt ein **Emoji** jedoch mehr als tausend Worte.
- Außerdem wird das Versenden von Stickern und bewegten Bildern, sogenannten GIFs, thematisiert.
- Abschließend beschäftigt sich dieses Kapitel mit dem Versand von **Avatarbildern**.

Emojis sind Bildsymbole, die mit gelben Gesichtern – den Smileys – Gefühle ausdrücken, aber auch eine Vielzahl anderer Icons beinhalten, die einfach ein Tier oder einen Gegenstand abbilden. Vor der Einführung der Bildsymbole wurden die Gesichtsausdrücke aus Tastaturzeichen zusammengestellt, wie z. B. :-) für ein lachendes Gesicht. Diese Zeichenfolgen nennt man auch Emoticons, ein Schachtelwort zusammengesetzt aus Emotion (Gefühl) und Icon (Symbol). Einige Programme wandeln die Emoticons nach der Eingabe automatisch in einen Emoji um. Übrigens war der erste lachende Smiley nicht auf einem Bildschirm zu sehen, sondern auf einem Ansteckbutton.

Dieses Kapitel ist für diejenigen unter Ihnen, die noch nicht so viel Text am Smartphone eingegeben haben. Wenn Sie schon einige SMS und E-Mails am Handy versendet haben, finden Sie hier wahrscheinlich nicht viel Neues. Dann überspringen Sie das Kapitel einfach.

3.1 Die Bildschirmtastatur genauer betrachtet

Leider sieht die Tastatur nicht auf jedem Handy gleich aus und auch die Bedienung ist nicht identisch. Layout und Handhabung sind abhängig von der Marke und der installierten Android-Version. Aus diesem Grund sind Abweichungen möglich. Selbst auf dem Smartphone variiert die Darstellung der Tastatur leicht, je nach verwendeter App. Dazu kommt, dass der Nutzer das Tastaturlayout auch anpassen kann. Unten sehen Sie die Tastatur in WhatsApp auf einem Samsung-, Xiaomi- und OPPO-Gerät:

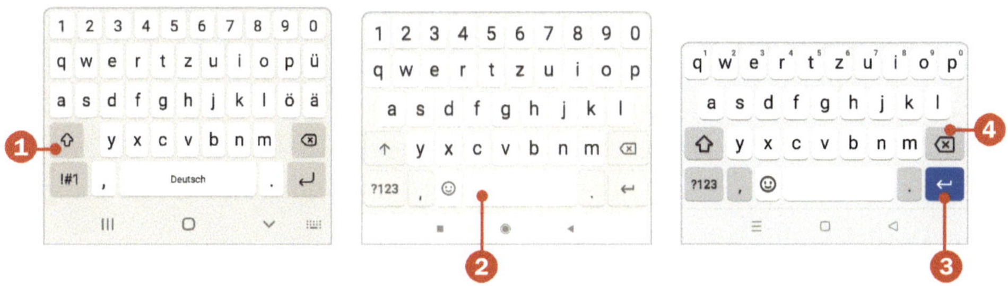

Groß- und Kleinschreibung

Wenn Sie in das Nachrichtenfeld von WhatsApp tippen, wird der erste Buchstabe immer als Großbuchstabe eingegeben. Gleiches gilt für die Schreibung nach einem Punkt. Das ist standardmäßig so eingestellt, kann aber deaktiviert werden. Für weitere Großbuchstaben müssen Sie tätig werden.

- Einmaliges Antippen der Umschalttaste 1 aktiviert die Großschreibung. Der folgende Buchstabe wird groß geschrieben, danach wird die Großschreibung automatisch deaktiviert. Die Farbe bzw. Füllung der Umschalttasten zeigt an, ob Klein- oder Großschreibung aktiv ist. Man erkennt das auch an der Darstellung der Buchstaben auf den Tasten.

Kleinschreibung **Großbuchstabe** **Großschreibung**

- Zur dauerhaften Eingabe von Großbuchstaben halten Sie die Umschalttaste entweder etwas länger gedrückt oder tippen zweimal auf die Umschalttaste, je nach Gerät. Dadurch wird die Taste mit einem Unterstrich, Punkt oder vollfarbig angezeigt. Nochmaliges Antippen „entsperrt“ die Taste wieder.

Leerzeichen, Zeilenschaltung und Zeichen löschen

Die Texteingabe findet immer am Cursor (blinkender senkrechter Strich) statt.

- Um zwischen zwei Worten ein Leerzeichen einzugeben, tippen Sie auf die Leertaste ❷ (Grafik vorige Seite).
- Mithilfe der Zeilenschaltung ❸ wechseln Sie in eine neue Zeile. WhatsApp kann allerdings auch so eingestellt sein, dass dadurch die Nachricht versendet wird.
- Tippen Sie zum Löschen einzelner Buchstaben kurz auf die Löschentaste ❹. Um einen längeren Textabschnitt zu löschen, bleiben Sie auf der Taste. Sofern ein Wort automatisch korrigiert wurde, kann mit der Löschentaste die Autokorrektur rückgängig gemacht werden. Um einen Buchstaben im Text zu löschen, müssen Sie den Cursor versetzen. Tippen Sie dazu an die gewünschte Stelle im Text. Das ist manchmal ein wenig schwierig und bedarf vielleicht einiger Wiederholungen.

Umlaute und andere Buchstaben

Werden auf der Tastatur keine Umlaute angezeigt, so erhalten Sie ein ***Ä*** durch längeres Drücken von ***A***, ein ***Ü*** durch längeres Drücken von ***U***, ein ***Ö*** durch Drücken von ***O***. Wenn das Auswahlmenü 5 angezeigt wird, ist ein Zeichen markiert. Dieses Zeichen wird eingefügt, wenn Sie den Finger vom Bildschirm nehmen. Möchten Sie ein anderes Zeichen auswählen, bleiben Sie mit dem Finger auf dem Display und bewegen diesen in Richtung des gewünschten Zeichens; steht dieses beispielsweise links von der aktuellen Auswahl, bewegen Sie den Finger nach links. Sie müssen nicht das Zeichen antippen, sondern nur die Auswahl verschieben. Wenn das Zeichen markiert ist, nehmen Sie den Finger vom Display. Auf diese Weise finden Sie durch längeres Drücken der Taste ***S*** auch das ***ß***.

Auf diese Weise erhalten Sie weitere Buchstaben und Zeichen, wie das spanische ñ beim ***N***, die französische Ligatur œ beim ***A*** und natürlich alle Buchstaben mit Akzent.

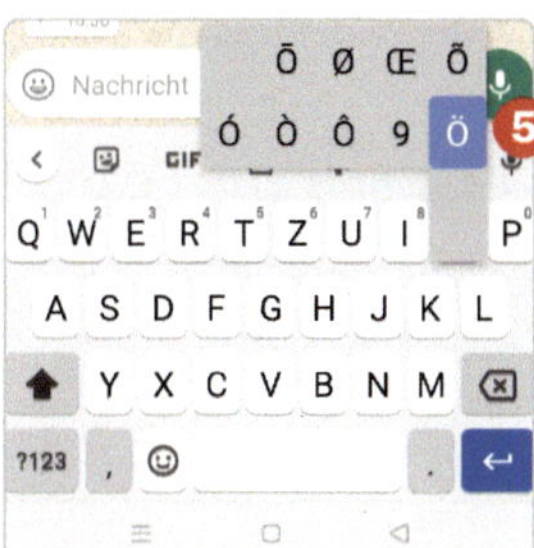

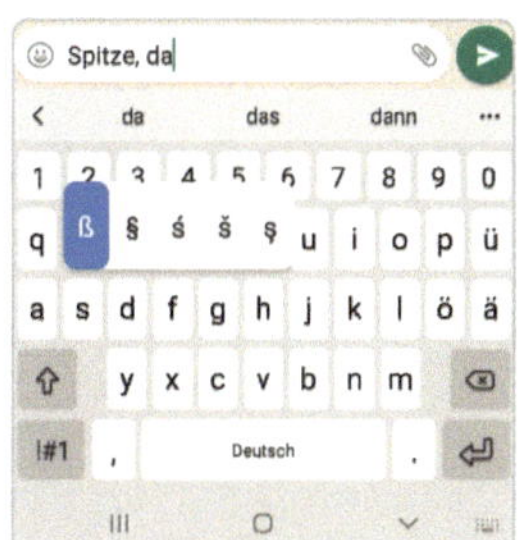

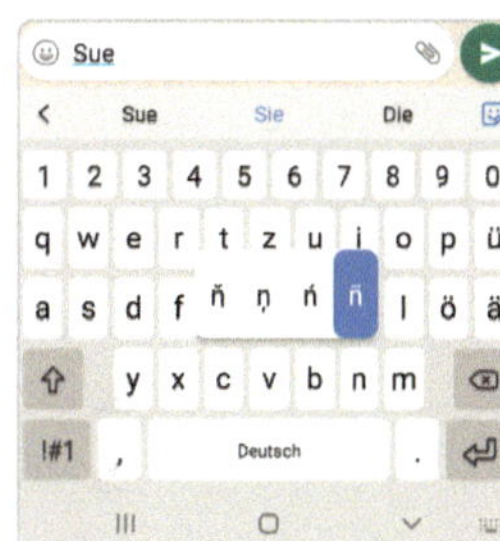

Satzzeichen, Zahlen und mehr

Während sich Punkt und Komma meist noch neben der Leertaste auf der Tastatur finden lassen, fehlen die anderen Satzzeichen und Symbole, z. B. ?, @ oder #. Diese finden Sie durch Umschalten auf die Zeichentastatur. Hier sind auch die Zahlen für die Tastaturlayouts, die die Zahlenreihe nicht als festen Bestandteil am oberen Rand anzeigen.

Benötigen Sie noch weitere Zeichen, schalten Sie auf die zweite Seite um. Zur Anzeige der Buchstabentastatur tippen Sie auf ABC .

Zeichen & Zahlen	Weitere Zeichen	Buchstaben anzeigen
!#1 ?123	1/2	ABC

Texterkennung und Autokorrektur

Über der Tastatur ist standardmäßig eine weitere Leiste, die zwei getrennte Befehlsgruppen beherbergt:

- Bearbeitungsleiste ①: Diese enthält verschiedene Befehle und kann über ··· ② erweitert werden. Die wichtigsten Befehle sind:

Spracheingabe	Tastatureinstellungen
🎙	⚙

- Sobald Text eingegeben wird, wechselt die Anzeige zur Texterkennung ③ und Sie erhalten Wortvorschläge zur aktuellen Eingabe. Zurück zur Bearbeitungsleiste wechseln Sie mit < ④.

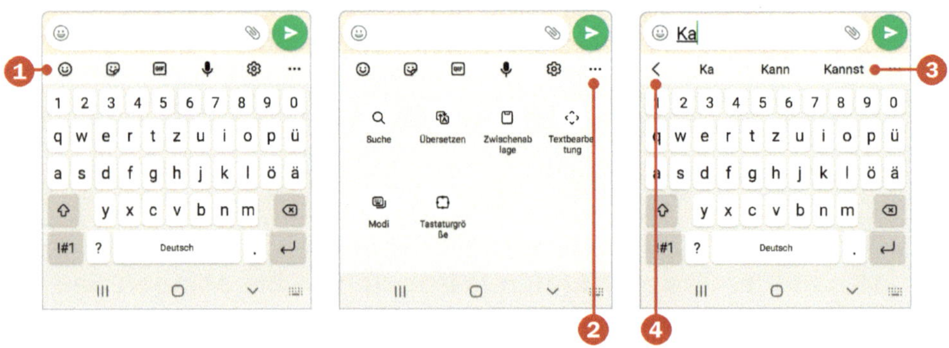

Vorschläge auswählen

- Worte, die die automatische Texterkennung oberhalb der Tastatur vorschlägt, können durch Antippen ⑤ übernommen werden. So kürzen Sie die Eingabe langer Worte ab, wie in unserem Beispiel beim Eintippen von „großartig“.

- Erscheinen Worte in fetter oder farbiger Schrift 6, können diese durch Drücken der Leertaste eingefügt werden. Wer einfach nur ein Leerzeichen eingeben und dabei das ursprünglich eingetippte Wort behalten möchte, der findet dieses ebenfalls auf der Vorschlagleiste und kann es dort auswählen.
- Sie erhalten auf Grundlage des bereits eingegebenen Texts passende Vorschläge 7 für das nächste Wort. Manchmal kann man Wort für Wort einen ganzen Satz übernehmen.
- Automatische Korrekturen können mit der Löschentaste rückgängig gemacht werden. Falsch geschriebene oder nicht im Wörterbuch enthaltene Begriffe werden farbig unterstrichen.

Wichtig! Viele der beschriebenen Tastaturfunktionen können in den Tastatureinstellungen ⚙ verändert werden und sind dann an Ihrem Smartphone vielleicht gerade nicht aktiv oder sehen etwas anders aus. Hier wurde versucht, die Grundfunktionen der Tastatur herauszuarbeiten, die für die meisten Handys passend sind.

Tastatur ausblenden: Sie können jederzeit die Tastatur ausblenden, um beispielsweise eine Nachricht weiter oben im Chat noch lesen zu können. Dazu tippen Sie auf die Navigationstaste ∨ 8. Diese befindet sich an der Position der Zurücktaste.

Bitte zum Diktat!

Bitten Sie zum Diktat und sparen Sie sich das lästige Eintippen. Mit der Spracheingabe von Google diktieren Sie eine Nachricht. Sprechen Sie einfach den gewünschten Text in das Mikrofon des Smartphones und dieser wird automatisch ins Nachrichtenfeld von WhatsApp eingetragen. Für die Nutzung wird eine aktive Verbindung zum Internet benötigt. Das Handy muss also mit einem WLAN oder mobilen Datennetz verbunden sein.

Die Spracheingabefunktion (Google Voice Typing) von Google funktioniert so gut, dass die meisten Hersteller auf eine eigene Software verzichten.

Spracheingabe	Sprachnachrichten
🎤	Verwechseln Sie die Spracheingabetaste auf der Tastatur nicht mit der Aufnahmetaste für Sprachnachrichten, die sich neben dem Nachrichtenfeld befindet. 🎤

Spracheingabe starten

- Tippen Sie auf das Spracheingabesymbol ❶, dargestellt durch ein Mikrofon auf der Bearbeitungsleiste oder auf der Tastatur.
- Alles, was Sie jetzt sagen, wird in das Nachrichtenfeld geschrieben. Sie können auch Satzzeichen wie „Punkt" oder „Fragezeichen" diktieren.
- Um zu pausieren, tippen Sie auf das Mikrofon ❸. Zum Fortsetzen des Diktats tippen Sie das Mikrofon erneut an.
- Zum Löschen einzelner Worte verwenden Sie ⌫ ❹.
- Zur Anzeige der Tastatur tippen Sie auf das Pfeilsymbol ❺. Sie können natürlich auch nachträglich noch Text korrigieren. Versetzen Sie dazu durch Antippen einfach den Cursor und löschen Sie Inhalte oder fügen Sie Worte ein. Lesen Sie den Text vor dem Versenden, manchmal werden diktierte Satzzeichen ausgeschrieben oder Teile einfach falsch verstanden.

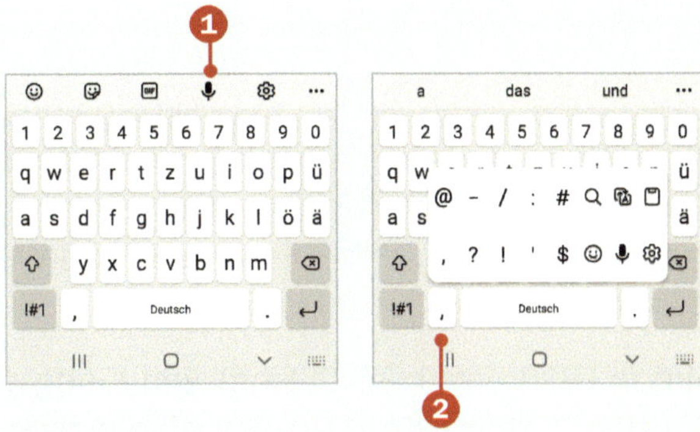

Wenn Sie bei Samsung auf die Anzeige der Bearbeitungsleiste verzichten, müssen Sie etwas länger auf die Taste 2 links neben der Leertaste drücken. Eine Auswahl an Zeichen und Befehlen wird angezeigt. Hier finden Sie auch die Spracheingabe. Das zuletzt ausgewählte Symbol wird auf der Taste angezeigt.

Wenn man doch einmal versendet hat, ohne den Text durchzulesen, behilft man sich schnell mit einer Berichtigung 6.

3.2 Emojis einfügen

Emojis, wie lachende Gesichter oder Bilder von Gegenständen, sind aus der heutigen Kommunikation kaum noch wegzudenken. Mit ihnen drücken wir Gefühle 😘 aus, umschreiben schnell Sachverhalte, wie 🪫 (Akku fast leer) oder ersparen uns das Tippen, z. B. „Ich esse gerade 🍰“.

Seit Ende 2017 verwendet WhatsApp ein eigenes Design für Emojis. Jahr für Jahr kommen neue hinzu. Im Frühjahr 2023 erhielt WhatsApp ein Emoji-Update mit 21 neuen Symbolen. Enthalten waren ein neues Gesicht 🫨 (Kopfschütteln oder zitterndes Gesicht), zwei neue Handzeichen 🫸 🫷 (Stopp-Geste oder High-Five), neue Tiere, wie z. B. 🫏 und ein paar weitere Grafiken, darunter z. B. der Ingwer 🫚.

Emojis werden automatisch über ein WhatsApp-Update erweitert. Falls für Ihr Smartphone die neuen Emojis noch nicht verfügbar sind, eine Nachricht an Sie aber ein neues Zeichen enthält, dann wird dieses so dargestellt: ▯ 11:06 .

Am Ende des Buchs finden Sie eine Liste häufig verwendeter Emojis und was diese ausdrücken sollen. Jedoch ist es nicht immer möglich, eine eindeutige Bedeutung festzulegen. Emojis haben zwar eine feststehende Bezeichnung, doch Interpretationsspielraum ist vorhanden. Darüber hinaus kann die Darstellung von Nutzern auch missverstanden oder durch einen anderen kulturellen Hintergrund anders verwendet werden.

Dazu eine kleine Geschichte: Ich habe einmal folgende Nachricht erhalten: "Ich gehe zum Bäcker 💩 holen. Magst Du auch?" Eigentlich wurde ich gefragt, ob man mir einen Kackhaufen mitbringen soll; vom Schreiber war die Süßigkeit Granatsplitter gemeint. Bei der Interpretation eines Emojis sollte man also immer den Kontext und das schreibende Gegenüber einbeziehen.

Emojis verschicken

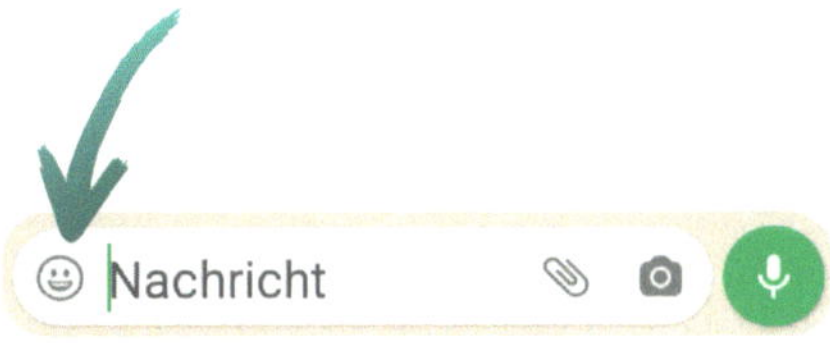

- Tippen Sie im Nachrichtenfeld auf ☺, um die verfügbaren Emojis anzuzeigen.
- Neben Emojis können auch GIF-, Avatar-Bilder oder Sticker eingefügt werden. Der Avatar ist eine Figur, die Sie in WhatsApp selbst erstellen können. Wenn Sie noch keinen Avatar kreiert haben, wird diese Option hier nicht angezeigt. Mehr zu GIF, Avatar und Sticker erfahren Sie ab Seite 96. Sie wechseln zwischen den einzelnen Symbolbereichen durch horizontales Wischen.

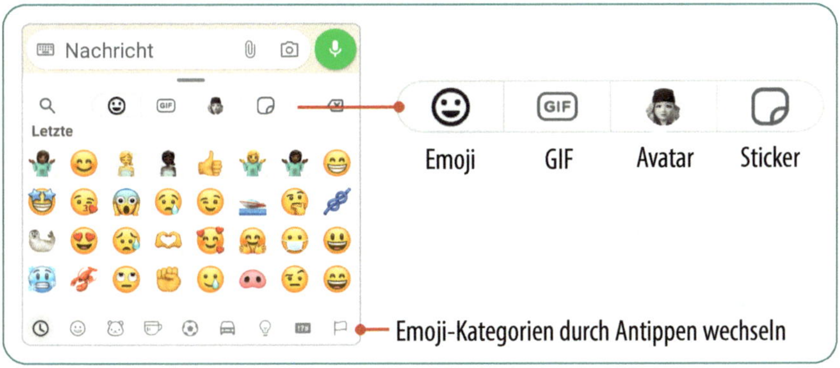

- Der Bereich Emojis ist in mehrere Kategorien unterteilt, die Sie unten durch Antippen der hellgrauen Symbole wechseln. Der erste Bereich 🕓 enthält die zuletzt verwendeten Grafiken. Sie können auch durch vertikales Streichen durch die Liste der Emojis blättern. Tippen Sie das Emoji an, um es an der Cursorposition einzufügen.

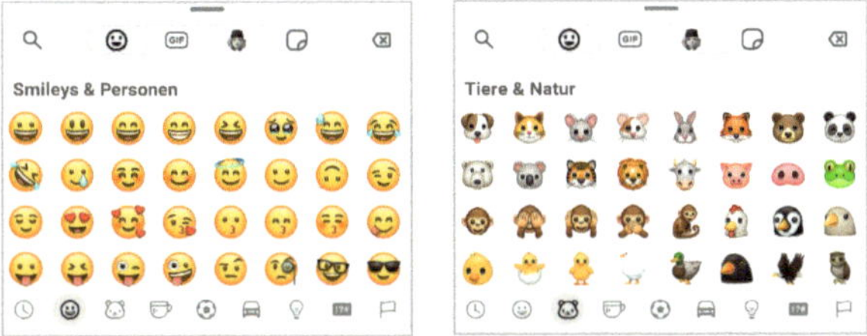

Links: Smileys & Personen
Mitte: Tiere & Natur.

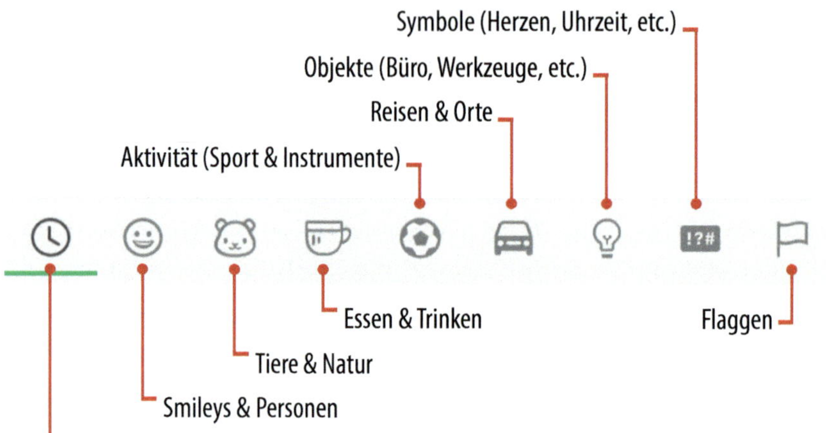

Emoji-Kategorien

- **Emoji entfernen:** Emojis löschen Sie mit der Löschentaste ⌫ ❶.
- **Zur Texteingabe zurückkehren:** Durch Antippen des Tastatursymbols ⌨ ❷ im Nachrichtenfeld zeigen Sie wieder die Bildschirmtastatur an.
- Anstelle von Wortvorschlägen können auch Vorschläge für Emojis auf der Leiste oberhalb der Tastatur angezeigt werden. Wenn Sie diese ❸ auswählen, wird das getippte Wort durch das Bild ersetzt.

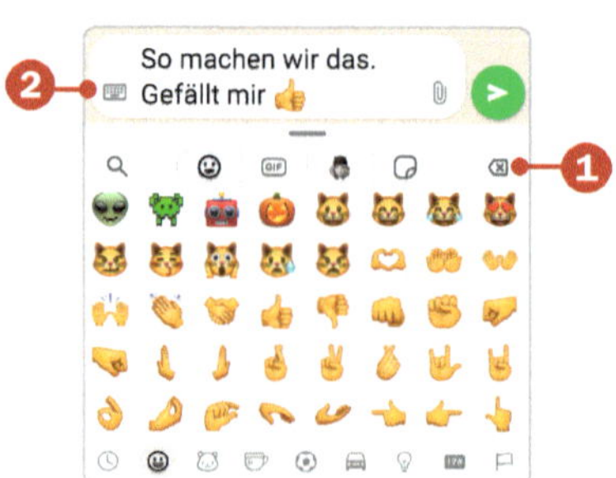

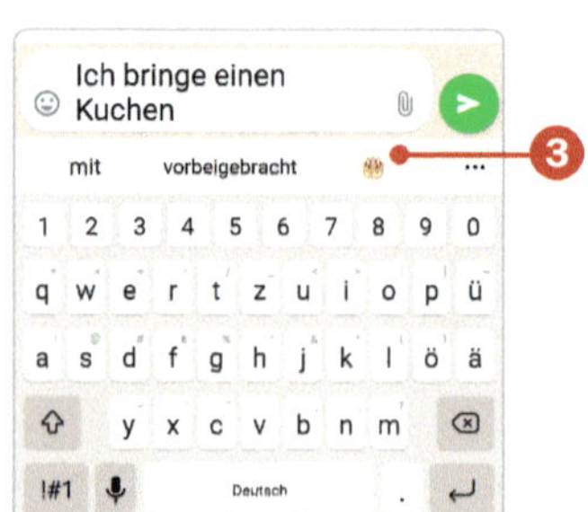

Emojis personalisieren

Farbe festlegen

Einige Emojis, wie Hände und Gesichter, können in verschiedenen Farben verwendet werden. Diese Emojis sind durch ein Dreieck am rechten unteren Rand gekennzeichnet. Wenn Sie eines dieser Emojis zum allerersten Mal antippen, erhalten Sie einen Hinweis auf die Handhabung. Bestätigen Sie in diesem Fall mit ***Ok, verstanden***.

- Bei der ersten Verwendung eines Emojis wird dieses in verschiedenen Farbvarianten angeboten. Treffen Sie eine Wahl durch Antippen. Das Emoji wird in das Nachrichtenfeld eingefügt und das Symbol in der Auswahl ab jetzt in der gewählten Farbe angezeigt und eingefügt.

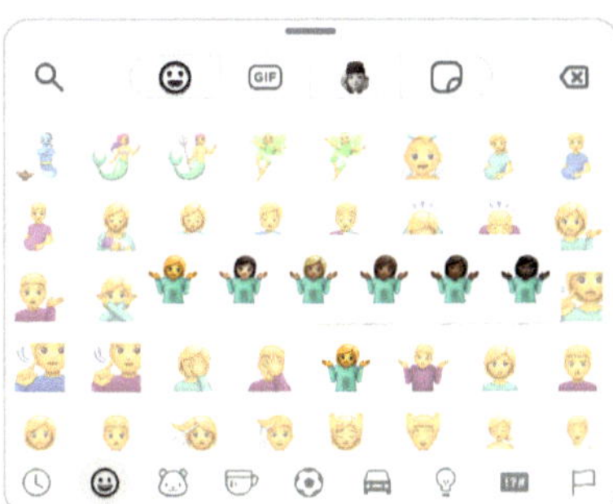

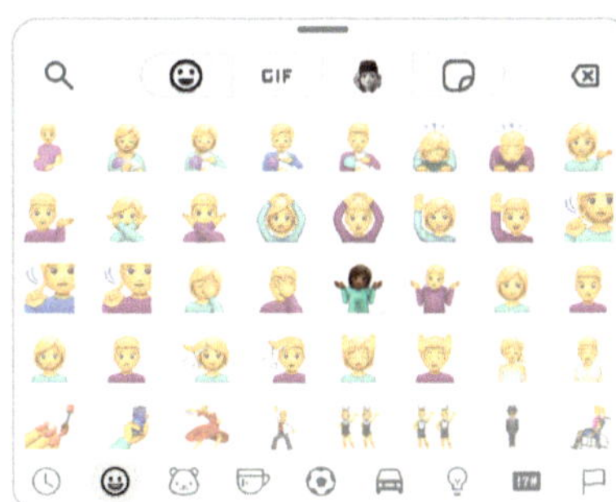

- Wenn Sie nachträglich nochmals die Farbe wechseln möchten, drücken Sie etwas länger auf das Zeichen, um die Varianten erneut anzuzeigen.

Geschlecht auswählen

Es gibt eine Reihe von Emojis mit mehreren Personen für die neben Haut- und Haarfarbe auch die Geschlechterkombination angepasst werden kann. Im Beispiel unten wurde ein Pärchen ausgewählt, durch Antippen bestimmen Sie jetzt das Aussehen der linken 3 und der rechten Person. Das Pärchen wird dann in der neuen Kombination ❹ angezeigt. Tippen Sie diese an, um sie in das Nachrichtenfeld einzufügen.

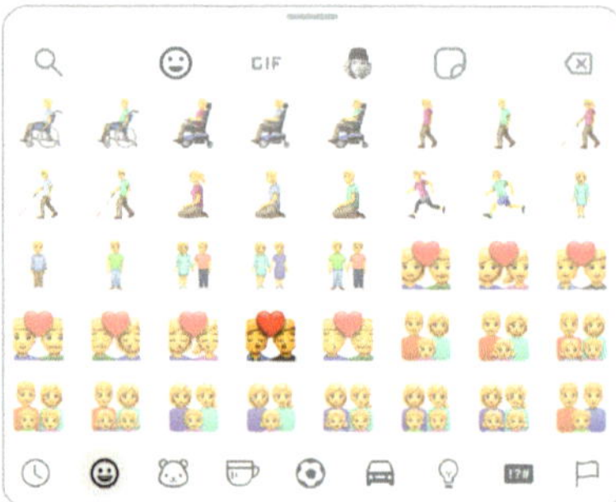

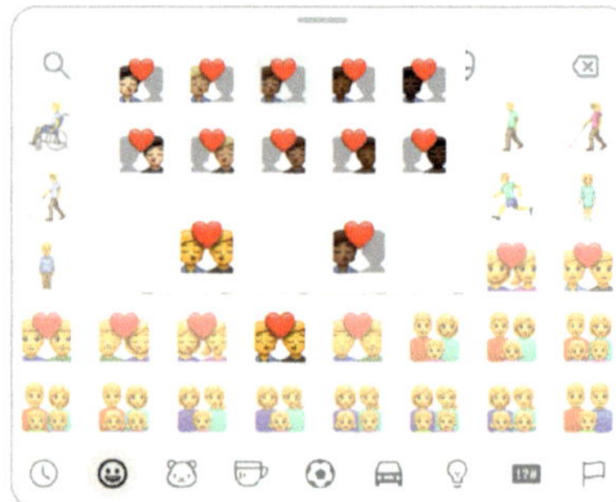

Nach Emojis suchen

- Tippen Sie 🔍 ❶ an und geben Sie einen Suchbegriff ein. Das kann natürlich genau das sein, was Sie suchen, z. B. „Nilpferd“, oder auch allgemeiner gehalten sein, wie ein Gemütszustand, z. B. „nervös“ oder „Strand“. Mit letzterem Suchbegriff erhalten Sie Palme, Delphin, Sonnenschirm, etc. Das passende Symbol kann durch Antippen eingefügt werden.

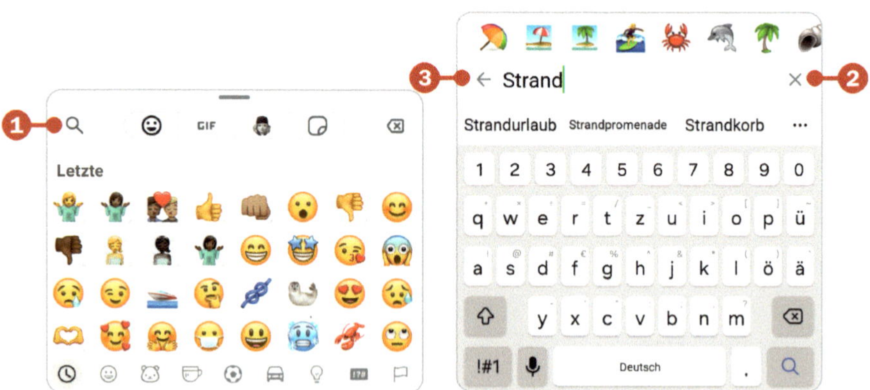

- Mit **x** ❷ löschen Sie den Suchbegriff wieder. Zum Verlassen der Suche tippen Sie entweder auf das Pfeilsymbol ❸ oder erneut auf ☺ im Nachrichtenfeld.

Emojis als Nachrichtenreaktion

Eigentlich ist alles gesagt, dennoch möchte man nochmals kurz reagieren, einfach um zu sagen „Ja, ich hab's gesehen“ oder „Ich stimme zu“. Dafür wurde die Nachrichtenreaktion in Form von Emojis erfunden.

- Tippen Sie etwas länger auf die Nachricht; eine Auswahl an Emojis wird angezeigt. Mit dem Plussymbol 1 können Sie die Auswahl erweitern. Wählen Sie eines aus, wird dieses sofort versendet und direkt bei der Nachricht angezeigt.

- Der Empfänger erhält die üblichen Benachrichtigungen und sieht das Reaktionsemoji ebenfalls bei der Nachricht.

Diese Art der Reaktion erfreut sich in vielen Apps größter Beliebtheit und kann natürlich auch auf Fotos angewendet werden.

3.3 GIFs, Sticker und Avatarbilder verschicken

Neben den Emojis stellt WhatsApp eine Reihe von animierten GIF-Bildern zur Verfügung. Dabei handelt es sich um kurze Bildsequenzen, die fortlaufend wiederholt werden und so den Eindruck eines bewegten Fotos erzeugen, z. B. ein klatschender Mann.

- **GIF versenden:** Tippen Sie im Nachrichtenfeld auf 🙂 und wählen dann GIF 1 aus. Über das Suchensymbol 🔍 können Sie nach bestimmten Inhalten suchen 2. Wählen Sie eine Datei durch Antippen aus. Optional können Sie diese durch eine Nachricht ergänzen. Tippen Sie dann auf ***Senden*** ➤.
- **GIF erhalten:** Das GIF wird beim Empfänger automatisch abgespielt. Zum nochmaligen Betrachten tippen Sie auf das Bild 3.

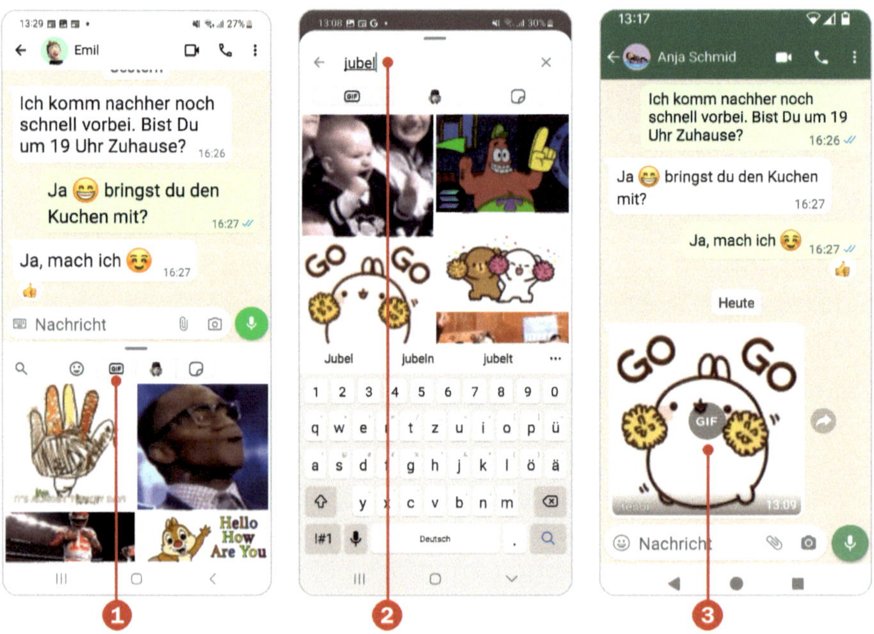

Sticker sind kleine, teilweise sogar bewegte Bilder ähnlich der Emojis. Diese werden allerdings nach Auswahl sofort versendet und können nicht mit Text verschickt werden.

- **Sticker versenden:** Tippen Sie im Nachrichtenfeld auf ☺ und wählen dann ❶ aus. Der erste Bereich ❷ enthält Ihre zuletzt verwendeten Sticker. Darauf folgen die Favoriten und dann die bereits heruntergeladenen Stickersets ❸. Zum Versenden eines Stickers tippen Sie den Bereich oder das Set an und wählen dann den Sticker aus.
- **Stickerset hinzufügen/entfernen:** Durch Antippen des Plussymbols ❹, werden alle Stickersets angezeigt. Stickersets, die mit einem Häkchen ✓ versehen sind, haben Sie bereits Ihrer Sammlung hinzugefügt. Zum Herunterladen einer neuen Sammlung tippen Sie auf das Downloadsymbol ❺. Im Register ***MEINE STICKER*** können Sie Stickersets, die Sie nicht mehr benötigen, wieder entfernen. Tippen Sie dazu auf das Löschen-Symbol ❻.

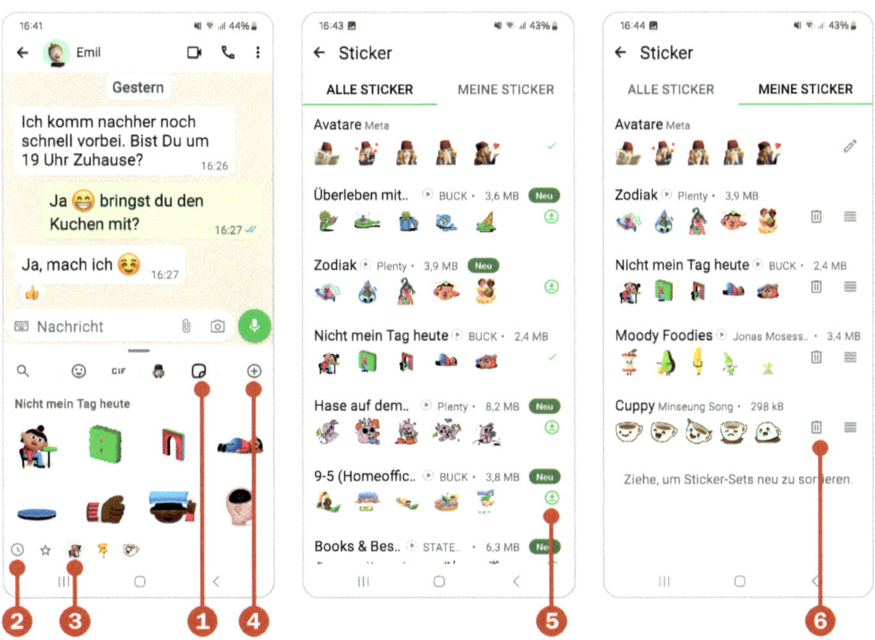

In WhatsApp kann ein Avatar erstellt werden; dabei handelt es sich um eine Figur, die man dem eigenen Aussehen nachempfindet. Der Avatar kann dann als Profilbild verwendet werden. Sobald ein Avatar kreiert wurde (siehe dazu Seite 259), werden auf dieser Grundlage automatisch verschiedene Sticker erstellt.

- **Avatarbild versenden:** Tippen Sie im Nachrichtenfeld auf ☺ und dann auf das Avatarsymbol (1) aus. Hier wird Ihr Avatar hinterlegt, weswegen Ihre Darstellung von der im Buch abweicht. Der erste Bereich unten 🕓 (2) enthält Ihre zuletzt verwendeten Avatarbilder. Darauf folgen die Favoriten und dann weitere Unterkategorien, die nach Emotionen, z. B. ***Liebe***, ***Glücklich***, ***Traurig*** usw., sortiert sind. Wählen Sie eine Kategorie und dann das gewünschte Bild. Dieses wird sofort versandt und erscheint oben im Chat.

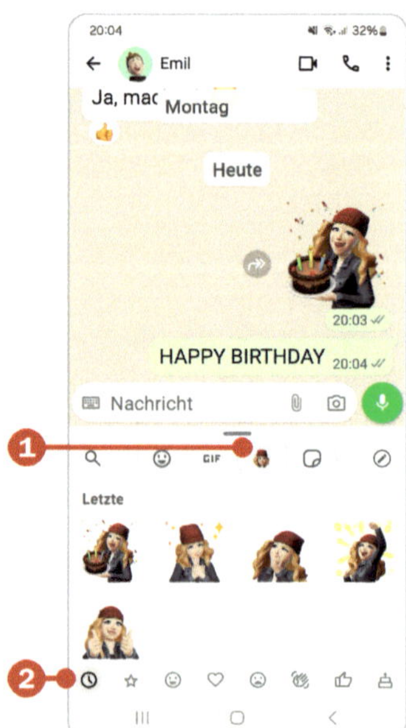

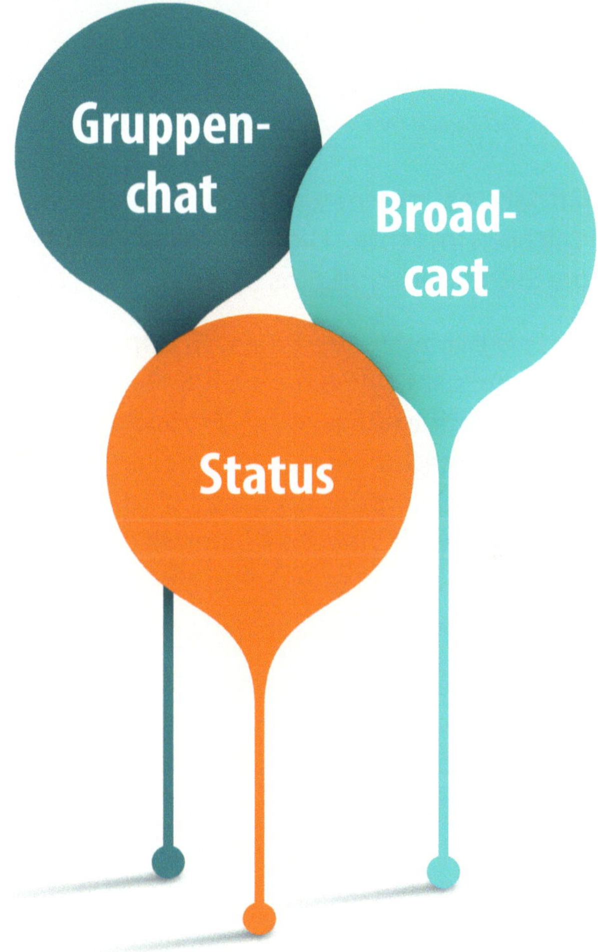

Kapitel 04

Freunde schnell informieren

Das erwartet Sie hier!

Oft gibt es Informationen, die man gleich mehreren Freunden mitteilen möchte. Hier kommen Gruppenchat, Broadcast und die Statusmitteilung ins Spiel.

- Die Mitglieder eines **Gruppenchat** unterhalten sich gemeinsam in einem Chat; beliebt sind alle Arten von Verwandtschafts- oder Freundeschats, zum schnellen Austausch von Infos und vor allem Fotos. Die Telefonnummern der Gruppenmitglieder sind im Chat ersichtlich. Manche Gruppenchats haben einen etwas offizielleren Charakter, z. B. zur Organisation einer Yogagruppe oder einer Fahrgemeinschaft.
- Mit einem **Broadcast** senden Sie eine Nachricht an einen ausgesuchten Personenkreis. Bei den Empfängern landet die Nachricht allerdings im Einzelchat; es sieht also für den Freund so aus, als hätten Sie ihm persönlich geschrieben. Dadurch sieht er auch keine anderen Telefonnummern. Diese Anonymität der anderen Empfänger ist oft der Grund, warum der Broadcast verwendet wird.
- Im **Status** teilen Sie Fotos, kurze Texte oder Sprachnachrichten mit Ihren Freunden. Hier soll niemand im Besonderen informiert werden, es geht mehr darum, ein tolles Bild, ein lustiges Video oder einen schönen Spruch an die weiterzugeben, die es interessiert. Auf eine Statusmeldung erwartet man keine Antwort. Die Meldung wird 24 Stunden lang angezeigt, ehe sie automatisch wieder verschwindet.
- **Kanäle** werden von Unternehmen, Organisationen, Vereinen aber auch Einzelpersonen betrieben und mit Informationen gefüllt. Wen dieser spezielle Inhalt interessiert, kann einen Kanal abonnieren.

4.1 Nachrichten in einer Gruppe austauschen

WhatsApp bietet die Möglichkeit, Kontakte zu einer Gruppe zusammenzufassen und Nachrichten auszutauschen, z. B. zur Koordination von Fahrgemeinschaften, um zu entscheiden, wer was zu einer Grillparty mitbringt, oder um alle Großeltern mit den besten Bildern der Enkel zu begeistern. Mit einem Gruppenchat erhalten alle Teilnehmer schnell alle Nachrichten und Fotos und antworten automatisch auch allen. Sie können bis zu 1.024 Personen in einem Gruppenchat zusammenfassen.

Gruppe zusammenstellen

Einen Gruppenchat erstellen

- Tippen Sie im Bereich ***Chats*** auf [+] zur Anzeige der Kontaktliste. Dann wählen Sie ganz oben ***Neue Gruppe*** (1) aus.
- Fügen Sie der Gruppe zunächst Teilnehmer hinzu. Dazu tippen Sie in der angezeigten ***Kontaktliste*** jeden gewünschten Teilnehmer an. Die aufgenommenen Personen werden oben aufgeführt. Durch Antippen von ***x*** (2) kann ein versehentlich hinzugefügter Freund wieder entfernt werden.
- Tippen Sie dann auf [→] und geben Sie einen Namen für die Gruppe ein. Dieser darf 100 Zeichen lang sein.
- Zur Auswahl eines Gruppenbilds tippen Sie auf das Bildsymbol (3): Hier können Sie mit ***Galerie*** ein Bild auf Ihrem Smartphone auswählen, mit ***Kamera*** schnell ein Foto knipsen oder unter ***Emoji und Sticker*** (4) ein Bildsymbol auswählen. Mit dem Häkchen rechts oben (5) verlassen Sie den Bereich.
- Zu den Einstellungsoptionen (6) kommen wir später. Erläuterung zu ***selbstlöschenden Nachrichten*** erhalten Sie auf Seite 215 und zu den ***Gruppenberechtigungen*** ab Seite 107
- Tippen Sie auf [✓] (7), um die Gruppe zu erstellen.

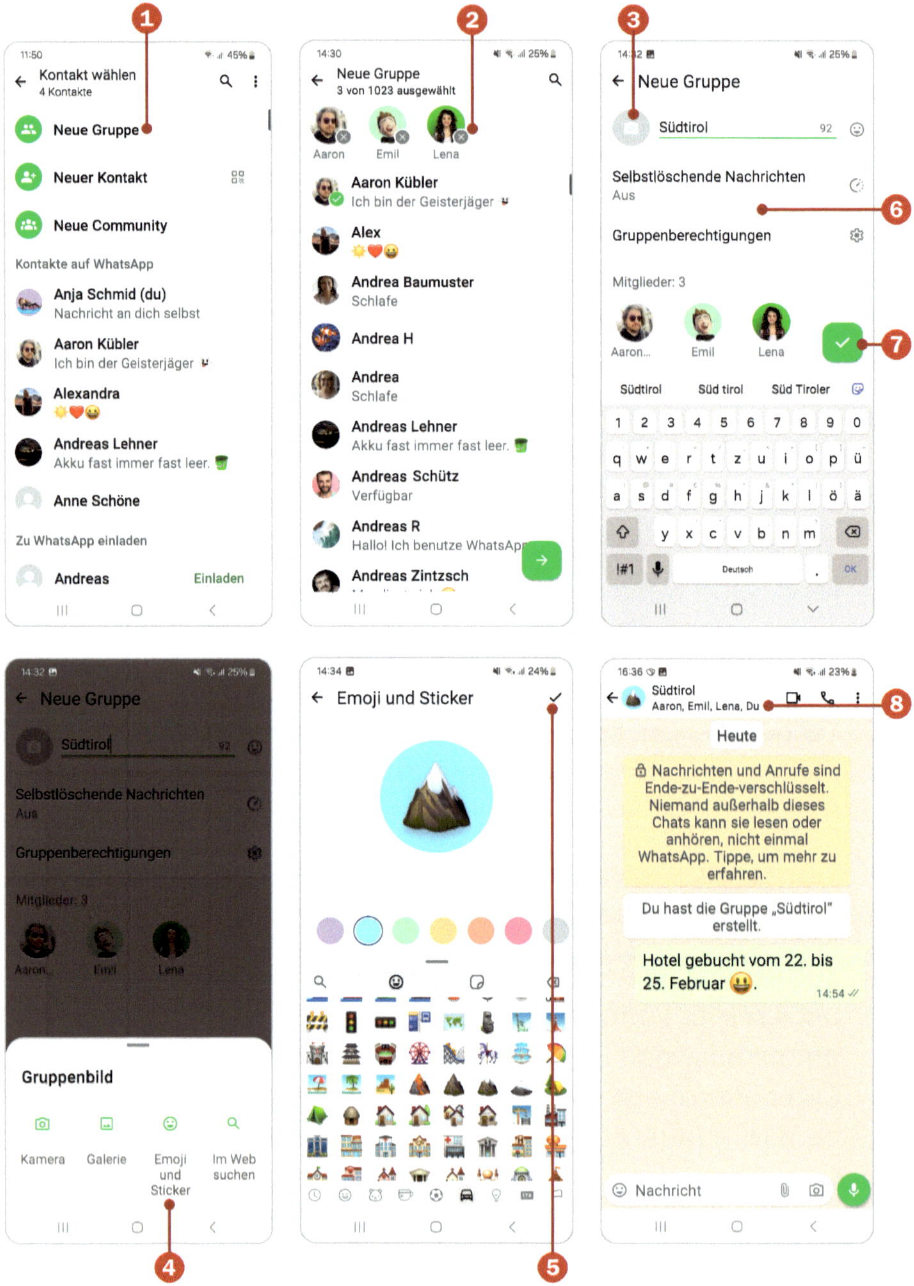
1
2
3
11:50
Kontakt wählen
4 Kontakte
Neue Gruppe
Neuer Kontakt
Neue Community
Kontakte auf WhatsApp
Anja Schmid (du)
Nachricht an dich selbst
Aaron Kübler
Ich bin der Geisterjäger
Alexandra
Andreas Lehner
Akku fast immer fast leer.
Anne Schöne
Zu WhatsApp einladen
Andreas
Einladen
14:30
Neue Gruppe
3 von 1023 ausgewählt
Aaron
Emil
Lena
Aaron Kübler
Ich bin der Geisterjäger
Alex
Andrea Baumuster
Schlafe
Andrea H
Andrea
Schlafe
Andreas Lehner
Akku fast immer fast leer.
Andreas Schütz
Verfügbar
Andreas R
Hallo! Ich benutze WhatsApp
Andreas Zintzsch
Neue Gruppe
Südtirol
92
Selbstlöschende Nachrichten
Aus
6
Gruppenberechtigungen
Mitglieder: 3
Aaron...
Emil
Lena
7
Südtirol
Süd tirol
Süd Tiroler
Deutsch
14:32
Neue Gruppe
Südtirol
Selbstlöschende Nachrichten
Aus
Gruppenberechtigungen
Mitglieder: 3
Gruppenbild
Kamera
Galerie
Emoji und Sticker
Im Web suchen
4
14:34
Emoji und Sticker
5
16:36
Südtirol
Aaron, Emil, Lena, Du
8
Heute
Nachrichten und Anrufe sind Ende-zu-Ende-verschlüsselt. Niemand außerhalb dieses Chats kann sie lesen oder anhören, nicht einmal WhatsApp. Tippe, um mehr zu erfahren.
Du hast die Gruppe „Südtirol" erstellt.
Hotel gebucht vom 22. bis 25. Februar .
14:54
Nachricht

Im letzten Bild sehen Sie den Gruppenchat, wie er beim Initiator angezeigt wird. Zum Gruppenchat „Tirol“ gehören die Teilnehmer Aaron, Emil, Lena und Du 8 (Grafik vorige Seite). Sie können jetzt Ihre erste Nachricht eingeben.

Wichtig! In einem Gruppenchat geben Sie die Telefonnummern der Teilnehmer bekannt. Unter Freunden hat meist schon jeder die Nummer des anderen und somit stört sich niemand daran. Allerdings ist das nicht immer gewünscht, vor allem, wenn sich die Gruppenmitglieder untereinander nicht kennen. Hier ist es besser, vorher die Zustimmung einzuholen oder einen Link zu verschicken Seite 118.

Gruppenchat anzeigen

Für die eingeladenen Teilnehmer und natürlich auch den Ersteller der Gruppe wird der Gruppenchat automatisch im Bereich ***Chats*** 9 angezeigt und kann durch Antippen geöffnet werden. Sie verlassen den Chat wie üblich mit der Zurück-Taste oder durch Antippen des Pfeils links oben.

Das Versenden von Nachrichten, Fotos oder anderen Informationen funktioniert im Gruppenchat genauso wie in den Einzelchats. Oben am Rand der Nachricht wird der Name 10 des Absenders angezeigt bzw. seine Telefonnummer.

Am oberen Bildschirmrand sehen Sie die Namen 11 der Teilnehmer; bei großen Gruppen natürlich nur einen Teil. Sind hier auch Telefonnummern aufgeführt, sind diese Gruppenmitglieder nicht mit ihrer Nummer in Ihrem Adressbuch gespeichert. Für mehr Übersicht ist es ratsam, bei Gruppen mit längerfristigem Charakter die Teilnehmer, für die eine Telefonnummer angezeigt wird, im Adressbuch zu speichern. Dazu gleich mehr.

Gruppenchat sofort wieder verlassen

Wurden Sie von jemandem zu einem Gruppenchat hinzugefügt, dessen Telefonnummer nicht in Ihrer App ***Kontakte*** hinterlegt ist, erhalten Sie die Option ***Gruppe verlassen*** ⑫. Sollten Sie die Person kennen und in der Gruppe bleiben möchten, blenden Sie den Bereich durch Auswahl von ***OK*** einfach aus. In diesem Fall würde ich Ihnen raten, die Handynummer der Person auch gleich in Ihrer App ***Kontakte*** zu speichern.

> Normalerweise wird man nur zu Gruppen hinzugefügt, für die man auch ein Interesse signalisiert hat. Sollten Bekannte sich nicht an die Regel halten, können Sie festlegen, dass diese Sie nicht zu einer Gruppe hinzufügen dürfen. Wie das geht, lesen Sie auf Seite 121.

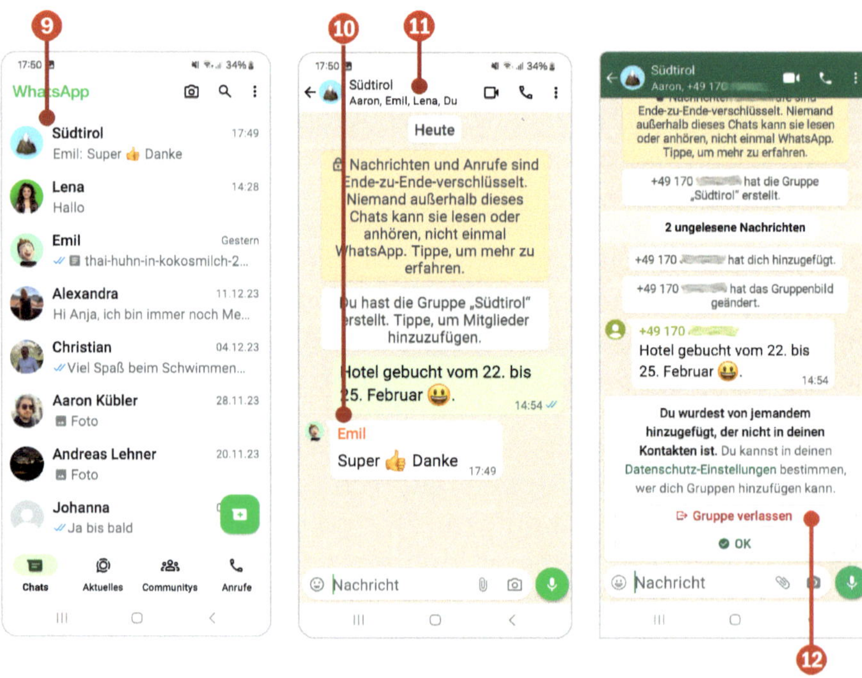

Wer ist denn jetzt in der Gruppe?

In der **Gruppeninfo** sind nochmals alle Mitglieder aufgelistet. Darüber hinaus finden Sie hier weitere Einstellungs- und Bearbeitungsoptionen und erhalten eine Übersicht aller ausgetauschten Medien. Welche Optionen die Gruppeninfo enthält, ist auch davon abhängig, ob Sie Gruppenadmin sind. Dazu gleich mehr.

- Um die ***Gruppeninfo*** einzusehen, zeigen Sie den Gruppenchat an und tippen dann oben auf den Bereich 1, der den Gruppennamen enthält. Streichen Sie vertikal über den Bildschirm, um alle Informationen durchzusehen.
- Wischen Sie über das Display, um im unteren Bereich zur Anzeige der Gruppenmitglieder 2 zu gelangen.
- Sie verlassen die Gruppeninfo und zeigen den Chat wieder durch Anklicken des Pfeils 3 links oben oder mit der Zurück-Taste an.

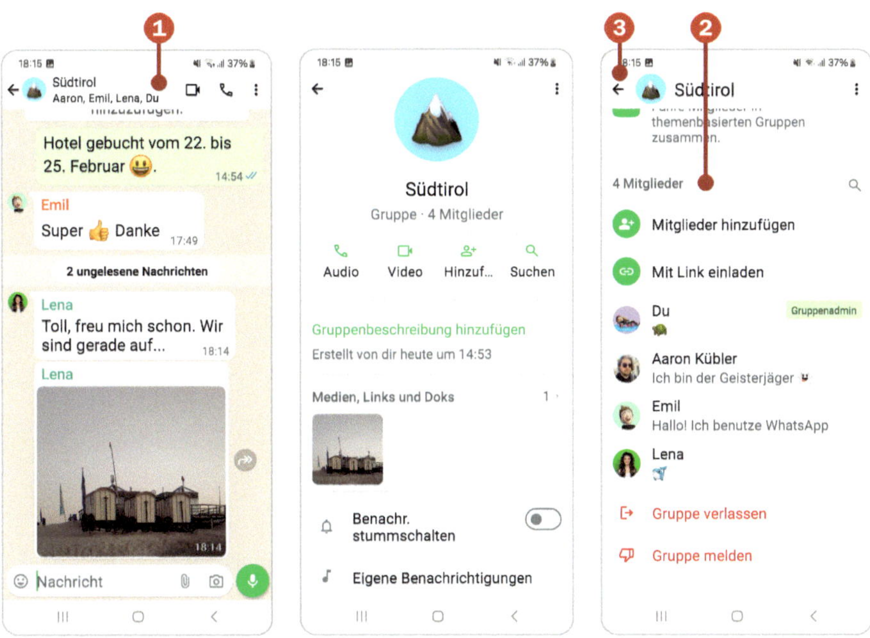

So ergänzen Sie fehlende Telefonnummern

Zur Speicherung der Handynummer eines Gruppenmitglieds in Ihrem Adressbuch gehen Sie so vor:

- Zeigen Sie die Gruppeninfo des Chats an. Scrollen Sie nach unten und tippen Sie auf den Teilnehmer (1), dessen Nummer Sie hinzufügen möchten.
- **Neuer Kontakt:** Wählen Sie dann ***Zu Kontakten hinzufügen*** (2) (neuer Eintrag). Ein Kontaktformular wird angezeigt, das die Telefonnummer und unter Umständen den Namen bereits enthält. Tippen Sie fehlende Infos ein und wählen dann ***Speichern*** (3).
- **Zu einem bereits vorhandenen Kontakt hinzufügen:** Sollte der Kontakt schon in Ihrem Adressbuch sein, vielleicht nur mit Festnetznummer, tippen Sie auf ***Zu bestehenden Kontakt hinzufügen*** (2) und wählen den Kontakt aus der Liste aus.

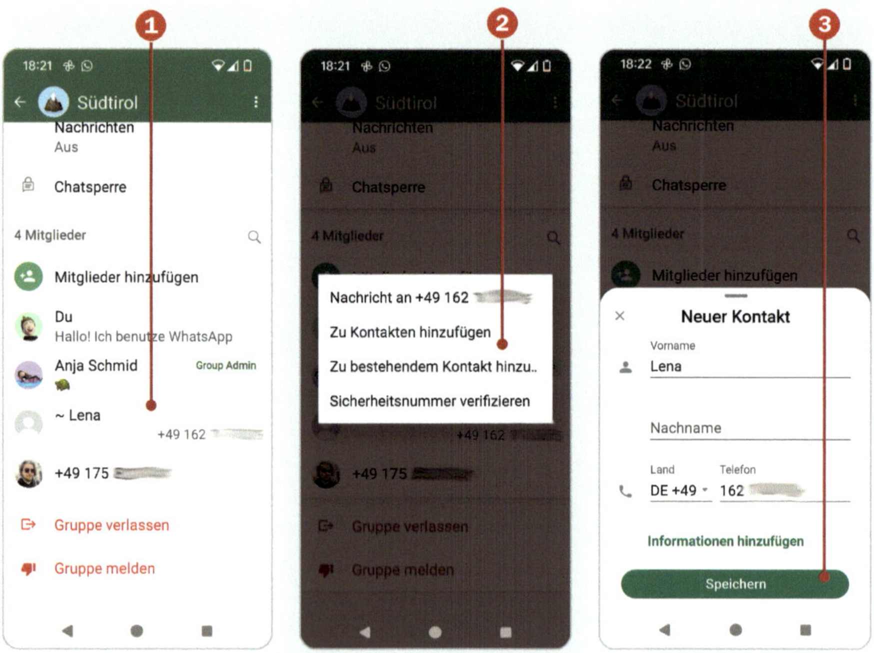

Herrscher der Gruppe: der Gruppenadmin

Jede Gruppe hat mindestens einen Gruppenadministrator (= ***Gruppenadmin***). Dieser ist mit zusätzlichen Bearbeitungsrechten ausgestattet, wie das Entfernen von Teilnehmern oder das Festlegen weiterer Administratoren. Außerdem können Gruppenadmins nicht nur eigene sondern alle Nachrichten im Chat löschen (Mehr dazu auf Seite 212). Gruppenadministrator wird automatisch die Person, die den Gruppenchat erstellt hat.

Um herauszufinden, wer Admin ist, öffnen Sie die ***Gruppeninfo*** und scrollen nach unten, um die Teilnehmer der Gruppe anzuzeigen. Mindestens eine Person hat den Zusatz ***Gruppenadmin***. Im Beispiel sehen Sie die Gruppeninfo derselben Gruppe, einmal die Anzeige des Gruppenadmins (1) und einmal die Anzeige eines anderen Gruppenmitglieds (2). Der Gruppenadmin verfügt über mehr Bearbeitungsrechte, die in den ***Gruppenberechtigungen*** zusammengefasst sind. (3).

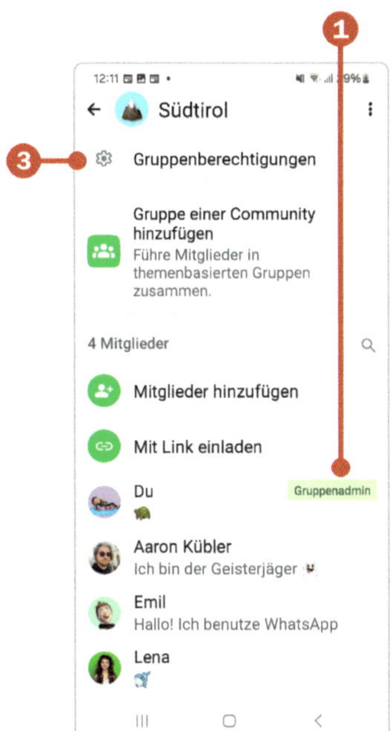

Anzeige beim Ersteller der Gruppe

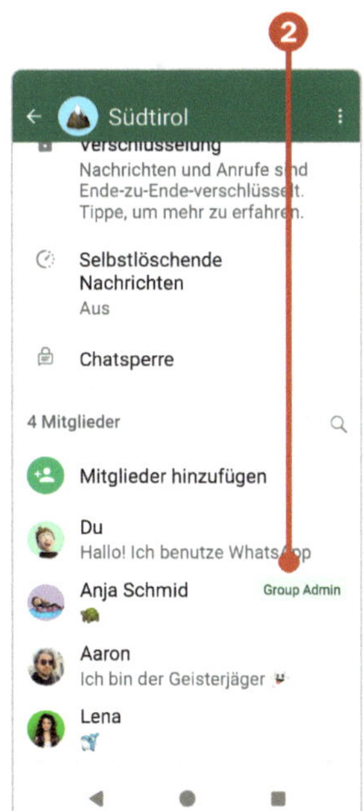

Anzeige bei einem Gruppenmitglied

Weitere Gruppenadministratoren benennen

Als Gruppenadmin steht Ihnen innerhalb der ***Gruppeninfo*** die Option ***Gruppenberechtigungen*** 4 zur Verfügung. Tippen Sie diese an.

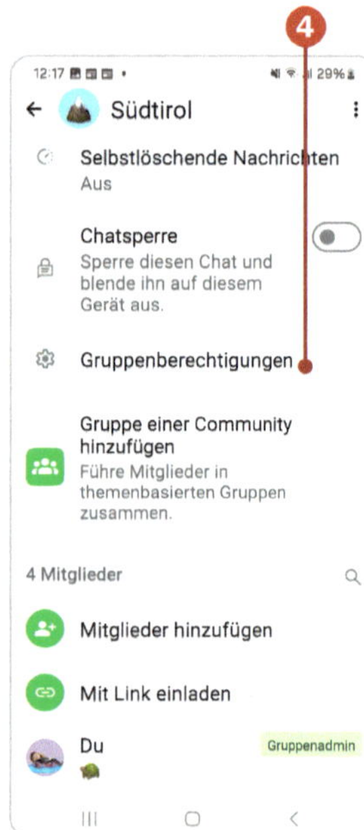

Hier können Sie durch Auswahl von ***Gruppenadmins bearbeiten*** 5 einen oder mehrere Teilnehmer der Gruppe mit Administrationsrechten ausstatten. Tippen Sie die Person 6, die auch Administrationsrechte erhalten soll, an. Diese wird oben angezeigt. Bestätigen Sie mit ✓.

Für den neuen Administrator wird im Gruppenchat eine Nachricht 7 eingeblendet, dass er jetzt Admin ist. Diese Meldung erhalten die anderen Gruppenmitglieder nicht. Sie können diese Information nur der Gruppeninfo entnehmen. Der neue Admin des Gruppenchats hat dieselben Rechte wie der Gruppengründer, bis auf zwei kleine Ausnahmen: Er kann dem Ersteller der Gruppe nicht den Adminstatus nehmen, der Initiator den neuen Admins schon. Und der Gruppengründer kann nicht aus der Gruppe entfernt werden.

Gruppenadmin wieder entfernen

Rufen Sie auf demselben Weg den Bereich ***Gruppenadmins bearbeiten*** auf. Oben sind der oder die weiteren Gruppenadmins aufgeführt. Durch Antippen des Profilbild 8 können Sie der Person die Administrationsrechte wieder entziehen. Bestätigen Sie mit ✓.

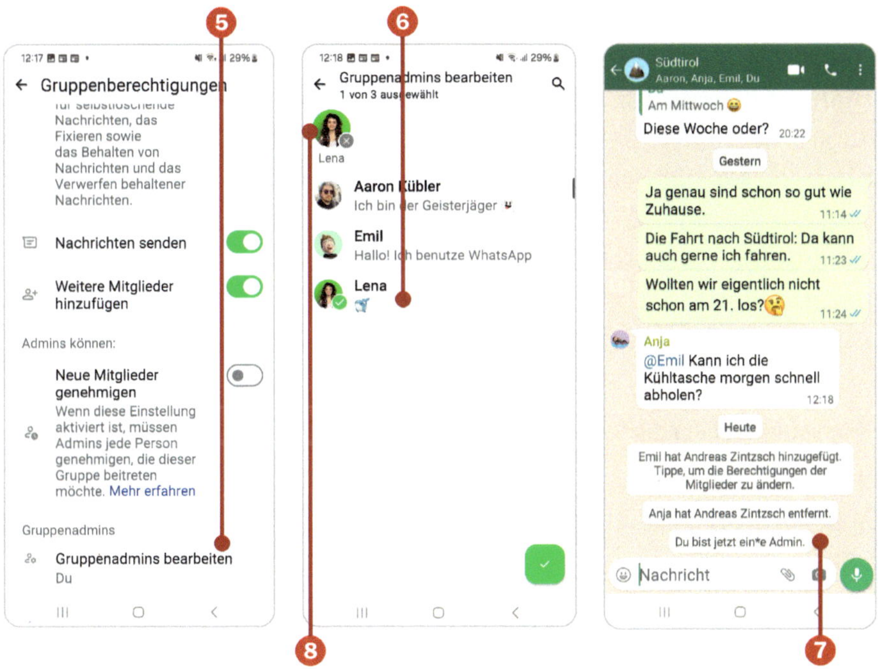

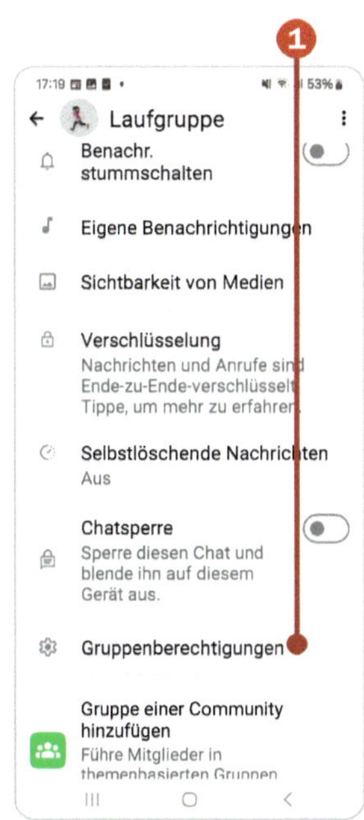

Rechte der Teilnehmer festlegen

Standardmäßig darf jedes Gruppenmitglied Gruppeneinstellungen vornehmen. Außerdem dürfen Mitglieder andere hinzufügen. Und natürlich darf auch jedes Gruppenmitglied Nachrichten versenden. Diese Rechte können vom Gruppenadmin eingeschränkt werden.

Zeigen Sie als Gruppenadmin die ***Gruppeninfo*** an und tippen Sie auf ***Gruppenberechtigungen*** 1, zur Verwaltung der Rechte in der Gruppe.

Gruppeneinstellungen schützen

Wenn Sie möchten, dass Ihre Einstellungen, bezüglich dem Namen der Gruppe, dem Gruppenbild und der -beschreibung, sowie den Einstellungen zu selbstlöschenden Nachrichten, so bleiben, wie Sie sie vorgenommen haben, dann tippen Sie auf den Regler bei ***Gruppeneinstellungen bearbeiten*** ❷. Der Schalter wird damit ausgeschaltet und eine Bearbeitung durch Gruppenmitglieder ist nicht mehr möglich. Nur der Gruppenadmin kann noch Änderungen vornehmen.

Gruppenmitglieder dürfen keine Nachrichten senden

In einem Chat unter Freunden werden sicherlich alle Mitglieder Nachrichten senden dürfen. Interessant ist die Einschränkung von Teilnehmerrechten in Chats mit offiziellerem Charakter.

Dazu ein Beispiel: Als Leiter einer Sportgruppe haben Sie einen Gruppenchat erstellt, um die Termine zu koordinieren. Auf die Information „Der Waldlauf fällt wegen Regens leider heute aus." möchten Sie vielleicht keine Antworten, wie „Dachte ich mir schon" oder „Schade", erhalten.

Für Chats dieser Art kann es sinnvoll sein, den Teilnehmern nur ein Leserecht einzuräumen. Dazu tippen Sie bei ***Nachrichten senden*** ❸ auf den Schalter. Teilnehmer der Gruppe werden im Chat über die Rechtevergabe informiert. Wenn keine Schreibrechte vorliegen, wird das Nachrichtenfeld nicht angezeigt. Nur Admins dürfen Nachrichten verfassen.

Nur der Admin darf Mitglieder hinzufügen

Das Gruppenmitglieder weitere Personen zum Gruppenchat hinzufügen können, kann praktisch sein. Wenn Sie das nicht möchten, tippen Sie auf den Schalter bei ***Weitere Mitglieder hinzufügen*** ❹. Der Schalter ist aus und nur Admins können Mitglieder hinzufügen.

Admin genehmigt neue Mitglieder

Überlegen Sie, ob für Ihre Gruppe eine weitere Alternative sinnvoll ist: Sie können erlauben, dass alle Gruppenmitglieder weitere Personen hinzufügen dürfen, legen aber zusätzlich fest, dass der Beitritt neuer Mitglieder von einem Gruppenadmin genehmigt werden muss. Tippen Sie auf den Schalter bei ***Neue Mitglieder genehmigen*** 5 und schalten Sie ihn ein. Lehnt der Gruppenadmin ab, kann die Person nicht Mitglied der Gruppe werden. Die Beitrittsanfragen erscheinen oben im Gruppenchat des Admins. Tippen Sie das Banner 6 an und entscheiden Sie, ob die Person Mitglied 7 der Gruppe werden darf.

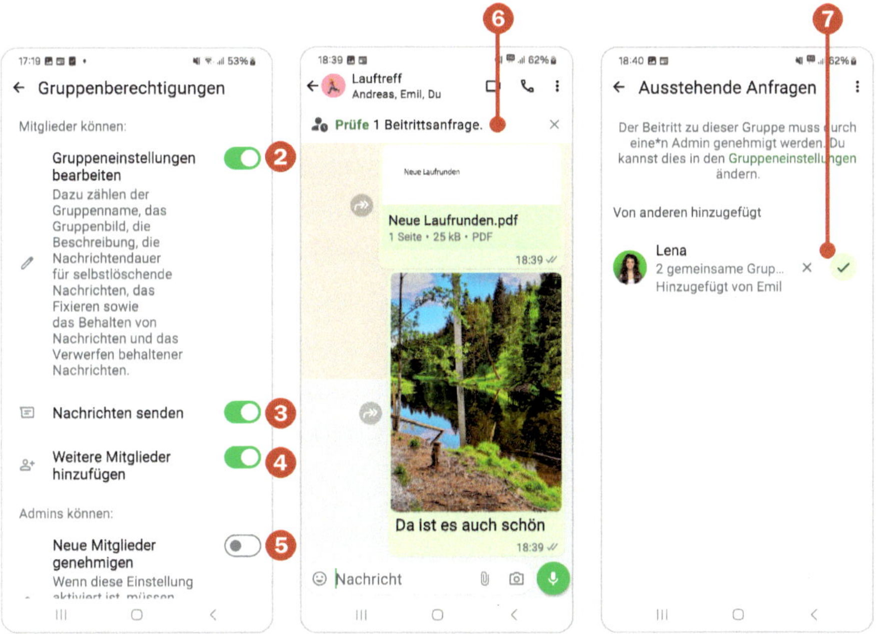

Gruppeninformationen bearbeiten

Name der Gruppe, Bild und die Gruppenbeschreibung können von jedem Gruppenmitglied geändert werden. Öffnen Sie die ***Gruppeninfo***, um die einzelnen Elemente zu bearbeiten.

Gruppenbeschreibung hinzufügen oder ändern

Zu jeder Gruppe kann eine Beschreibung hinterlegt werden. Sicherlich kommen die meisten Gruppenchats auch ohne aus. In Gruppen mit vielen Teilnehmern, z. B. einem Vereinschat, kann es sinnvoll sein, wichtige Infos, Ansprechpartner etc. zu hinterlegen.

Tippen Sie in der ***Gruppeninfo*** auf ***Gruppenbeschreibung hinzufügen*** 1, geben Sie einen Text ein und bestätigen diesen mit ***OK***. Im Gruppenchat wird oben der neue Beschreibungstext eingeblendet. Sie können den Beschreibungstext jederzeit antippen und ändern. Da sich der Text in der Gruppeninfo versteckt, wird er nach der Erstellung bei den Mitgliedern automatisch im Chat oben angezeigt. Durch antippen von ***x*** 2 entfernen Sie die Anzeige aus dem Chat.

Gruppenname ändern

Tippen Sie in der ***Gruppeninfo*** rechts oben auf weiteren Optionen ⋮ 3 und wählen Sie ***Gruppenname ändern*** aus. Tippen Sie eine neue Bezeichnung für die Gruppe ein und bestätigen Sie mit ***OK***.

Gruppenbild austauschen

Zum Ändern des Bilds tippen Sie auf das Bild 4 bzw. den Platzhalter und wählen dann rechts oben das Stiftsymbol 5 aus.

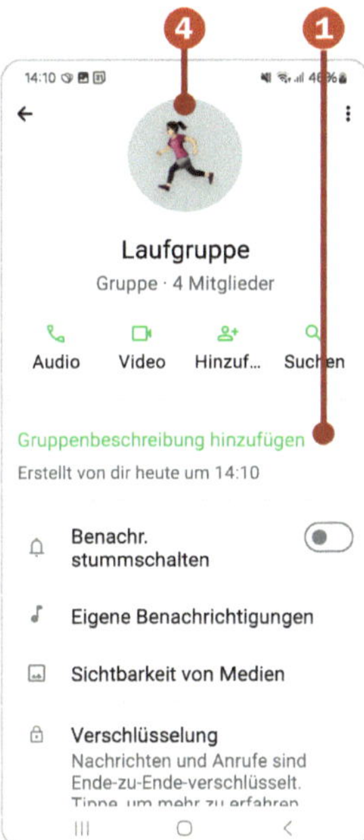
4
1
Laufgruppe
Gruppe · 4 Mitglieder
Audio
Video
Hinzuf...
Suchen
Gruppenbeschreibung hinzufügen
Erstellt von dir heute um 14:10
Benachr. stummschalten
Eigene Benachrichtigungen
Sichtbarkeit von Medien
Verschlüsselung
Nachrichten und Anrufe sind Ende-zu-Ende-verschlüsselt.

Gruppenbeschreibung
Jeden Dienstag 17 Uhr
Waldparkplatz
Die Gruppenbeschreibung ist für Mitglieder dieser Gruppe und für Personen, die zu dieser Gruppe eingeladen werden, sichtbar.
Abbrechen
OK
Waldparkplatz
Deutsch

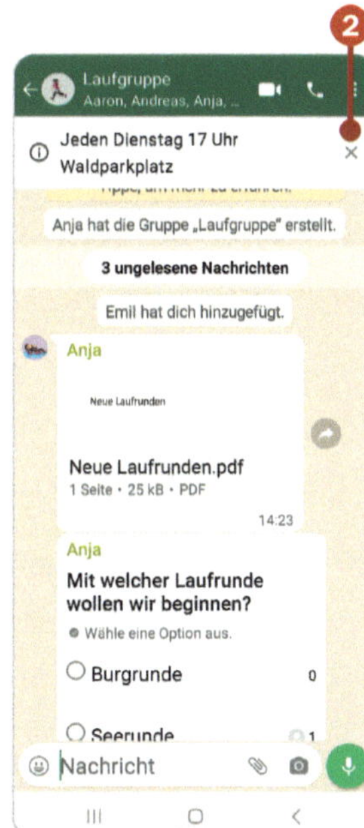
2
Laufgruppe
Aaron, Andreas, Anja, ...
Jeden Dienstag 17 Uhr
Waldparkplatz
Anja hat die Gruppe „Laufgruppe" erstellt.
3 ungelesene Nachrichten
Emil hat dich hinzugefügt.
Anja
Neue Laufrunden
Neue Laufrunden.pdf
1 Seite • 25 kB • PDF
14:23
Anja
Mit welcher Laufrunde wollen wir beginnen?
Wähle eine Option aus.
Burgrunde 0
Seerunde 1
Nachricht

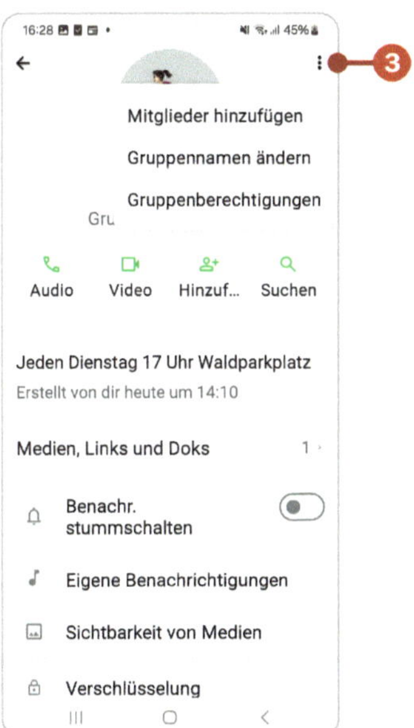
3
Mitglieder hinzufügen
Gruppennamen ändern
Gruppenberechtigungen
Audio
Video
Hinzuf...
Suchen
Jeden Dienstag 17 Uhr Waldparkplatz
Erstellt von dir heute um 14:10
Medien, Links und Doks 1
Benachr. stummschalten
Eigene Benachrichtigungen
Sichtbarkeit von Medien
Verschlüsselung

5
Gruppenbild

Personen hinzufügen bzw. entfernen

Manchmal stellt man fest, dass noch einer fehlt! Das ist kein Problem, da eine Gruppe auch im Nachhinein noch um Teilnehmer erweitert werden kann. In den Standardeinstellungen kann jedes Mitglieder der Gruppe weitere Teilnehmer hinzufügen. Allerdings kann dieses Recht, wie Sie schon wissen, entzogen werden.

Personen aus dem Gruppenchat entfernen, kann hingegen nur der Admin.

Weitere Teilnehmer ergänzen

Zum Hinzufügen eines weiteren Mitglieds zu einer bestehenden Gruppe gehen Sie so vor:

- Zeigen Sie den Gruppenchat an und öffnen Sie die ***Gruppeninfo***. Tippen Sie dann entweder oben auf ***Hinzufügen*** ❶ oder unten auf ***Mitglieder hinzufügen*** ❷.
- Ihre Kontakte werden angezeigt. Hier sehen Sie, wer schon zur Gruppe gehört ❸. Wählen Sie die gewünschte Person durch Antippen aus. Das zukünftige neue Mitglied ❹ wird oben angezeigt. Bestätigen Sie mit ✓.

> Der neue Teilnehmer sieht keine Nachrichten, die vor seinem Beitritt versendet wurden.

Teilnehmer löschen

Sie müssen Gruppenadmin sein, um ein Mitglied der Gruppe löschen zu können. Zum Entfernen einer Person aus der Gruppe zeigen Sie die ***Gruppeninfo*** an und tippen auf das zu entfernende Gruppenmitglied. Eine Befehlsliste wird angezeigt. Im nächsten Schritt wählen Sie ***... entfernen*** ❺ aus und stimmen der folgenden Abfrage mit ***OK*** zu.

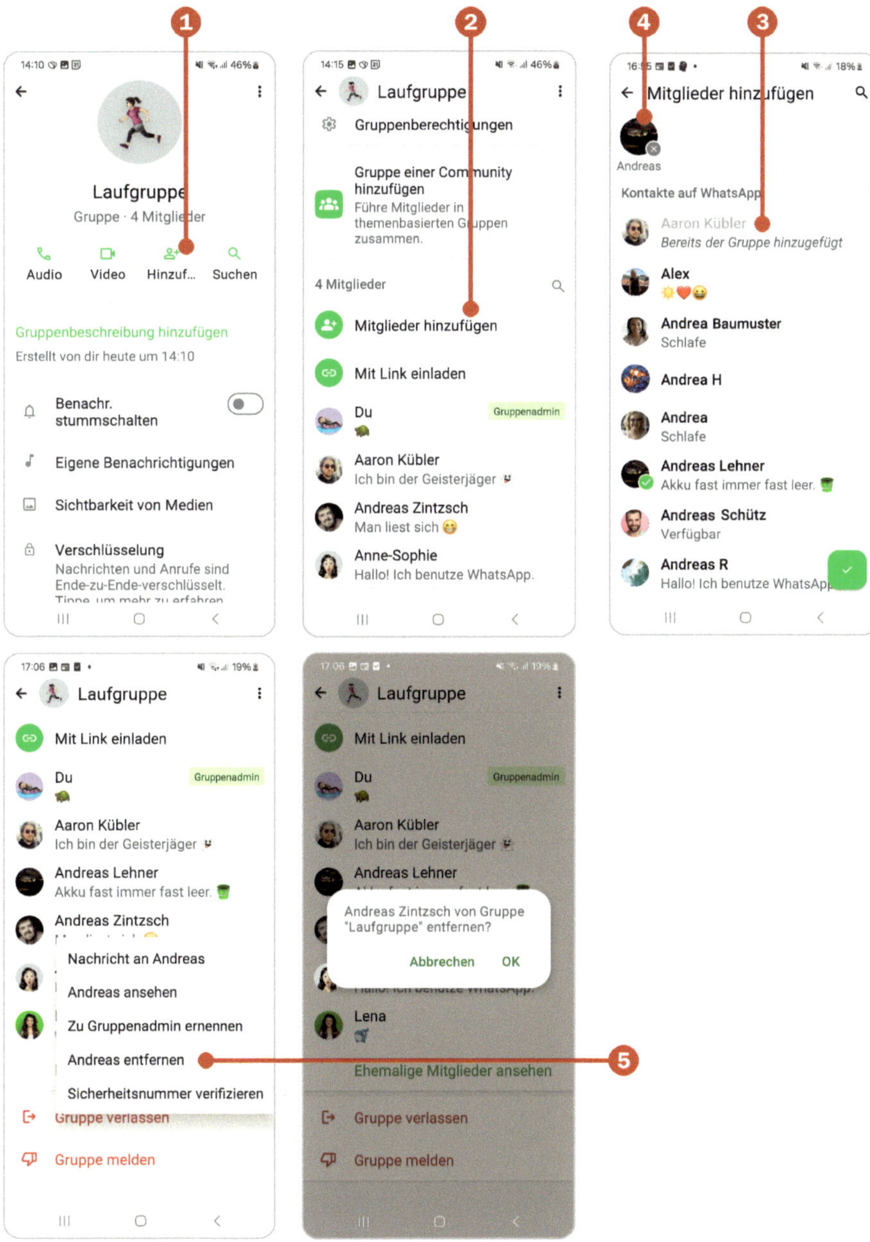
1
2
4
3
Laufgruppe
Gruppe · 4 Mitglieder
Audio
Video
Hinzuf...
Suchen
Gruppenbeschreibung hinzufügen
Erstellt von dir heute um 14:10
Benachr. stummschalten
Eigene Benachrichtigungen
Sichtbarkeit von Medien
Verschlüsselung
Nachrichten und Anrufe sind Ende-zu-Ende-verschlüsselt.
Laufgruppe
Gruppenberechtigungen
Gruppe einer Community hinzufügen
Führe Mitglieder in themenbasierten Gruppen zusammen.
4 Mitglieder
Mitglieder hinzufügen
Mit Link einladen
Du
Gruppenadmin
Aaron Kübler
Ich bin der Geisterjäger
Andreas Zintzsch
Man liest sich
Anne-Sophie
Hallo! Ich benutze WhatsApp.
Mitglieder hinzufügen
Andreas
Kontakte auf WhatsApp
Aaron Kübler
Bereits der Gruppe hinzugefügt
Alex
Andrea Baumuster
Schlafe
Andrea H
Andrea
Schlafe
Andreas Lehner
Akku fast immer fast leer.
Andreas Schütz
Verfügbar
Andreas R
Hallo! Ich benutze WhatsApp
Laufgruppe
Mit Link einladen
Du
Gruppenadmin
Aaron Kübler
Ich bin der Geisterjäger
Andreas Lehner
Akku fast immer fast leer.
Andreas Zintzsch
Nachricht an Andreas
Andreas ansehen
Zu Gruppenadmin ernennen
Andreas entfernen
Sicherheitsnummer verifizieren
Gruppe verlassen
Gruppe melden
Laufgruppe
Mit Link einladen
Du
Gruppenadmin
Aaron Kübler
Ich bin der Geisterjäger
Andreas Lehner
Andreas Zintzsch von Gruppe "Laufgruppe" entfernen?
Abbrechen
OK
Lena
Ehemalige Mitglieder ansehen
Gruppe verlassen
Gruppe melden
5

Einen Gruppenchat verlassen und die Gruppe löschen

Jeder Teilnehmer entscheidet für sich, ob er Teil eines Chats bleiben möchte. Natürlich können Sie eine Gruppe verlassen, wenn das Ereignis, z. B. die organisierte Geburtstagsparty oder der Wochenendausflug, vorüber ist. So verhindern Sie „Gruppenleichen".

Im nächsten Schritt kann dann die Gruppe auch gleich gelöscht werden. Vielleicht macht es bei manchen Gruppen mehr Sinn, diese stummzuschalten (siehe auch Seite 208). Sie können die Gruppe aber auch archivieren, sodass Ihnen der Gruppenchat nicht mehr in der Chatliste angezeigt wird (siehe auch Seite 245).

Gruppe verlassen

- Öffnen Sie den Gruppenchat und zeigen Sie die ***Gruppeninfo*** an.
- Tippen Sie auf ***Gruppe verlassen*** 1 und bestätigen Sie mit ***Verlassen*** 2. Die Gruppe wird noch im Chat angezeigt, es können aber keine Nachrichten mehr gelesen oder versendet werden.

Heimlich aus der Gruppe verschwinden: Der oder die Gruppenadmin(s) werden im Chat 3 darüber informiert, dass die Person die Gruppe verlassen hat. Einfache Gruppenmitglieder erhalten diese Information nicht. Sie können das nur der Mitgliederliste der Gruppeninfo entnehmen. Das ist relativ neu, früher konnte jeder lesen: XY hat die Gruppe verlassen.

Gruppe löschen

Sie können eine Gruppe nur löschen, wenn Sie diese zuvor verlassen haben. In der ***Gruppeninfo*** erhalten Sie den Befehl zum Löschen der Gruppe, sobald Sie die Gruppe verlassen haben. Tippen Sie auf ***Gruppe löschen*** 4. Bei Bestätigung der Löschung entscheiden Sie, ob Medien, die Sie in diesem Chat erhalten haben (Fotos, Videos, Audiodateien etc.), von Ihrem Smartphone gelöscht werden sollen 4 oder ob Sie diese behalten möchten. In letzterem Fall müssen Sie das Häkchen durch Antippen entfernen.

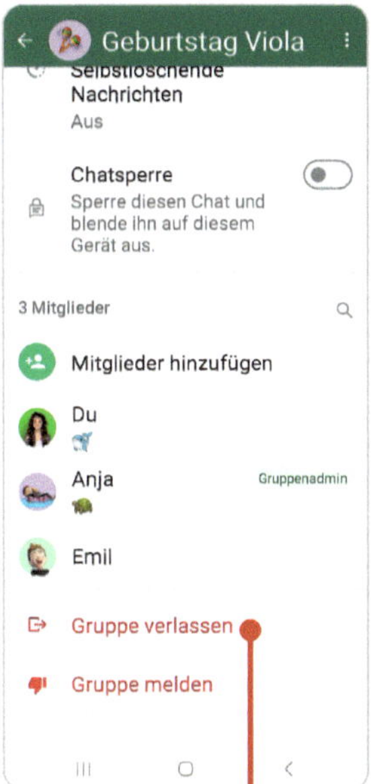

1 2 3 Anzeige Gruppenadmin

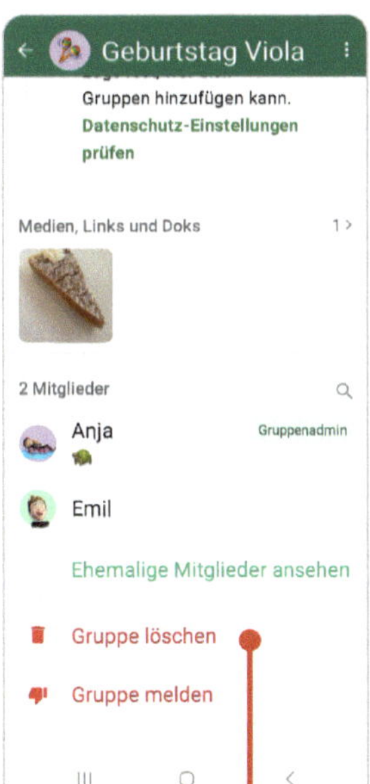

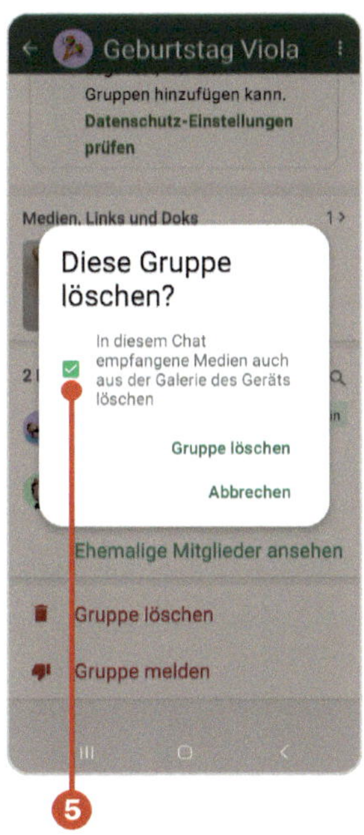

4 5

Falls der Gruppenadministrator einen Chat verlässt, erhält ein anderes Gruppenmitglied Adminrechte. In diesem Fall ist es von Vorteil, wenn der scheidende Admin vor seinem Weggang eine andere Person zum Admin macht (siehe dazu auch Seite 108).

Zu einer Gruppe mit Link einladen

Bei einem Gruppenchat sieht jeder Teilnehmer die Handynummern der anderen Mitglieder. Gerade bei großen, unpersönlichen Gruppen (Verein, Orga-Teams, etc.) können Sie nicht davon ausgehen, dass jede Person damit einverstanden ist, ungefragt zu einer Gruppe hinzugefügt zu werden. Die Lösung ist eine Gruppeneinladung.

Gruppe erstellen und Link versenden

- Erstellen Sie eine Gruppe mit den Personen (mindestens Sie und noch eine Personen), von denen Sie wissen, dass Sie Mitglieder der Gruppe sein möchten.
- Zeigen Sie die Gruppe an und öffnen Sie die Gruppeninfo durch Antippen des Bereichs oben. Tippen Sie auf ***Mit Link einladen*** ❶.
- Mit Auswahl von ***Link über WhatsApp senden*** ❷ können Sie einen oder mehrere Chats auswählen, denen Sie den Link schicken.
- Alternativ können Sie mit ***Link kopieren*** ❸, diesen in der Zwischenablage speichern. Dann zeigen Sie einen Chat an und fügen den Link dort ein. Tippen Sie dazu etwas länger in das Nachrichtenfeld und wählen Sie ***Einfügen*** ❹ aus.

Alternativ können Sie den kopierten Link auch per E-Mail verschicken oder Sie verschicken den Link via *Broadcast* (siehe nächstes Kapitel).

Gruppe beitreten

- Möchten Sie der Gruppe beitreten, so tippen Sie auf ***Gruppe beitreten*** ❺. Sie sehen die Anzahl der aktuellen Mitglieder. Tippen Sie auf ***Gruppe beitreten*** ❻. Haben Sie den Link via E-Mail erhalten, sollte die E-Mail am Smartphone geöffnet werden, damit Sie gleich der Gruppe beitreten können, außer Sie verwenden WhatsApp-Web (siehe Seite 224) oder WhatsApp Desktop (siehe Seite 229), dann können Sie auch über den Computer beitreten.

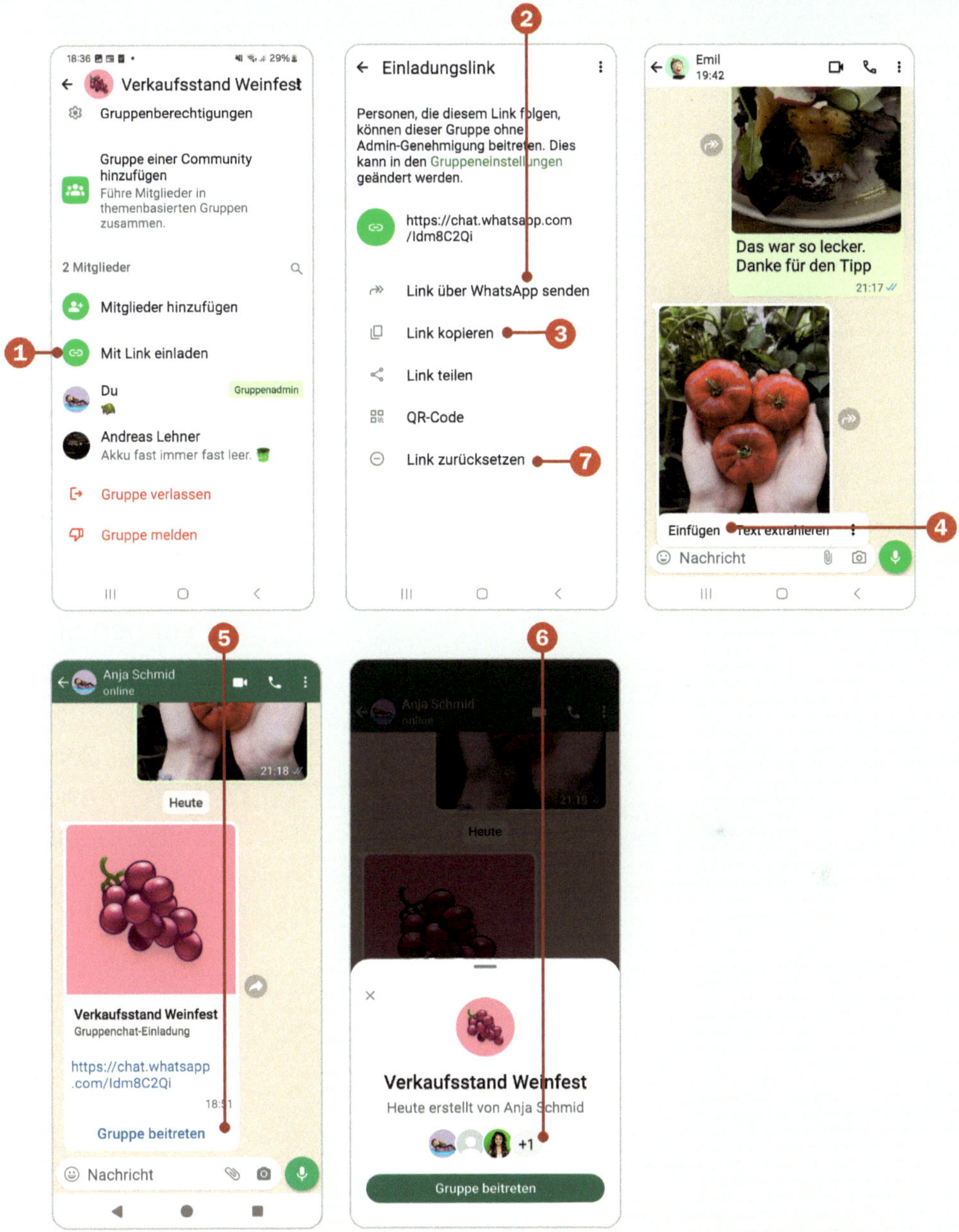

Jeder, der den Link hat, kann der Gruppe beitreten. Der Link kann von anderen weitergegeben werden und so können Personen der Gruppe beitreten, die Sie anfänglich nicht eingeladen haben. Wenn Sie möchten, dass der Link nicht mehr zum Gruppenbeitritt verwendet werden kann, tippen Sie auf ***Link zurücksetzen*** 7.

Gemeinsame Gruppen entdecken

Auch mal interessant zu wissen, welche Gruppen man mit einer bestimmten Person teilt.

- Öffnen Sie den Einzelchat mit der Person und tippen Sie oben auf die Kontaktinfo ❶.
- Scrollen Sie bis ganz nach unten zum Bereich ***gemeinsame Gruppen***. Dort werden Ihnen alle Gruppen ❷ angezeigt, in denen Sie beide Mitglieder sind. Sie können auch eine Gruppe antippen, um zu dieser zu wechseln.

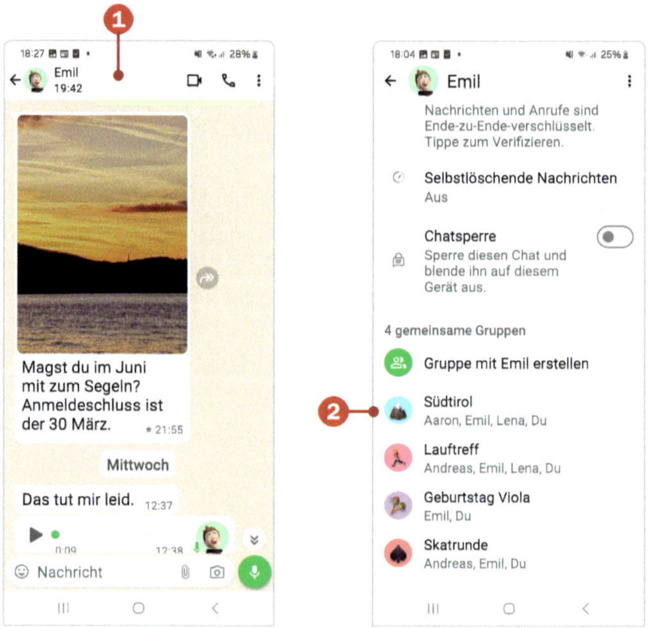

Festlegen, wer mich zu einer Gruppe hinzufügen darf

In der Standardeinstellung können alle Personen, die Ihre Telefonnummer haben, Sie zu einer Gruppe hinzufügen. Wenn Sie das nicht möchten, verhindern Sie das über ***Weitere Optionen*** ⋮ ▶ ***Einstellungen*** ▶ ***Datenschutz*** und antippen von ***Gruppen*** ❶.

Hier steht Ihnen mit der Option ***Meine Kontakte*** die Möglichkeit zur Verfügung, festzulegen, dass nur Personen berechtigt sind, Sie zu einer Gruppe hinzuzufügen, die auch in Ihrem Adressbuch (App Kontakte) gespeichert sind.

Alternativ erhalten Sie mit Auswahl von ***Meine Kontakte außer...*** ❷ eine Liste Ihrer Kontakte und können einzelne Personen durch Antippen ausschließen. Diese Kontakte erhalten ein rot hinterlegtes Häkchen. Bestätigen Sie die Auswahl mit ✓.

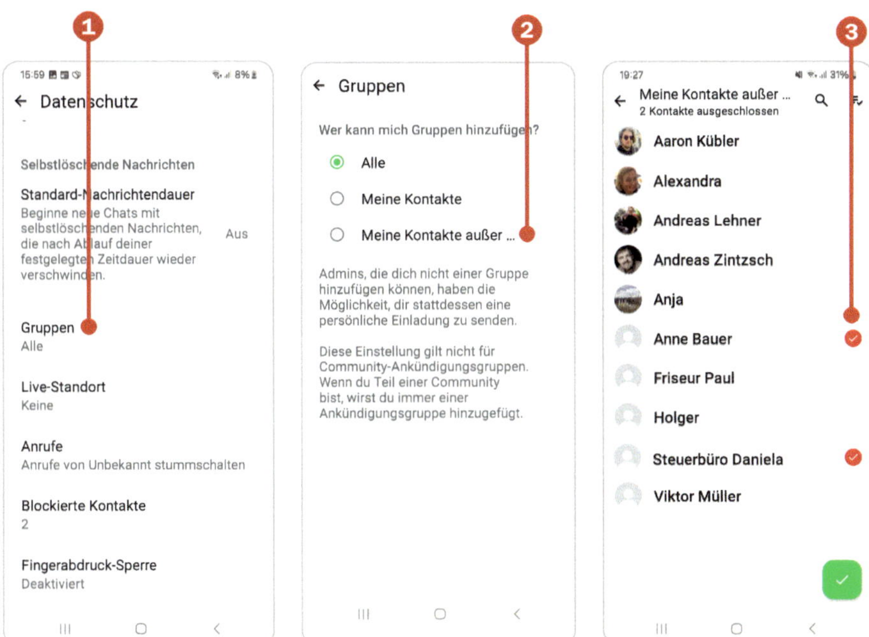

Was passiert, wenn mich eine unberechtigte Person zu einer Gruppe hinzufügt?

Wenn eine nicht berechtigte Person Sie zu einer Gruppe hinzufügen möchte, so erhält diese eine Mitteilung und hat daraufhin die Möglichkeit, Ihnen eine Einladung im Einzelchat zu senden. Sie sind **nicht** automatisch Teil der Gruppe.

Wenn Sie teilnehmen möchten, tippen Sie auf die Gruppeneinladung (1) an. Im nächsten Fenster sehen Sie die Teilnehmerzahl. Sofern weitere Gruppenmitglieder in Ihrem Adressbuch gespeichert sind, sehen Sie deren Namen, ansonsten nur die Anzahl der unbekannten Teilnehmer (2). Es kann sein, dass die Gruppe weitere Mitglieder hat, die ebenfalls untersagt haben, zu einer Gruppe hinzugefügt zu werden.

Tippen Sie auf ***Gruppe beitreten***. Nach drei Tagen läuft die Einladung ab und Sie können nicht mehr beitreten. Erst wenn Sie der Gruppe beigetreten sind, sehen die anderen Gruppenmitglieder Ihre Telefonnummer. Wenn Sie nicht beitreten möchten, können Sie die Meldung einfach ignorieren oder im Einzelchat antworten, warum Sie nicht mitmachen möchten.

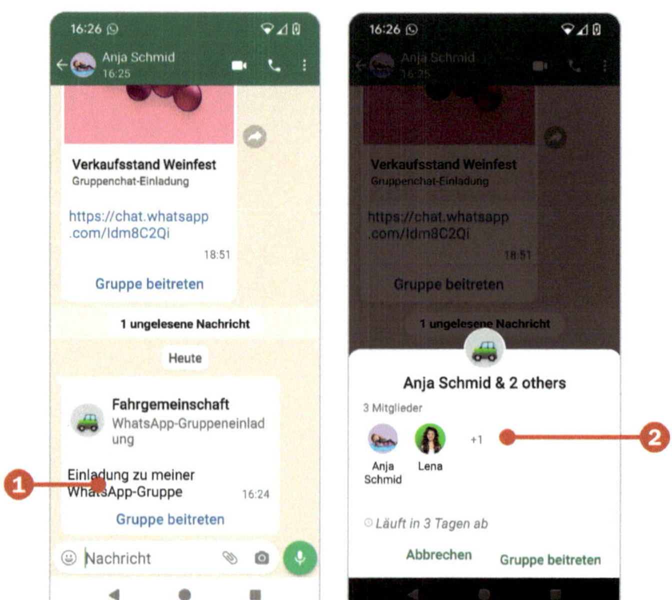

Was passiert, wenn ich nicht berechtigt bin, eine Person hinzuzufügen?

Sobald Sie versuchen eine Person zu einer Gruppe hinzuzufügen, die das untersagt hat, erhalten Sie eine Meldung. Wenn Sie überzeugt sind, dass die Person Teil der Gruppe sein möchte, tippen Sie auf ***Zu Gruppe einladen*** 1. Zur näheren Bezeichnung der Gruppe kann der Text auf der grünen Linie verändert werden 2. Klicken Sie dann auf ▶. Damit erhält der Freund eine Einladung zur Gruppe im Einzelchat und kann entscheiden, ob er teilnehmen möchte (siehe vorige Seite).

Der Initiator der Gruppe sieht in der Gruppeninfo, welche Personen als Gruppenmitglied hinzugefügt wurden und wer nur eingeladen 3 werden konnte. Sobald eine Person über die Einladung beitritt, wird diese automatisch bei den Gruppenmitgliedern angezeigt.

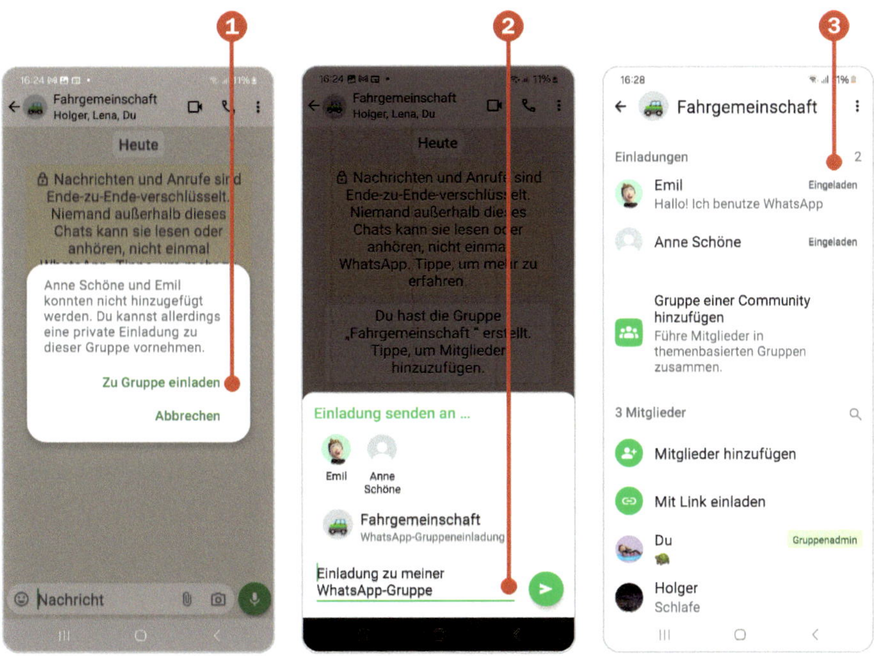

4.2 Broadcast – eine Nachricht an viele senden

Eine Broadcast-Liste erlaubt es Ihnen, eine Nachricht an mehrere Kontakte auf einmal zu versenden. Die Broadcast-Nachricht wirkt für den Empfänger wie eine gewöhnliche Nachricht in einem Einzelchat. Im Gegensatz zum Gruppenchat ist es für die angeschriebenen Personen also nicht ersichtlich, dass sie gemeinsam kontaktiert wurden. So werden auch nicht die Telefonnummern der Empfänger untereinander übermittelt. Sie können bis zu 256 Kontakte einer Broadcast-Liste hinzufügen. Die Antworten der Einzelnen erhält nur der Ersteller des Broadcasts.

Ein Broadcast erspart Ihnen das Schreiben vieler einzelner identischer Nachrichten! Er ist beispielsweise das Mittel der Wahl beim Versenden von Festtagsgrüßen oder Sie haben eine neue Telefonnummer und möchten Ihren Freundeskreis informieren.

Broadcast-Nachricht versenden und empfangen

Broadcast-Liste erstellen und Nachricht verschicken

- Zeigen Sie den Bereich ***Chats*** an, öffnen Sie das ***Weitere Optionen*** ⋮ und wählen Sie ***Neuer Broadcast*** 1.

> **Achtung!** Personen, denen Sie einen Broadcast senden, müssen Ihre Handynummer im Adressbuch (App Kontakte) gespeichert haben. Hat der Broadcast-Empfänger Sie nicht als Kontakt gespeichert, erhält er Ihre Broadcast-Nachricht nicht.

- Die Kontaktliste wird angezeigt. Tippen Sie die Kontakte an, die Sie in die Broadcast-Liste hinzufügen möchten. Ihre Auswahl wird oben angezeigt 2. Kontrollieren Sie diese. Durch Antippen des ***x*** bei der ausgewählten Person können Teilnehmer aus der Liste auch wieder gelöscht werden.
- Zum Fertigstellen der Liste tippen Sie auf ✓.
- Jetzt können Sie, wie gewohnt, eine Nachricht 3 oder ein Foto etc. gleichzeitig an alle Broadcast-Empfänger verschicken.

Oben sehen Sie, wie viele Empfänger der Broadcast hat. Auch hier können Sie sich durch Antippen des oberen Bereichs ❹ weitere Informationen zum Broadcast anzeigen lassen.

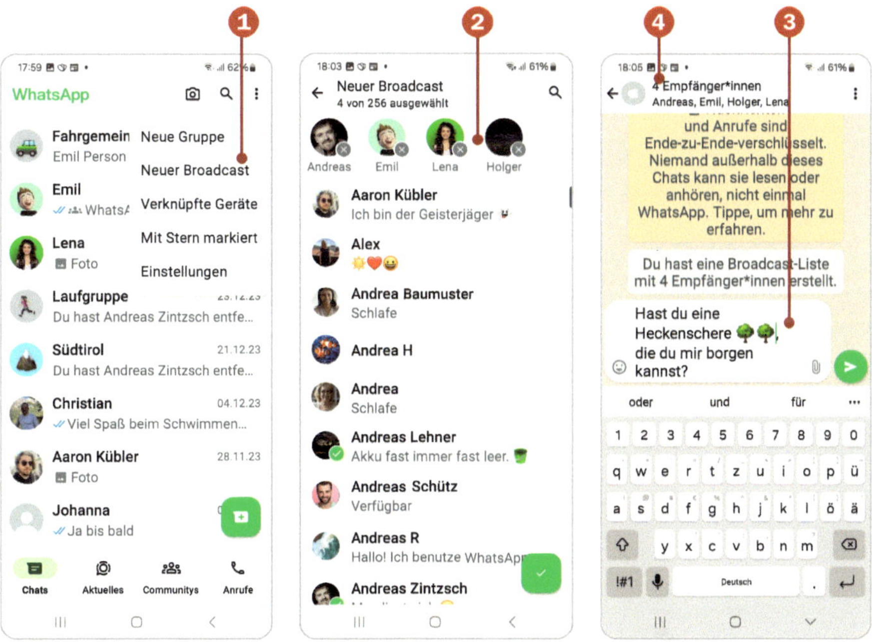

Empfänger einer Broadcast-Nachricht sein

Für die angeschriebenen Broadcast-Empfänger erscheint die Nachricht unter dem Namen des Absenders im Einzelchat ❺ (in unserem Beispiel ist die Absenderin des Broadcasts Anja). Der Empfänger eines Broadcasts sieht nicht, dass er Teil eines Broadcasts ist.

Antworten auf eine Broadcast-Nachricht erhalten

Antworten auf einen Broadcast werden beim Broadcast-Sender in den **Einzelchats** angezeigt ❻, nicht im Broadcast. Hier wird die persönliche Unterhaltung auch weitergeführt. Der Broadcast-Sender erkennt im Einzelchat Broadcast-Nachrichten an diesem Symbol 📢 ❼.

Die Broadcast-Liste 8, die nur beim Absender des Broadcasts angezeigt wird, enthält die ursprüngliche Nachricht und die Namen der Empfänger, sonst nichts. Die Liste wird nicht mehr benötigt, außer Sie möchten zu einem späteren Zeitpunkt wieder eine Nachricht an die ausgewählten Personen schreiben.

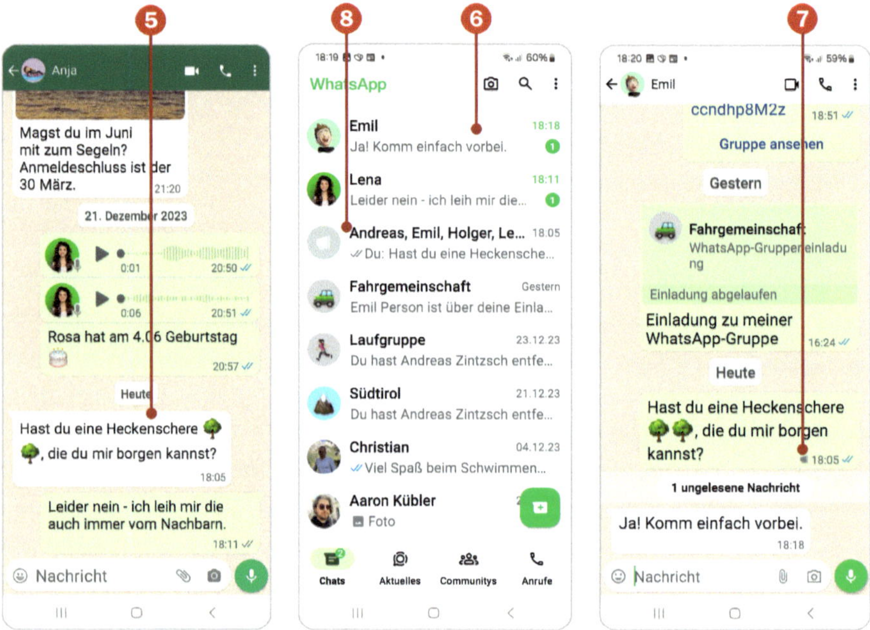

Empfänger des Broadcasts

Broadcast verwalten

Wenn Sie nur schnell eine Nachricht an eine Reihe von Personen senden wollten, ist der Broadcast damit erledigt und kann gelöscht werden. Dient der Broadcast dazu, beispielsweise demselben Personenkreis regelmäßig etwas zu senden, dann sollten Sie dem Broadcast einen Namen geben, um Verwechslungen vorzubeugen. Die Bearbeitungsmöglichkeiten des Broadcasts sind Ihnen schon aus den Gruppenchats geläufig.

Um Änderungen vorzunehmen, tippen Sie die Broadcast-Liste **1** in der Chatübersicht an und tippen dann oben auf den Bereich **2**. Dadurch wird die Broadcast-Listen-Info angezeigt. Hier sehen Sie, welche Personen Empfänger des Broadcasts sind.

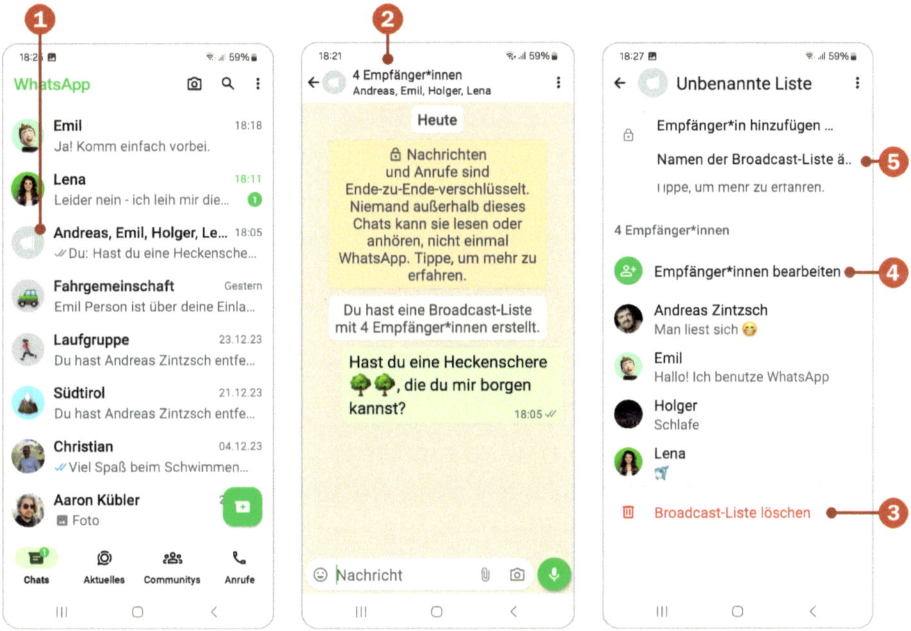

- **Broadcast löschen:** Tippen Sie auf ***Broadcast-Liste löschen*** **3**.
- **Weitere Personen hinzufügen:** Tippen Sie auf ***Empfänger*innen bearbeiten*** **4**.
- **Broadcast-Liste benennen:** Tippen Sie auf ***Weitere Optionen*** ⋮ und dann auf ***Namen der Broadcast-Liste ändern*** **5**. Geben Sie eine Bezeichnung ein und bestätigen Sie mit ***OK***.
- **Personen aus der Liste löschen:** Tippen Sie den gewünschten Empfänger an und wählen Sie ***XY von der Broadcast-Liste entfernen***.

4.3 Status – Ihre 24h-Meldung an alle

Über den Reiter ***Aktuelles*** rufen Sie den Status auf. In diesem zeigen Sie für die Dauer von 24 Stunden allen Freunden gleichzeitig eine Auswahl von einem oder mehreren Fotos, Videos, GIFs, Links oder Textnachrichten an. Außerdem haben Sie auch die Möglichkeit Sprachnachrichten im Status zu teilen. Nach Ablauf der 24 Stunden endet die Anzeige automatisch.

Viele nutzen den Status, um Freunde über aktuelle Aktivitäten zu informieren, ohne jemanden direkt ansprechen zu müssen. Andere posten Sprüche oder fotografieren ihr Abendessen. Statusmeldungen können auch kommentiert werden, doch das wird in der Regel nicht erwartet.

Auswahl Ihres privaten Publikums

Standardmäßig werden Statusinformationen **allen Kontakten**, also allen Personen, die in Ihrem Adressbuch gespeichert sind und die WhatsApp verwenden, angezeigt. Oft ist dies nicht gewünscht. Haben Sie beispielsweise die Handynummer Ihres Friseurs gespeichert und dieser verwendet mit dieser Nummer WhatsApp, kann auch er Ihren Status betrachten.

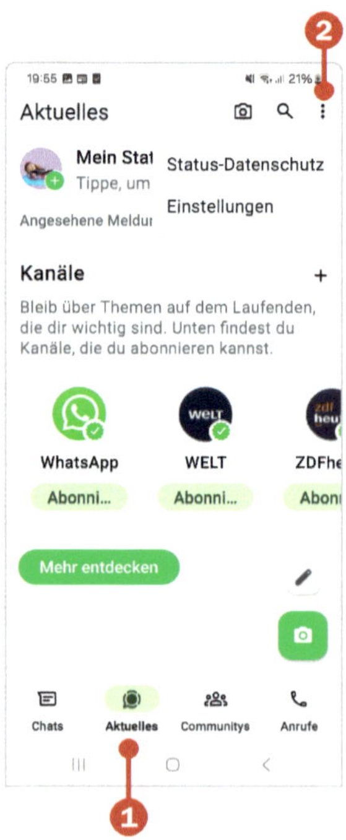

Legen Sie fest, wer Ihren Status sehen darf

Bestimmen Sie den Personenkreis, der Ihren Status sehen darf.

- Wählen Sie den Reiter ***Aktuelles*** ❶ und rufen Sie dann ***Weitere Optionen*** ❷ ▸ ***Status-Datenschutz*** auf.

Die **Standardeinstellung** *Meine Kontakte* gibt an, dass Sie Ihre Statusmeldungen mit allen WhatsApp-Kontakten teilen. Sie haben nun zwei Möglichkeiten zur Begrenzung des Personenkreises:

- **Negativliste**: Mit *Meine Kontakte außer* 3 nehmen Sie bestimmte Personen von der Anzeige aus. Ihnen wird dazu die Liste Ihrer Kontakte angezeigt, in der Sie diejenigen auswählen, die von der Status-Anzeige ausgenommen werden sollen, also vor denen Sie Ihre Statusmeldungen **verbergen** wollen. Alle Personen mit einem roten Häkchen sehen Ihren Status nicht 5.
- **Positivliste**: Bei *Nur teilen mit* 4 wählen Sie aus der Kontaktliste alle Freunde aus, denen Ihr Status **angezeigt** werden soll. Alle Personen mit einem grünen Häkchen sehen Ihren Status 6.

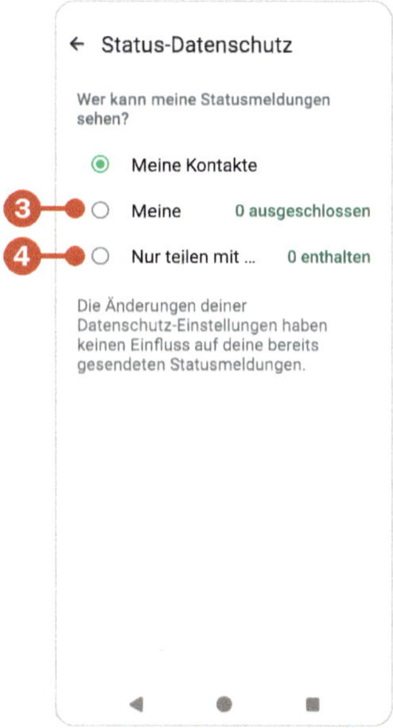

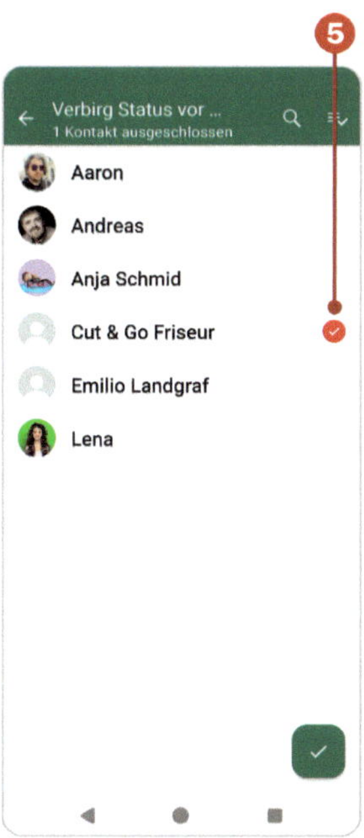

3 Meine Kontakte außer ...

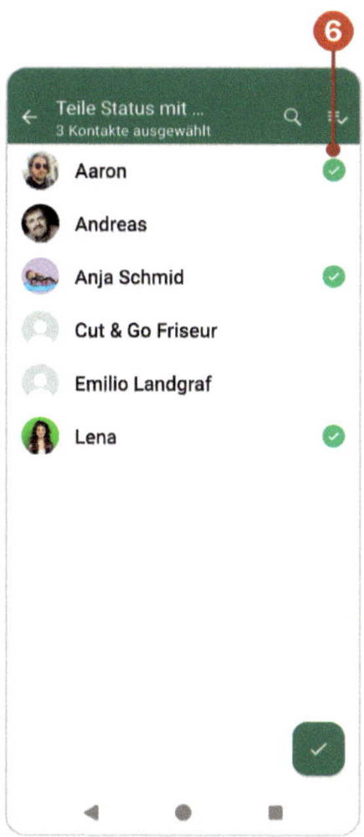

4 Nur teilen mit ...

Bestätigen Sie Ihre Auswahl mit ✓. Haben Sie Änderungen vorgenommen und tippen oben links auf Zurück ←, werden Sie gefragt, ob Sie die Änderungen verwerfen möchten. Mit ***Verwerfen*** gehen diese verloren und Sie kehren auf die Hauptseite ***Status-Datenschutz*** zurück. Tippen Sie hingegen auf ***Abbrechen***, verbleiben Sie in der aktuellen Ansicht. Tippen Sie dann in der ***Status-Datenschutz***-Ansicht erneut auf den Pfeil links oben ←, um die Einstellungen zu verlassen.

Sie können mit der Positiv- und der Negativliste zum selben Ergebnis gelangen. Vielleicht wählen Sie die Liste, mit der Sie nicht viel Arbeit haben. Wollen Sie Ihren Status nur wenigen Personen anzeigen, wählen Sie die Positivliste. Wollen Sie nur ein paar Kontakte ausschließen, wählen Sie die Negativliste. Sie können auch beide Listen belegen und je nach Inhalt des Status hin und her wechseln (siehe dazu auch Seite 132).

Für mich ist die wichtigste Frage, was passiert, wenn ich einen neuen Kontakt in das Adressbuch meines Smartphones eintrage. Verwendet diese Person WhatsApp und ich arbeite mit einer Negativliste, kann diese neue Person meinen Status sehen. Habe ich eine Positivliste muss ich den neuen Kontakt erst zu dieser hinzufügen.

Achtung! Jegliche Änderungen der Datenschutz-Einstellungen haben nur Auswirkung auf Ihre zukünftigen Statusmeldungen, nicht auf den Status, der gerade angezeigt wird.

Wichtig! Ihre Statusmeldung wird nur Freunden angezeigt, die Ihre Telefonnummer im Smartphone (App Kontakte) abgespeichert haben. Es reicht nicht aus, dass diese bei Ihnen abgespeichert sind und Sie den Personen erlaubt haben, Ihre Statusmeldungen zu sehen.

Werden Sie kreativ - Statusmeldung erstellen

Zeigen Sie den Bereich ***Aktuelles*** an. Dieser Reiter ist ein wenig unübersichtlich. Oben sehen Sie Ihren Status und Statusmeldungen Ihrer Freunde; darunter folgen die Kanäle (zu Kanälen gleich mehr auf Seite 144). Ihr Status kann aus Fotos, Videos, Texten und Sprachnachrichten bestehen. Es können mehrere Fotos/ Videos auf einmal ausgewählt werden. Texte, Sprachnachrichten und Fotos müssen jeweils separat eingestellt werden.

Fotos oder Videos im Status anzeigen

Um Fotos oder Videos einzufügen, tippen Sie auf ❶ oder auf die anderen Schaltflächen, die im Bild mit ❶ bezeichnet sind. Wie Sie ein Foto bzw. Video aufnehmen oder auswählen, bearbeiten und eine Bildunterschrift hinzufügen haben Sie bereits erfahren (siehe ab Seite 48).

- **Fotos knipsen:** Durch Antippen des Auslösers ❷ knipsen Sie ein Foto. Zum Wechseln zwischen Front- (Selfie) und Rückkamera tippen Sie auf ❸; mit ❹ aktivieren und deaktivieren Sie den Blitz.
- **Video aufnehmen:** Möchten Sie stattdessen ein Video aufnehmen, wechseln Sie durch antippen von ***Video*** ❺ zur Videoaufnahme, die Sie mit Betätigung des Auslösers starten. Eine erneutes Antippen beendet die Aufnahme wieder.

> **Achtung! Statusvideos** dürfen **höchstens 30 Sekunden** lang sein. WhatsApp unterstützt dabei die Videoformate **3GP** oder **MPEG-4**.

- **Aus vorhandenem Material auswählen:** Um ein bereits vorhandenes Foto oder Video zu teilen, tippen Sie auf ❻. Hier können Sie ein oder mehrere Fotos bzw. Videos auswählen.

- Sie verlassen den Bereich, ohne eine Statusmeldung zu erstellen, durch Antippen von x 7.

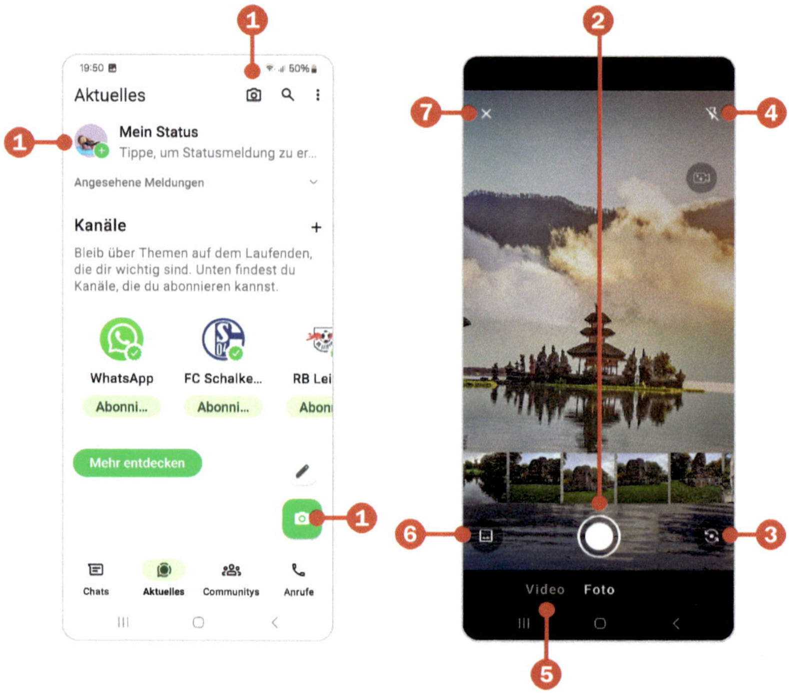

- **Publikum nochmals ändern:** Wer Ihre Statusmeldung sehen darf, haben wir im vorigen Kapitel festgelegt. Wenn Sie nochmals Änderungen vornehmen möchten, kann das durch Auswahl von ***Status*** 8 geschehen. Hier können Sie durch Antippen zwischen den drei Optionen wechseln. Wenn Sie nochmals den Personenkreis für die ausgewählte Option ändern möchten, tippen Sie auf ***...ausgeschlossen*** bzw. ***...enthalten*** 9. Bestätigen Sie die neue Personenwahl mit ✓ und die neuen Status-Datenschutz-Einstellungen mit ***Fertig*** 10.

- Mit ▶ 11 wird Ihr Status dem ausgewählten Personenkreis zur Ansicht angeboten. Wie Sie Ihren Status nochmals betrachten, erfahren Sie auf Seite 138.

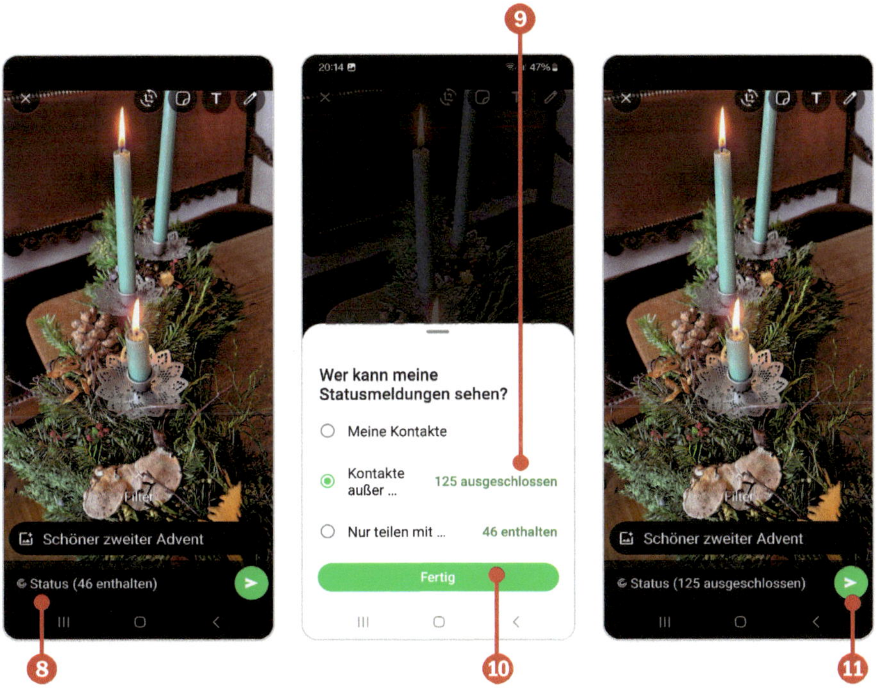

Texte und Emojis im Status teilen

Sie können auch einfach nur einen Text im Status anzeigen. Wechseln Sie zum Reiter ***Aktuelles*** und tippen Sie auf ✎ 1. Geben Sie den gewünschten Text ein.

- Tippen Sie jeweils mehrfach auf die Schaltflächen, um zwischen den einzelnen Schriftarten T 2 bzw. Hintergrundfarben 3 zu wechseln.
- Ihre Nachricht können Sie mit Emojis 4 verzieren. Eine Meldung könnte sogar ausschließlich aus Emojis bestehen. Zur Tastatur kehren Sie mit 5 zurück.

Auch hier könnten Sie nochmals die Einstellungen zum Status-Datenschutz 6 verändern (siehe Seite 128). Tippen Sie auf ▶, um den Status zu teilen.

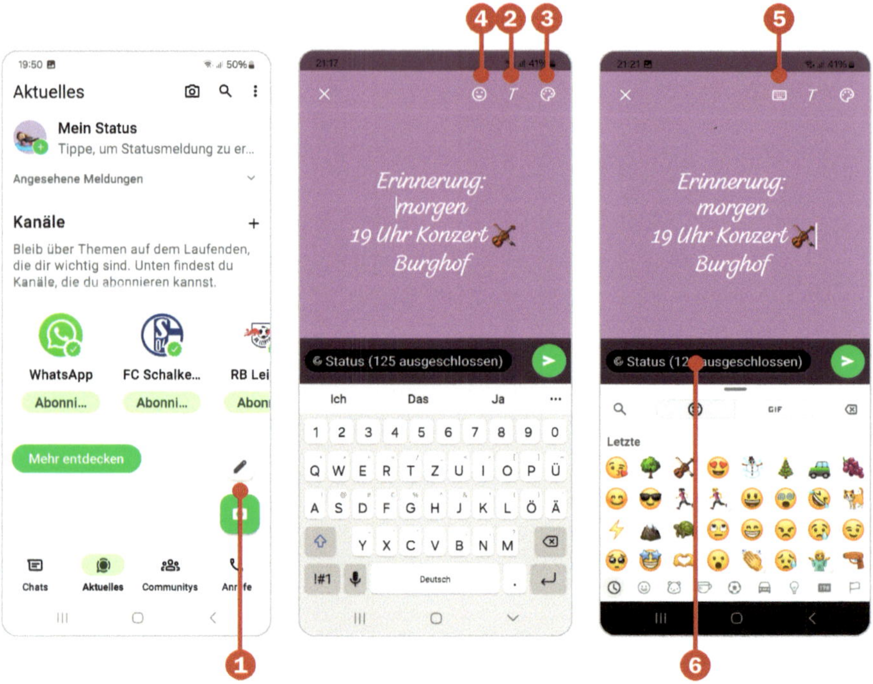

Links im Status teilen

Einen Link zu einem interessanten Online-Artikel, YouTube-Video oder Rezept können Sie auch im Status teilen. Es gibt viele Herangehensweisen, um einen Link als Statusmeldung zu veröffentlichen, über das Teilen-Symbol ist es am einfachsten. Teilen-Symbole, wie z. B. ⮫ oder ⋖ haben Sie bestimmt schon auf einigen Webseiten gesehen, Sie finden Sie aber auch in der Bearbeitungsleiste oder dem Menü des Browsers (siehe auch Seite 136).

- **Link zu einem YouTube-Video:** Öffnen Sie das gewünschte Video auf der YouTube-Website in Ihrem Browser oder in der YouTube-App. Tippen Sie auf ***Teilen*** ① und wählen anschließend WhatsApp ② aus.

- **Link zu einer Webseite:** Öffnen Sie im Browser die gewünschte Webseite, tippen Sie auf ***Teilen*** (1) und anschließend auf WhatsApp (2).
- Sie wählen nun anstelle eines Kontakts den Status (3) als Empfänger aus und bestätigen mit ✓.
- In der darauffolgenden Ansicht können Sie Ihre Statusmeldung bearbeiten (Text, Emojis und Hintergrundfarbe).
- Danach können Sie den Link mit ▶ in Ihrem Status veröffentlichen.

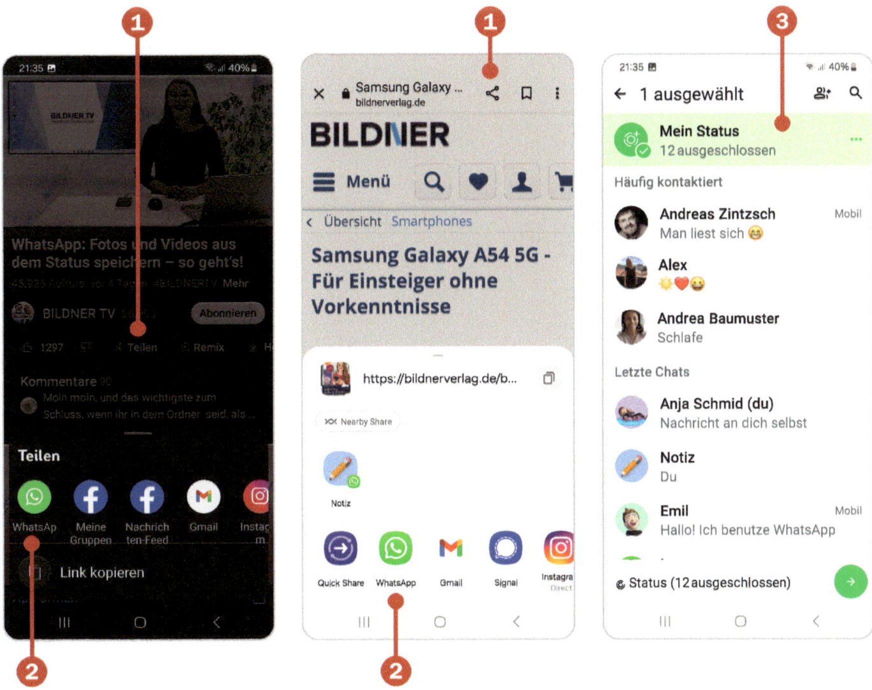

Es wird automatisch eine visuelle Vorschau des Linkinhalts im Status angezeigt.

Die Teilen-Funktion einer Nachricht nutzen

Mit dieser Methode teilen Sie in WhatsApp erhaltene oder auch selbst versendete Links und Medien, direkt über die Chatansicht.

> **Hinweis:** Dieses Vorgehen bietet Ihnen keine zusätzlichen Bearbeitungsmöglichkeiten!

- Öffnen Sie den Chat und scrollen Sie zur gewünschten Nachricht, die Sie im Status teilen wollen.
- Tippen Sie auf das Pfeilsymbol (1), um die Kontaktliste zu öffnen und wählen Sie ***Mein Status*** (2).
- Unten können Sie noch eine Nachricht (3) eintippen. Über ***Status*** (4) gelangen Sie zu den Status-Datenschutzeinstellungen (siehe auch Seite 128).
- Sind Sie zufrieden? Dann teilen Sie Ihren Status mit ➤.

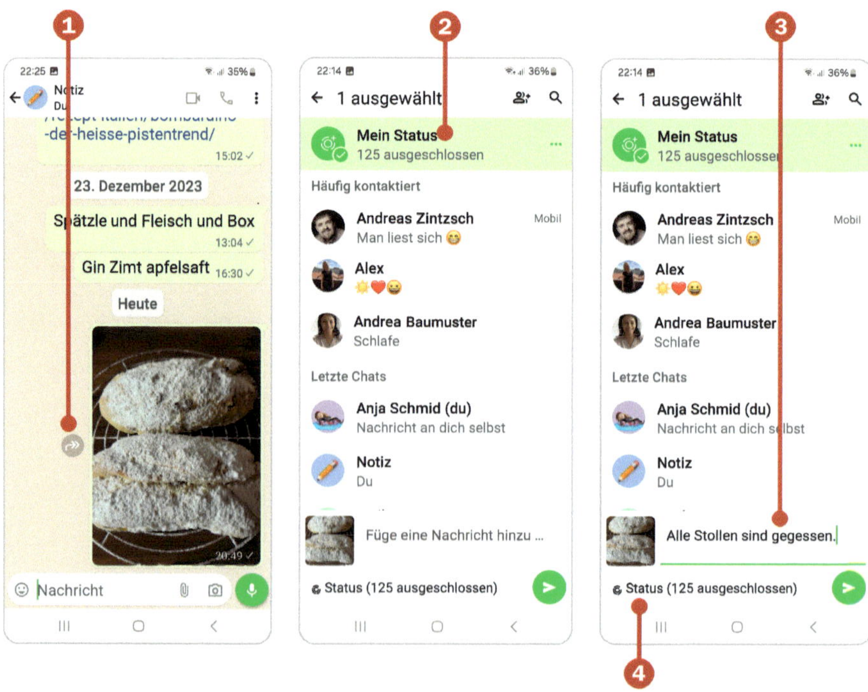

Sprachnachrichten im Status teilen

Eine Sprachnachricht als Status? Ja, auch das ist möglich. Ob Sie nun etwas Wichtiges ankündigen, sich bei den Liebsten für die Glückwünsche bedanken oder kreative Inhalte, wie z. B. Gedichte, erstellen möchten - Ihnen sind keine Grenzen gesetzt.

- Gehen Sie auf den Reiter ***Aktuelles*** und tippen Sie auf ✎ 1.
- Geben Sie keinen Text ein, sonst verschwindet das Mikrofonsymbol. Tippen und halten Sie 2, um den Sprachstatus aufzunehmen – es gibt keine Feststellfunktion. Wischen Sie nach links, um abzubrechen. Lassen Sie los, sobald Sie fertig sind.
- Die Aufnahmedauer ist auf **30 Sekunden** beschränkt und endet nach Ablauf automatisch. Während der Aufnahme wird die Zeit heruntergezählt 0:30 3. Die Anzeige blinkt während der letzten Sekunden, um Ihnen das Ende anzukündigen. Tippen Sie auf 4, um Ihre eingesprochene Nachricht vor dem Versenden abzuhören. Mit 5 löschen Sie die Nachricht.
- Mit teilen Sie Ihren Status.

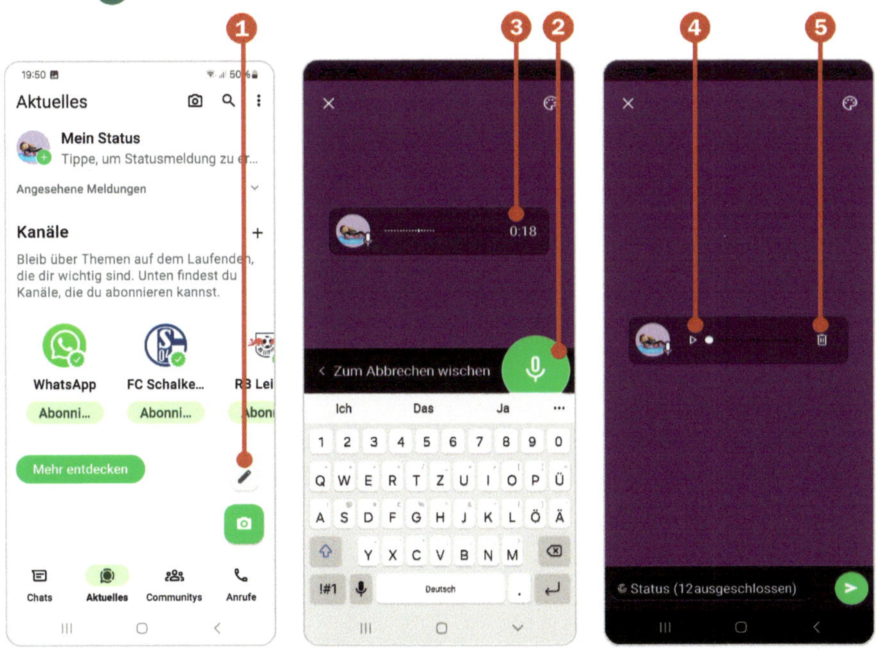

Meinen Status verwalten

Eigenen Status ansehen

Ihr Status 1 wird jetzt oben im Reiter ***Aktuelles*** angezeigt. Anhand der Anzahl der Umrandungen sehen Sie, aus wie vielen verschiedenen Elementen der Status momentan besteht. Im Beispiel sind es vier. Eine Umrandung ist grau, die anderen drei grün. Von Ihnen bereits betrachtete Teile werden in grau abgebildet.

- Zur Überprüfung Ihres Status tippen Sie auf ***Mein Status***. Hier sehen Sie jedes Element mit Uhrzeit, zu der es zum Status hinzugefügt wurde. Auch wenn Sie mehrere Fotos gemeinsam hochgeladen haben, erscheinen Sie hier als einzelne Elemente.
- Sie können Ihren gesamten Status als eine Art **Diaschau** betrachten. Tippen Sie das Element 2 an, mit dem Sie starten möchten. Die Anzeige erfolgt in aufsteigender Reihenfolge. In der Diaschau oben wird die Dauer der Anzeige der einzelnen Elemente mit einem unterbrochenen Strich 3 dargestellt.

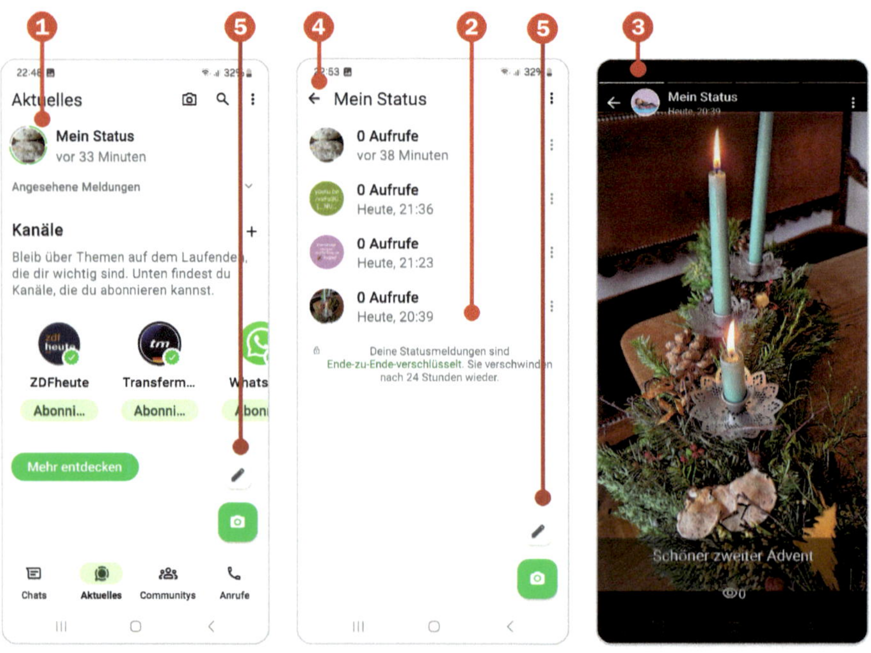

- Mit dem Pfeil (4) (Grafik vorige Seite) oben links verlassen Sie Ihren Status wieder.

Weitere Elemente zum Status hinzufügen

Sie können jederzeit über die Schaltfläche (5) (Grafik vorige Seite) weitere Fotos und Videos bzw. über weitere Texte hinzufügen. Jedes Element verbleibt 24 Stunden im Status und verschwindet dann nach Ablauf der Zeit automatisch aus der Statusanzeige.

Statuselemente löschen

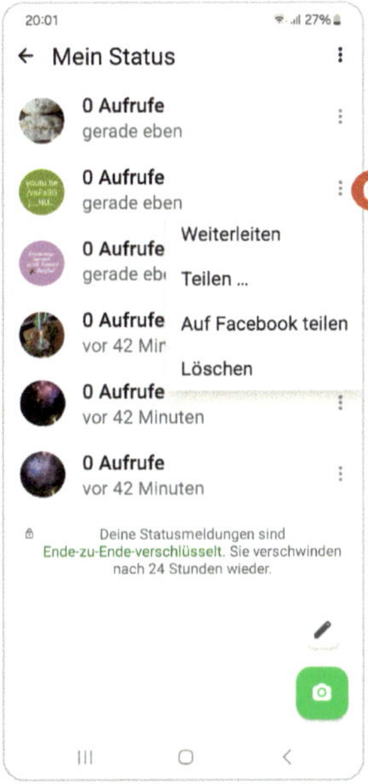

Bei der Durchsicht den Status fällt Ihnen auf, dass Sie versehentlich das falsche Bild ausgewählt haben oder auf dem Foto sind Personen zu sehen, die vielleicht gar nicht in Ihrem Status erscheinen möchten. Dann entfernen Sie das Element schnell wieder.

- Zeigen Sie den Status an und tippen Sie hinter dem Element auf ⋮ (6) und wählen Sie ***Löschen*** aus. Bestätigen Sie mit Löschen. Zum Verlassen tippen Sie auf den Pfeil links oben.
- **Alle Elemente des Status löschen:** Um schnell mehrere oder alle Elemente des Status zu löschen, tippen Sie etwas länger auf einen Eintrag. Dieser wird markiert. Sie können dann alle weiteren Einträge antippen die auch gelöscht werden sollen. Dann tippen Sie oben auf der Bearbeitungsleiste auf das Papierkorbsymbol.

Wer hat meinen Status angeschaut?

- Wechseln Sie zum Reiter ***Aktuelles***, tippen Sie auf ***Mein Status*** und zeigen Sie die Übersicht an. Hier sehen Sie, wie viele Freunde ❶ Ihren Status bereits betrachtet haben.
- Wenn Sie wissen möchten, wer genau Ihren Status angeschaut hat, tippen Sie auf eine Statusmeldung. Am unteren Rand des Bildschirms sehen Sie nochmals, wie viele Freunde die Nachricht angeschaut haben 👁1 ❷. Durch Antippen des Symbols erfahren Sie, wer die Personen im Einzelnen ❸ sind. Diese Informationen werden Ihnen jedoch nur dann angezeigt, wenn Sie selbst die **Lesebestätigung aktiviert** haben.

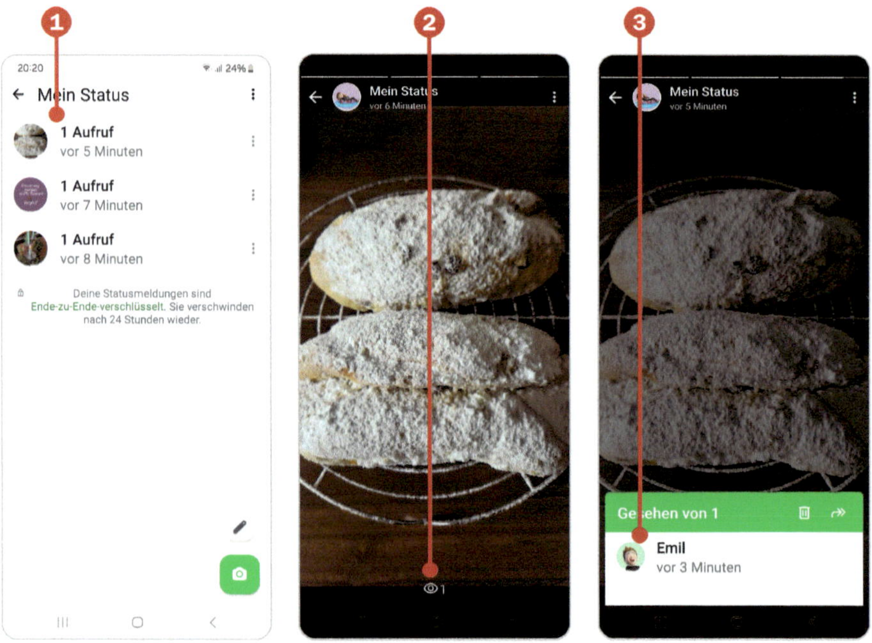

Wichtig! – „Geheim" ist immer relativ
Haben Sie sich einen Status Ihrer Kontakte angesehen, während Sie die Lesebestätigungen deaktiviert hatten, wird dieser Person nicht angezeigt, dass Sie deren Status betrachtet haben – es war sozusagen geheim. Mit deaktivierter Lesebestätigung bekommen Sie jedoch auch selbst keine Einsicht, welche Personen Ihren Status betrachtet haben. Sobald Sie jedoch die Lesebestätigung einschalten, aktualisiert sich die Anzeige und fügt Sie im Nachhinein als Betrachter hinzu. Dies betrifft Nachrichten in WhatsApp im Generellen. Sobald Sie die Lesebestätigung zwischendurch aktivieren, werden die „Gesehen"-Anzeigen aktualisiert.

Den Status von Freunden betrachten

Den Status eines Freundes ansehen

Sobald einer Ihrer Kontakte einen Status teilt, erhält der Reiter ***Aktuelles*** einen Punkt ❶ und ein grüner ***Status-Profilring*** ❷ wird im Bereich ***Chats***, um das Profilbild der Person angezeigt. Der Ring verschwindet, sobald Sie sich alle neuen Statusmeldungen dieser Person angesehen haben.

- Geteilte Meldungen werden Ihnen im Bereich ***Aktuelles*** unter ***Neue Meldungen*** ❸ angezeigt. Die Anzahl der Unterteilungen des ***Profilbild-Rings*** gibt Ihnen Auskunft, aus wie vielen Meldungen der Status eines Kontakts aktuell besteht. Grün eingefärbte Ringabschnitte stehen für ungesehene Statusmeldungen und graue für bereits betrachtete.
- Durch Antippen betrachten Sie den Status eines Freundes. Am oberen Rand sehen Sie eine Art Zeitstrahl ❹, der visualisiert, wie viele Elemente der Status enthält und wie lange das Einzelbild noch angezeigt wird. Wenn Sie mit dem Finger auf das Bild tippen und es gedrückt halten, läuft die Zeit nicht weiter und Sie können das Foto oder den Text länger betrachten.

- Folgt auf die gerade betrachtete Meldung eine weitere, so wird diese im Anschluss automatisch angezeigt. Betrachtete Statusmeldungen werden in den Bereich ***Angesehene Meldungen*** 5 verschoben.

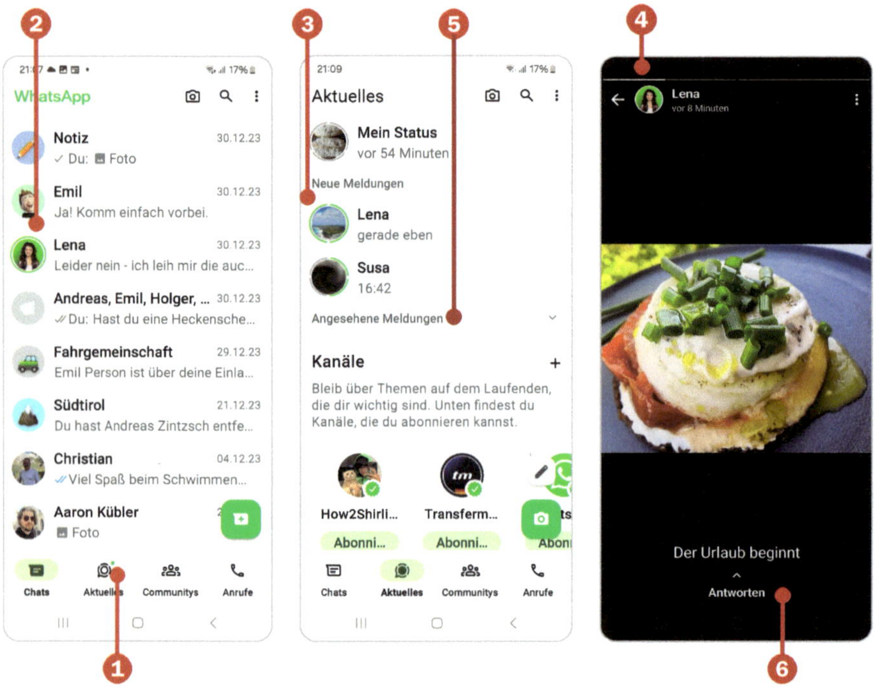

Achtung!

Sobald Sie einen Kanal abonnieren (siehe nächstes Kapitel) ändert sich die Darstellung im Reiter *Aktuelles*. Das ist ein wenig ärgerlich, aber aus Platzgründen gibt es keine Aufteilung mehr von neuen und angesehenen Meldungen, sondern alle Statusmeldungen werden in einer Reihe angezeigt.

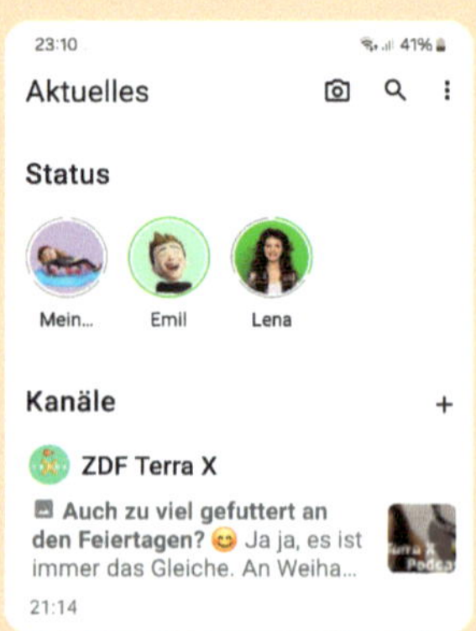

Auf einzelne Statusmeldungen antworten

- Gefällt Ihnen ein Status besonders gut, können Sie eine Nachricht verfassen, indem Sie beim Betrachten der Statusmeldung unten auf ***Antworten*** 6 (siehe Grafik oben rechts) tippen.
- Geben Sie anschließend einen Kommentar 7 ein und tippen dann auf ***Senden***.
- Die Antwort wird im Einzelchat 8 mit der Person angezeigt.
- Neben Textnachrichten haben Sie auch die Möglichkeit, mit Sprachnachrichten 9, Emojis oder einem Avatarbild 10 zu antworten.
- **Status-Reaktion:** Wie bei der Nachrichtenreaktion können Sie auch nur mit einem Emoji auf eine Meldung reagieren. Dazu wählen Sie eines der acht angezeigten Emojis 11 durch Antippen aus. Die Nachricht wird sofort versendet.

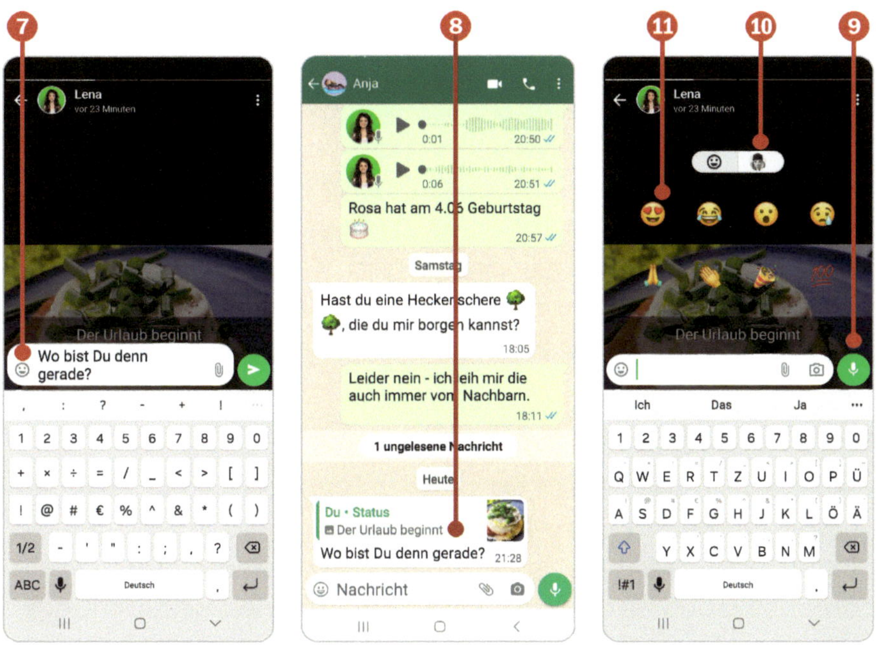

4.4 Kanäle - informieren Sie sich

Kanäle sind relativ neu in WhatsApp. Sie finden Sie ebenfalls im Reiter ***Aktuelles***. Sie können einen Kanal abonnieren (dem Kanal beitreten), um zu einem bestimmten Thema auf dem Laufenden zu bleiben. Kanäle werden von verschiedenen Unternehmen, Organisationen aber auch Einzelpersonen betrieben: Die Palette reicht von Nachrichten- und Modemagazinen, Drogerie- und Supermarktketten, über verschiedene Fußballvereine bis hin zu Einzelpersonen, wie Politiker, Sänger, Schauspieler oder Influencer, die auf anderen Kanälen, wie z. B. Instagram oder YouTube schon aktiv sind. Auch Sie können einen eigenen Kanal eröffnen.

Kanäle sind immer öffentlich. Jeder, der WhatsApp nutzt, kann die Inhalte eines Kanals anzeigen. WhatsApp hält einen Kanalinhalt für 30 Tage vor, danach wird er entfernt. In Kanälen sollen sich Neuigkeiten verbreiten. Nach 30 Tagen sind die Nachrichten alt und werden nicht mehr benötigt.

Sie können Inhalte eines Kanals betrachten ohne diesen abonnieren zu müssen. Wenn Sie auf Neuigkeiten in diesem Kanal aufmerksam gemacht werden wollen, muss er abonniert werden. Wichtig zu wissen, ist, dass Ihre Telefonnummer nicht für andere Abonnenten sichtbar ist. Der Kanalinhaber sieht einen Teil Ihrer Telefonnummer und je nach Datenschutzeinstellung Ihr Profilbild. Das gilt nur, wenn Sie nicht mit dem Kanalinhaber befreundet sind und er Ihre Telefonnummer gespeichert hat.

Kanal finden und abonnieren

Wechseln Sie zum Reiter ***Aktuelles*** und tippen Sie auf ***Mehr entdecken*** ❶. Beim ersten Aufrufen müssen Sie die Nutzungsbedingungen und Datenschutzlichtlinien akzeptieren. Durch Antippen des blauen Texts können Sie die einzelnen Bestimmungen anzeigen. Mit der Zurück-Taste kehren Sie wieder zurück. Tippen

Sie auf ***Zustimmen und fortfahren*** ❷. Sie erhalten eine Liste mit Kanälen.

- **Kanal finden:** Oben finden Sie Filtereinstellungen ❸ (***Aktivste***, ***Beliebt*** etc.). Über das Lupensymbol ❹ können Sie eine Suche anstoßen, geben Sie z. B. einen Teil des Kanalnamens ❺ ein.

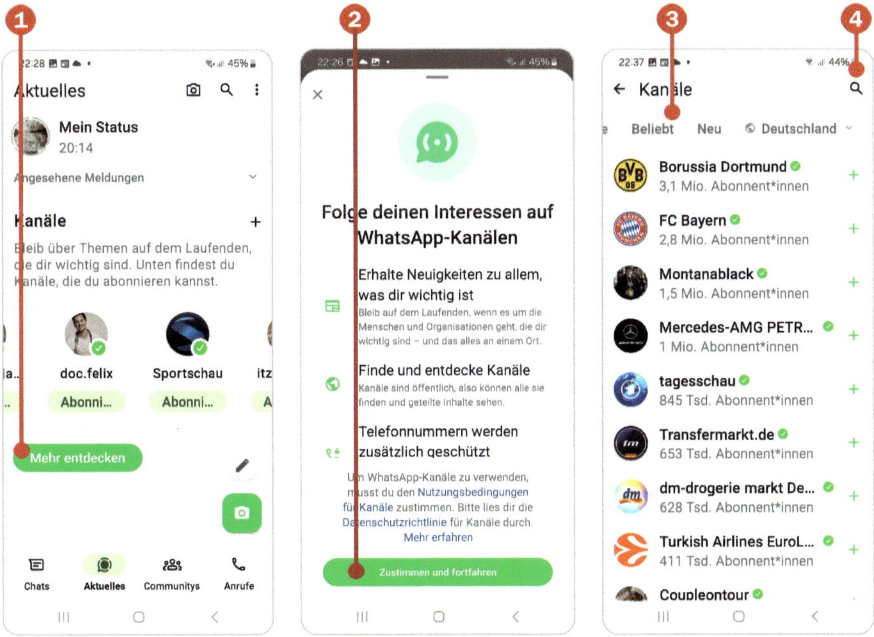

- Um die Inhalte eines Kanals zu betrachten, tippen Sie den Eintrag ❻ an. Sie können jetzt durch die Inhalte der letzten 30 Tage scrollen. Oben sehen Sie, wie viele den Kanal schon abonniert haben.

- **Kanal abonnieren:** Um einen Kanal zu abonnieren, tippen Sie im Kanal auf ***Abonnieren*** ❼. Wie schon gesagt, Sie müssen den Kanal nicht abonnieren, um dessen Inhalte zu lesen. Mit dem Abo zeigen Sie den Kanal ❽ nur dauerhaft im Reiter ***Aktuelles*** an und haben so leichteren Zugriff. Außerdem können Sie sich benachrichtigen lassen, falls neue Meldungen vorliegen.

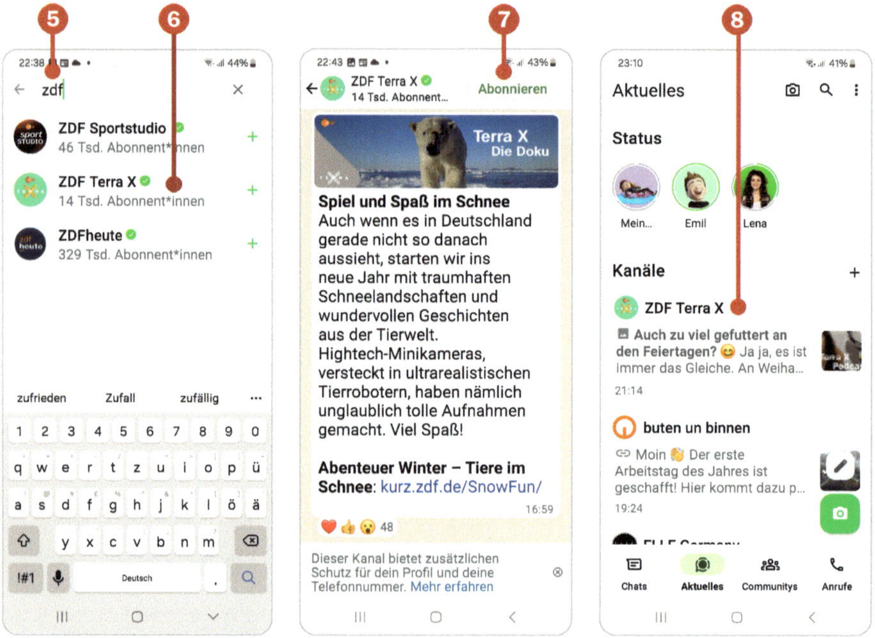

- Sie verlassen den Kanal und kehren zum Reiter ***Aktuelles*** zurück, durch mehrmaliges antippen des Pfeils ← links oben.
- **Weitere Kanäle suchen:** Sobald Sie einen Kanal abonniert haben, wird die Statusanzeige auf eine Zeile reduziert. Darunter erscheinen die abonnierten Kanäle und danach der Bereich ***Kanäle suchen***. Tippen Sie ***Alle anzeigen*** 9 an, um nach weiteren interessanten Kanälen Ausschau zu halten.

Was bietet mir der Kanal?

- Die abonnierten Kanäle sind in der Kanalübersicht auf dem Reiter ***Aktuelles*** aufgelistet. Der Kanal mit der neuesten Meldung wird oben angezeigt. Tippen Sie den Eintrag an, um den Kanalinhalt anzuzeigen. Mit dem Pfeil links oben verlassen Sie den Kanal wieder und kehren zur Anzeige des Reiters ***Aktuelles*** zurück.

- Viele Nachrichten enthalten Links, die Sie auf Inhalte außerhalb von WhatsApp leiten, z. B. die Homepage des Unternehmens.

- **Kanalreaktion:** Abonnenten des Kanals können auf einzelne Meldungen mit einem Emoji reagieren. Diese Funktion machen sich schon einige Kanäle für kleinere Umfragen zunutze. Sie können auf die Reaktionen tippen 10, um zu sehen, wie viele Abonnenten jeweils mit dem entsprechenden Emoji reagiert haben.

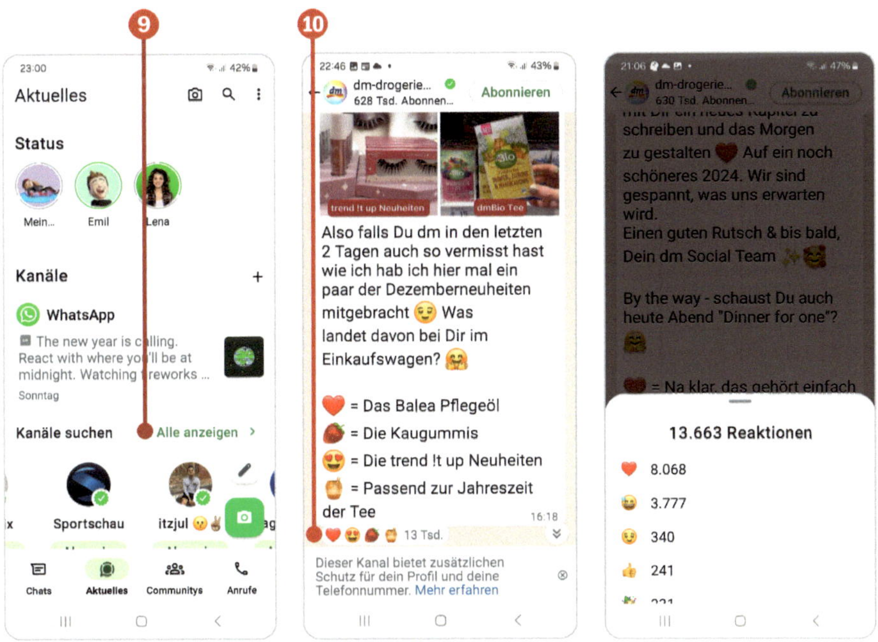

- Wenn Sie selbst reagieren möchten, tippen Sie die Meldung etwas länger an, um die Reaktionsleiste 11 anzuzeigen. Je nach Kanal kann die Reaktionsleiste auf eine Auswahl von Emojis begrenzt sein. Wird das Plussymbol am Ende der Reaktionsleiste angezeigt, haben Sie durch Antippen Zugriff auf alle Emojis.

- **Weiterleitung:** Interessante Meldungen können Sie auch in WhatsApp weiterleiten. Dazu tippen Sie die Meldung etwas länger an und wählen auf der Bearbeitungsleiste den Weiterleitenpfeil ⑫. Jetzt müssen Sie nur noch einen WhatsApp-Kontakt auswählen. Dieser erhält dann die Meldung im Einzelchat.

- **Benachrichtigung:** Wenn Sie besonders interessiert sind an den Inhalten eines Kanals, können Sie auch einstellen, dass Sie benachrichtigt werden, sobald eine neue Meldung im Kanal erscheint. Dazu zeigen Sie den Kanalinhalt an und tippen auf das Glockensymbol ⑬. Über den gleichen Weg schalten Sie die Benachrichtigungen auch wieder ab. Auf neue Nachrichten werden Sie dann in der Statusleiste ⑭ Ihres Smartphones und einen Hinweis am App-Symbol.

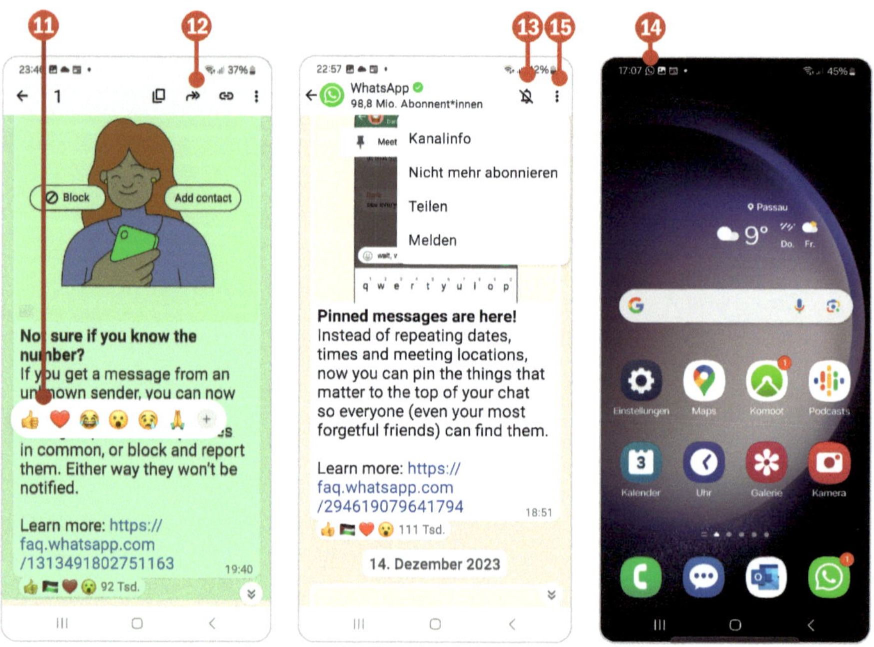

Langweilig? - dann entfernen Sie das Abo wieder

Wenn Sie das Abo eines Kanals entfernen, wird dieser nicht mehr in der Kanalübersicht des Reiters ***Aktuelles*** angezeigt. Rufen Sie den Kanal auf und tippen Sie rechts oben auf ***Weitere Optionen*** ⋮ (15) (Grafik vorige Seite) und dann auf ***Nicht mehr abonnieren***.

Eigenen Kanal erstellen

Sie können auch einen eigenen Kanal erstellen: Dazu rufen Sie den Reiter ***Aktuelles*** auf und tippen bei Kanäle auf das Plussymbol. Hier können Sie ***Kanal erstellen*** auswählen. Nochmals zur Erinnerung: Die Inhalte eines Kanals sind öffentlich, jeder kann diese durchlesen. Der eigene Kanal ist meines Erachtens kein Einsteigerthema, weswegen ich nicht weiter darauf eingehen werde. Für Interessierte haben wir auf unsere YouTube-Kanal BILDNER.TV ein Video zu Kanälen eingestellt.

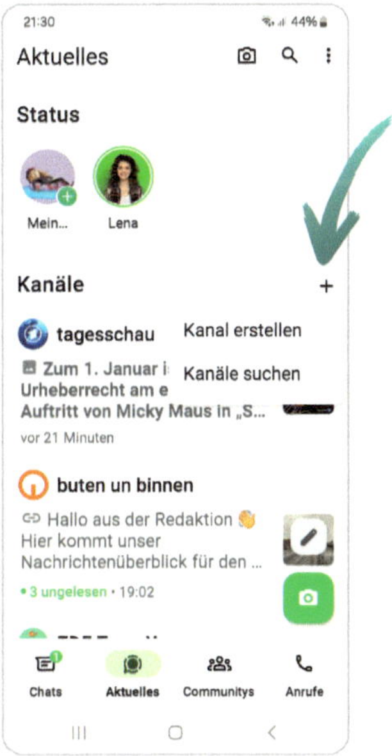

Kapitel 05

Communitys - ein Zuhause für Gruppen

Das erwartet Sie hier!

Bis jetzt haben Sie einige Möglichkeiten kennengelernt, um Informationen gleich mehreren Freunden gleichzeitig zukommen zu lassen – dabei spielt der **Gruppenchat** wahrscheinlich die größte Rolle. Bei manchen Anwendungsfällen und für bestimmte Anforderungen stößt man jedoch an dessen Einsatzgrenzen oder wünscht sich mehr Übersicht und einen erweiterten Funktionsumfang. WhatsApps Vision hierfür sind Communitys, die mehrere Gruppenchats unter einem thematischen Dach vereinen.

In diesem Kapitel möchte ich die Communitys aus dem Blickwinkel eines Mitglieds beleuchten, da Sie als WhatsApp-Einsteiger wahrscheinlich nicht sofort Admin einer Community werden. Bis jetzt scheint es auch so, als seien die Communitys noch nicht im Alltag der meisten WhatsApp-Nutzer angekommen. Man liest viel in den Medien darüber, aber ich kenne niemanden, der Mitglied einer Community ist.

- **Communitys** stellen eine Art Supergruppe dar, welche Gruppen, die zu einer Gemeinschaft gehören, bündelt.
- Als **Community-Mitglied** können Sie, in den für Sie relevanten Gruppen, Nachrichten versenden oder Anrufe tätigen. Außerdem erhalten alle Angehörende der Community Admin-Ankündigungen in einer separaten Gruppe.
- Der **Gründer** und die **Admins** einer Community tragen die Verantwortung für die Verwaltung und Organisation einer Gemeinschaft, weshalb sie zusätzliche Rechte haben. Eine Besonderheit stellt die **Ankündigungsgruppe** dar, mit welcher sie Nachrichten an alle Community-Mitglieder gleichzeitig versenden können.

5.1 Aufbau von Communitys - ein Überblick

Communitys fungieren als eine Art Gefäß, welche zusammengehörende WhatsApp-Gruppen an einem Ort vereinen und damit die Organisation dieser Unterhaltungen vereinfachen. Mit ihnen lassen sich Institutionen leichter verwalten, Veranstaltungen besser planen oder mehrere Freundesgruppen bündeln.

Es spielt keine Rolle, ob es sich bei einer Community um eine dauerhafte und beständige Gemeinschaft, ein wiederkehrendes Ereignis oder ein einmaliges, zeitlich begrenztes Projekt handelt.

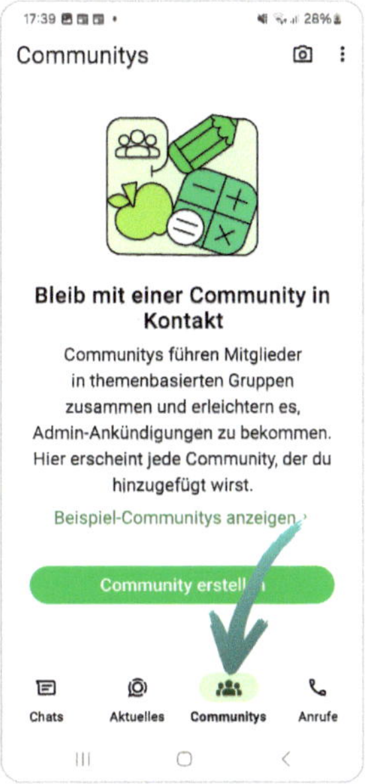

Communitys bieten eine vielfältige Palette an Anwendungsmöglichkeiten für Nachbarschaften, Hausgemeinschaften, Elterngruppen von Schulen oder Vereinen. Aber auch Familien-Communitys mit Untergruppen für besondere Anlässe, wie Weihnachtsessen, jährliche Familienausflüge, Hochzeitsplanungen, Geburtstagspartys und vieles mehr, sind denkbar.

Zur Anzeige des Community-Bereichs tippen Sie unten auf ***Communitys*** bzw., wenn Sie noch das alte Layout verwenden, auf links oben.

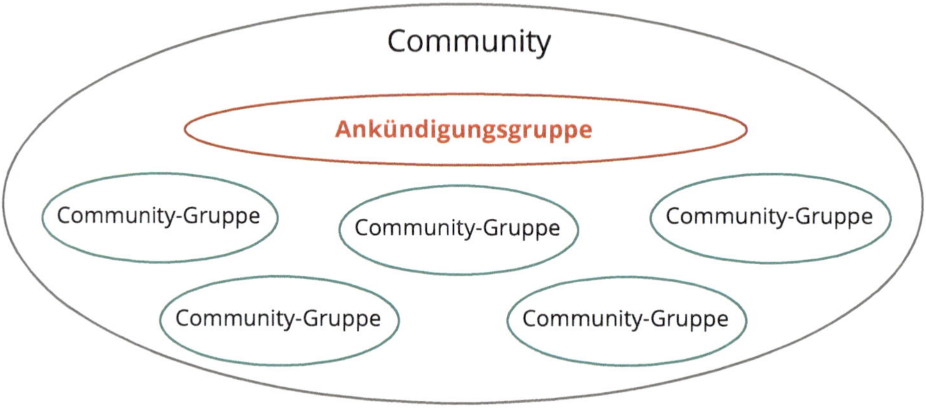

- Eine Community kann bis zu **100 Gruppen + 1 schon vorhandene Ankündigungsgruppe** unter sich vereinen.

- Die Community ist nicht öffentlich. Für einen Beitritt benötigen Sie eine Einladung oder Sie werden hinzugefügt.

- Für die Verwaltung sind Community-Admins zuständig, weshalb diese auch besondere Rechte besitzen und Zugriff auf Admin-Tools haben. Die Person, die eine Community gründet, ist automatisch ein Community-Admin und hat als **Community-Gründer** einen besonderen Status. Alle Admins können weitere ernennen. Die Gesamtanzahl ist dabei auf **20 Admins** beschränkt.

- In der automatisch erstellten **Ankündigungsgruppe** können Community-Admins Neuigkeiten an alle Community-Mitglieder senden.

- Eine **Gruppe** innerhalb der Community kann bis zu **1.024 Mitglieder** beinhalten. Der Gruppenadmin legt fest, ob man einer Gruppe jederzeit beitreten kann oder ob der Beitritt erst durch einen Admin genehmigt werden muss.

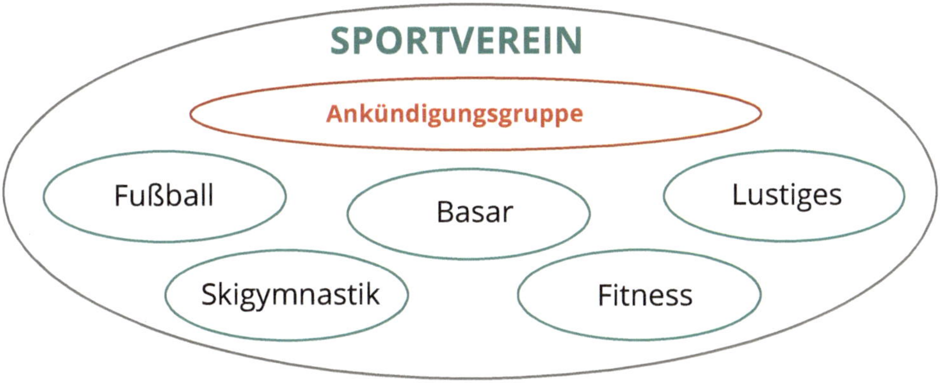

Klassische Anwendungsfälle sind alle Organisationen, Firmen, Vereine etc., die Abteilungen beinhalten. So kann ein Verein eine Community gründen und in den Community-Gruppen die einzelnen Sportabteilungen organisieren.

In diesen Gruppen können sich die angehörenden Mitglieder einer Sportart spezifisch über Trainingstermine, Wettkämpfe und vieles mehr austauschen. Die Ankündigungsgruppe kann genutzt werden, um vereinsweite Mitteilungen zu versenden, die für alle Vereinsmitglieder relevant sind, z. B. die Erinnerung an die jährliche Hauptversammlung, die Einladung zur Weihnachtfeier, etc. Man kann aber auch noch weitere Gruppen erstellen, z. B. für den jährlichen Basar oder einfach eine Gruppe für „Lustiges aus dem Vereinsleben“.

Jedes Mitglied sollte nur in die Gruppen, die für ihn interessant sind. Wenn das Gruppenmitglied beispielsweise nie am Bazar mitarbeitet, muss es da auch nicht rein. So wird verhindert, dass man zu viele unwichtige Infos erhält. Das Community-Mitglied sieht aber, welche Gruppen vorhanden sind. Falls die Interessen wechseln, kann er sich um den Beitritt zu einer anderen Gruppe bemühen.

5.2 Wie komme ich in die Community(s)?

Wenn Sie Mitglied einer Community werden möchten, ist dies nur möglich, indem Sie explizit eingeladen oder hinzugefügt werden. Sie können einer Community nicht selbstständig beitreten.

Hinweis: Es wird keine Funktion angeboten, mit der Sie nach Communitys suchen können. Communitys sind sozusagen geheime Orte, die nach außen nicht sichtbar bzw. auffindbar sind; anders als beispielsweise Kanäle, die für alle sichtbar und öffentlich sind.

Beitritt via Link

Sie können via Link zu einer Community bzw. Community-Gruppe eingeladen werden. In diesem Fall müssen Sie aktiv werden, um Teil der Community zu werden. Wenn Sie das nicht möchten, ignorieren Sie die Einladung einfach.

Beitritt via Link zur Community

Der Community-Admin (z. B. der Vereinsvorstand) schickt Ihnen einen Einladungslink für den Community-Beitritt über WhatsApp. Dazu muss die Person selbstverständlich Ihre Handynummer haben. Der Einladungslink wird im Einzelchat mit dieser Person angezeigt.

- Tippen Sie auf ***Community beitreten*** ❶ und bestätigen Sie nochmals mit ***Community beitreten***. Damit sind Sie jetzt Teil der Community. Im Bereich ***Chats*** wird eine Willkommensnachricht unter dem Namen der Community, in diesem Beispiel ***TSV*** ❷, angezeigt. Außerdem ist im Bereich Communitys die neue Gemeinschaft ❸ mit Ankündigungsgruppe und weiteren Gruppen ❹ aufgeführt.

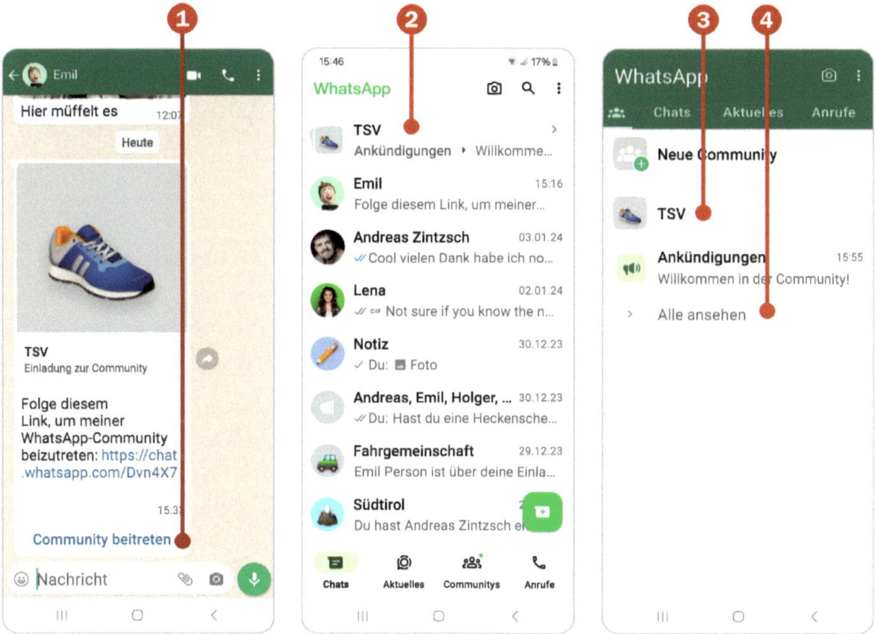

Wenn Sie nur zur Community eingeladen wurden, sind Sie bis jetzt nur Mitglied der Ankündigungsgruppe. Sie erhalten die allgemeinen Hinweise der Administratoren. Als nächstes sollten Sie die vorhandenen Gruppen anschauen und den gewünschten Gruppen beitreten. Wie das geht, erfahren Sie auf Seite 164.

Mitglied durch Einladung zu einer Gruppe

Ein Community-Admin kann Sie zu einer vorhandenen Community-Gruppe per Link einladen. Am einfachsten ist es, wenn der Einladungslink via WhatsApp versandt wird. Dann erhalten Sie diesen im Einzelchat. Dazu muss die Person Ihre Handynummer haben. Auch diese Einladung erhalten Sie im Einzelchat.

- Tippen Sie auf ***Gruppe beitreten*** 1 und anschließend auf ***Beitrittsanfrage stellen***. Sobald der Beitritt zur Gruppe durch einen Admin genehmigt wurde, erhalten Sie im Bereich ***Chats*** eine Willkommensnachricht unter dem Namen der Community, in diesem Beispiel ***TSV***. Im Bereich ***Communitys*** ist jetzt die Community ② aufgeführt mit Ankündigungsgruppe, der Gruppe ③, zu der Sie beigetreten sind und ggf. weiteren Gruppen.

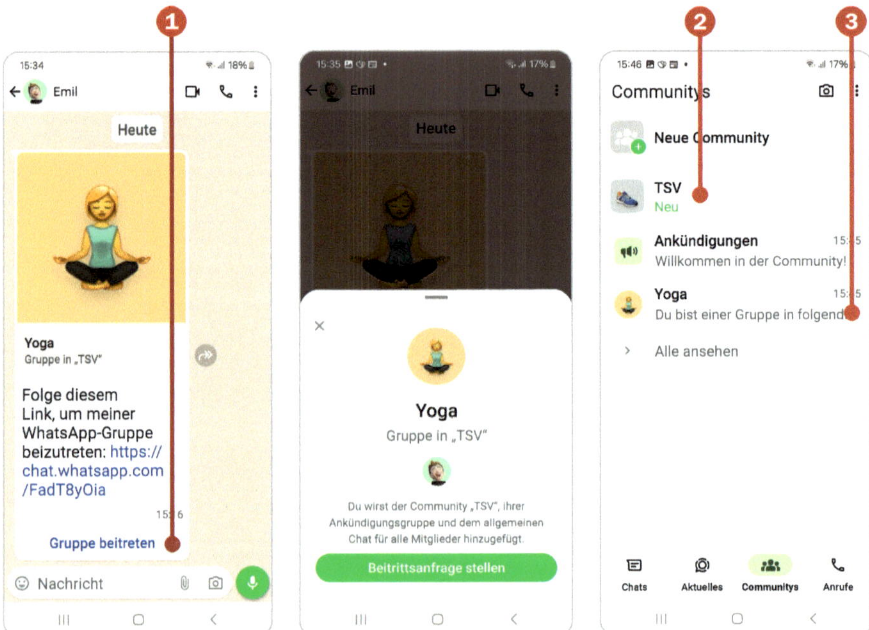

Der Einladungslink zu einer Gruppe kann auch via E-Mail verschickt werden. In diesem Fall ist es am einfachsten, wenn Sie die E-Mail am Smartphone öffnen. Dann wird, nachdem Sie den Link in der E-Mail angetippt haben, gleich WhatsApp angezeigt und Sie können durch Auswahl von ***Beitrittsanfrage stellen***, Ihren Beitrittswunsch signalisieren.

Im Gegensatz zu einer Einladung zu einer Community sind Sie bei einer Einladung zu einer Community-Gruppe bei Annahme bereits in einer Gruppe, die Ihren Interessen entspricht. Sie können natürlich noch weiteren Gruppen beitreten.

Automatisch Mitglied werden

Verfügt der Community-Admin über Ihre Handynummer kann er Sie zu einer Community bzw. einer Community-Gruppe hinzufügen. Für Sie ist in diesem Fall nichts mehr zu tun!

Achtung: Admins können Sie zu einer Gruppe oder Community nur direkt hinzufügen, wenn Ihre *Gruppen-Datenschutzeinstellungen* so konfiguriert sind, dass das möglich ist (siehe dazu auch Seite 121).

Sie werden zu einer Community hinzugefügt

Fügt ein Admin Sie als neues Mitglied zu einer ***Community*** hinzu, werden Sie automatisch, ohne weiteres Zutun Ihrerseits, sowohl in die ***Community*** selbst, als auch in deren ***Ankündigungsgruppe*** aufgenommen. Im Bereich Chats erhalten Sie eine Willkommensmeldung ❶; öffnen Sie die Nachricht im Chat.

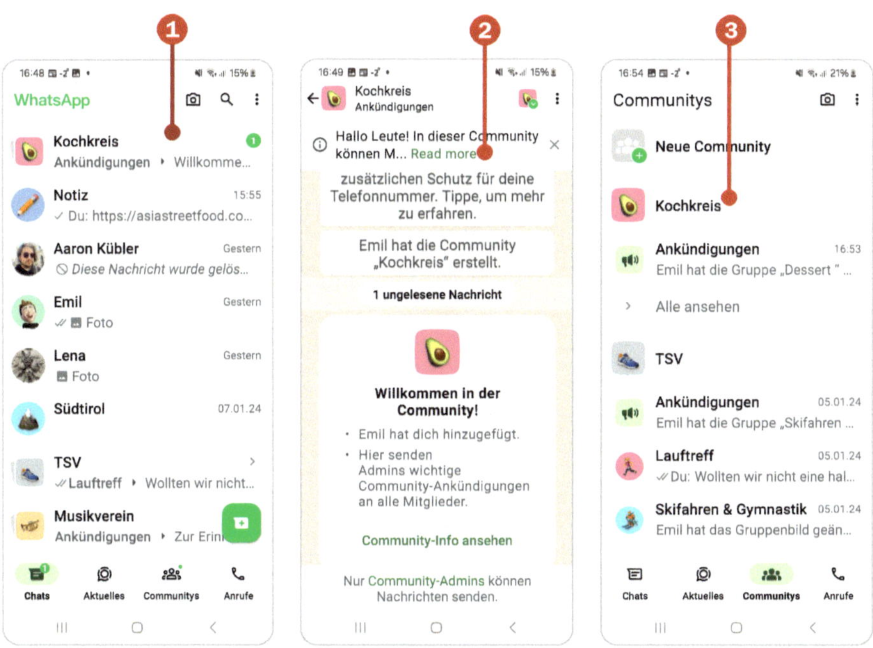

Unter Umständen hat der Community-Admin eine Beschreibung zur Community hinterlegt. Diese lesen Sie durch anklicken von ***Read more*** 2. Wechseln Sie zum Bereich ***Communitys***. Hier wird die Community 3 (in diesem Beispiel ***Kochkreis***) mit der Gruppe ***Ankündigungen*** angezeigt. Sie müssen jetzt der Gruppe innerhalb der Community beitreten, für deren Inhalte Sie sich interessieren. Wie das geht, erfahren Sie auf Seite 164.

Admin macht Sie zu einem Mitglied einer Community-Gruppe

Damit ein Admin Sie zu einer Gruppe hinzufügen kann, setzt natürlich voraus, dass er weiß, welche Gruppe für Sie die Richtige ist. Über die neue Mitgliedschaften werden Sie in den Reitern ***Chats*** und ***Communitys*** informiert. Sie können entweder auf die Nachricht 1 im Bereich ***Chats*** tippen oder gleich zum Bereich ***Communitys*** 2 wechseln. Tippen Sie auf die Gruppe 3 für weitere Infos.

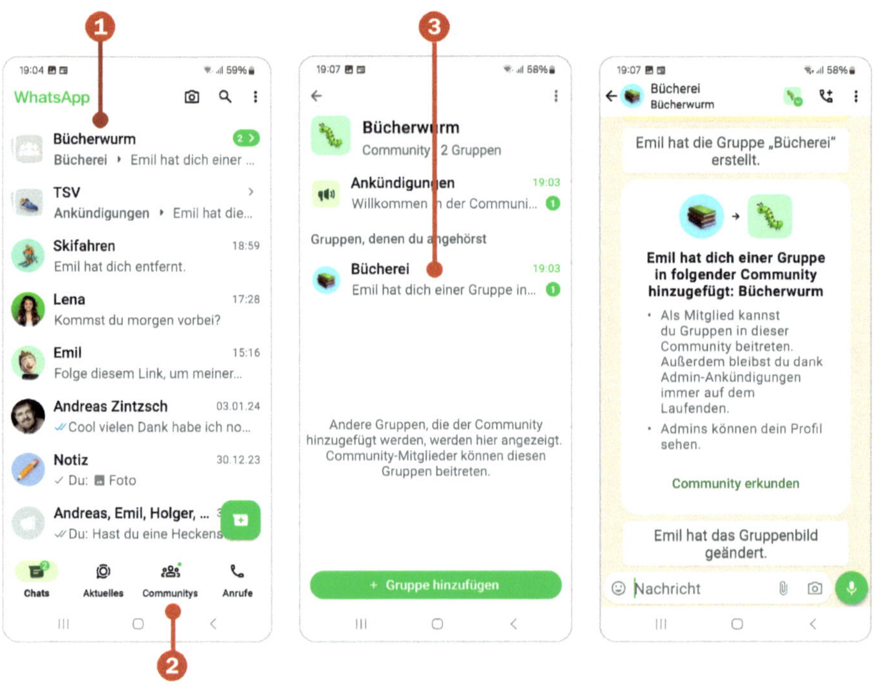

Ihre Gruppe wird der Community hinzugefügt

Bleiben wir beim Beispiel des Sportvereins: Wenn schon einige Abteilungen über WhatsApp Gruppen organisiert sind, liegt es nahe, diese gleich in die Community aufzunehmen. Die Gruppenmitglieder sind dann automatisch auch Mitglieder der Community. In diesem Fall erhalten Sie im Bereich ***Chats*** eine Mitteilung zur Aufnahme der Gruppe in eine Community. Tippen Sie diese an ❶. Hier wird Ihnen mitgeteilt, wie Sie zur Community hinzugefügt wurden ❷. Im Register ***Communitys*** sehen Sie auch die Gruppe ❸ mit der Sie hinzugefügt wurden.

Hinweis: Die Gruppe, die zu einer Community hinzugefügt wurde, taucht jetzt nicht mehr im Bereich *Chats* auf. Sie finden Sie jetzt nur noch im Bereich *Communitys*.

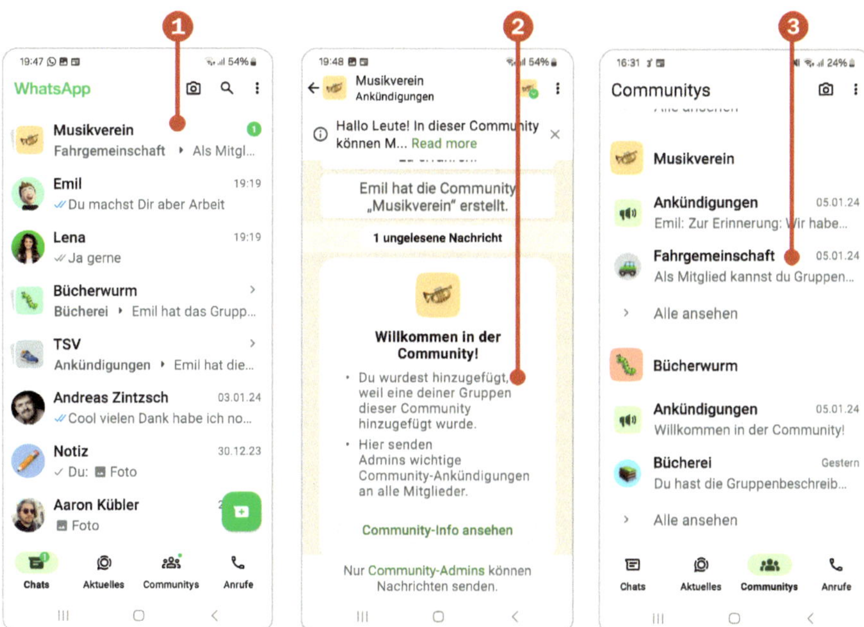

5.3 Ihre Community(s) erkunden

Ihre Communitys auf WhatsApp anzeigen

Der Reiter ***Communitys*** ❶ ist, wie der Name schon sagt, der zentrale Bereich auf WhatsApp für Gemeinschaften. Hier werden alle Communitys, denen Sie angehören, nacheinander angezeigt. Die Reihenfolge verändert sich, je nachdem in welcher Community zuletzt eine Nachricht versendet wurde bzw. eine Änderung stattfand. Alle angezeigten Communitys folgen diesem Aufbau:

- Der erste Eintrag ❷ ist der Name der Community. Der Bereich ***Ankündigungen*** ❸ ist die vielzitierte Ankündigungsgruppe. Hier werden Sie über wichtige Neuigkeiten auf dem Laufenden gehalten. Es folgt eine Kurzanzeige der ***Community-Gruppen*** ❹, in denen Sie Mitglied sind. Allerdings ist es möglich, dass nicht alle Gruppen angezeigt werden können.
- **Gruppenansicht öffnen:** Tippen Sie entweder auf ***Alle ansehen*** ❺ oder auf den Community-Namen ❷. Sie erhalten eine Übersicht aller verfügbaren Gruppen: die Ankündigungsgruppe ❻, gefolgt von Gruppen deren Mitglied Sie sind und Gruppen, die ohne Sie auskommen müssen. Auch hier wechselt die Reihenfolge der Gruppe innerhalb einer Community, je nachdem in welcher sich zuletzt Änderungen ergeben haben (Nachrichten, Austritte, neue Mitglieder etc.). Die Ankündigungsgruppe wird immer oben angezeigt.
- **Community-Info anzeigen:** Tippen Sie in der Community auf ***Alle ansehen*** ❺, dann rechts oben auf ⋮ ❼ und wählen Sie Community-Info aus. In der Community-Info finden Sie, ähnlich zur Gruppen-Info, eine Beschreibung ❽ (falls vom Admin hinterlegt), darunter nochmal die Möglichkeit alle enthaltenen Gruppen anzuzeigen und die Community-Mitglieder. Die Community-Info verlassen Sie wieder über den Pfeil oben links.

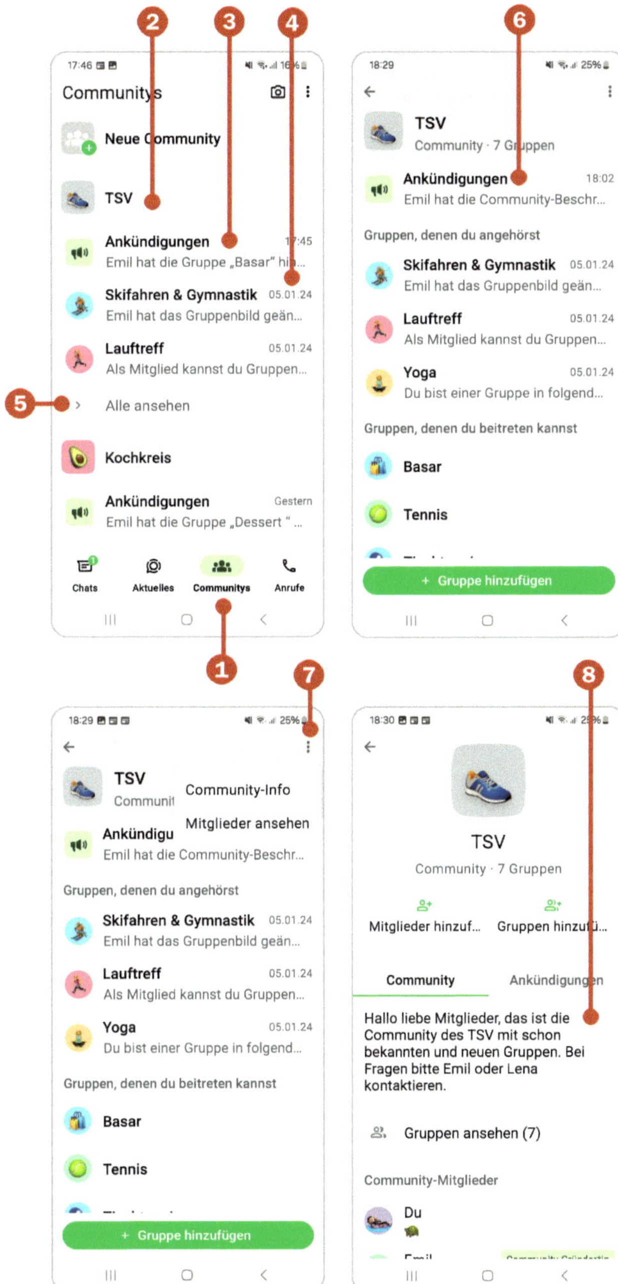
2
3
4
Communitys
Neue Community
TSV
Ankündigungen 17:45
Emil hat die Gruppe „Basar“ hi…
Skifahren & Gymnastik 05.01.24
Emil hat das Gruppenbild geän…
Lauftreff 05.01.24
Als Mitglied kannst du Gruppen…
5
Alle ansehen
Kochkreis
Ankündigungen Gestern
Emil hat die Gruppe „Dessert “ …
Chats
Aktuelles
Communitys
Anrufe
1
6
TSV
Community · 7 Gruppen
Ankündigungen 18:02
Emil hat die Community-Beschr…
Gruppen, denen du angehörst
Skifahren & Gymnastik 05.01.24
Emil hat das Gruppenbild geän…
Lauftreff 05.01.24
Als Mitglied kannst du Gruppen…
Yoga 05.01.24
Du bist einer Gruppe in folgend…
Gruppen, denen du beitreten kannst
Basar
Tennis
+ Gruppe hinzufügen
7
TSV
Community-Info
Mitglieder ansehen
Ankündigu
Emil hat die Community-Beschr…
Gruppen, denen du angehörst
Skifahren & Gymnastik 05.01.24
Emil hat das Gruppenbild geän…
Lauftreff 05.01.24
Als Mitglied kannst du Gruppen…
Yoga 05.01.24
Du bist einer Gruppe in folgend…
Gruppen, denen du beitreten kannst
Basar
Tennis
+ Gruppe hinzufügen
8
TSV
Community · 7 Gruppen
Mitglieder hinzuf…
Gruppen hinzufü…
Community
Ankündigungen
Hallo liebe Mitglieder, das ist die Community des TSV mit schon bekannten und neuen Gruppen. Bei Fragen bitte Emil oder Lena kontaktieren.
Gruppen ansehen (7)
Community-Mitglieder
Du

Wer ist in meiner Community?

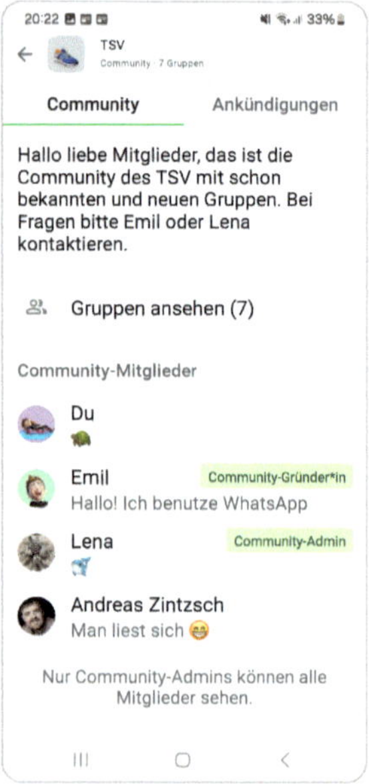

Wenn Sie einer neuen Community beitreten, möchten Sie vielleicht wissen, welche Personen Teil dieser Gemeinschaft sind. Allerdings ist es so, dass nur Community-Admins eine vollständige Liste aller Gemeinschaftsmitglieder angezeigt wird.

Einfache Mitglieder sehen in den Community-Infos nur die Personen, die in denselben Community-Gruppen sind, wie sie selbst. Darüber hinaus werden der Community-Gründer und die Community-Admins angezeigt.

5.4 Gruppen beitreten

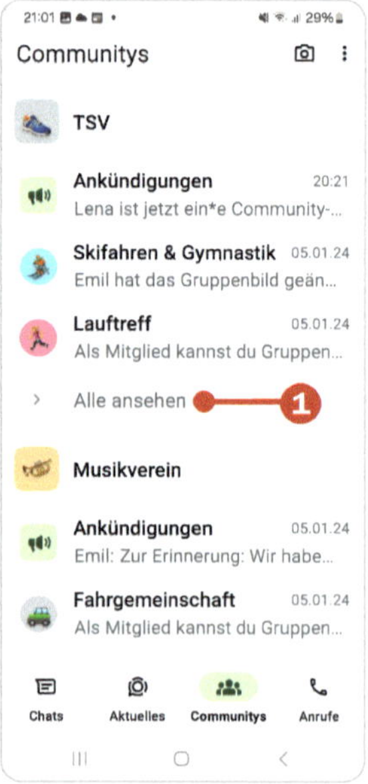

Wenn Sie zu einer Community eingeladen oder hinzugefügt wurden, sind Sie zunächst in keiner Gruppe (außer der Ankündigungsgruppe). Vielleicht ist Ihnen das ganz recht und Sie sind nur interessiert an den allgemeinen Informationen, die Sie durch die Ankündigungsgruppe erhalten (z. B. bei passiven Mitgliedern in Vereinen).

Es ist auch möglich, dass der Community-Admin Sie gleich einer Gruppe hinzugefügt hat. Dennoch sollten Sie die weiteren Gruppen durchsehen, ob noch etwas dabei ist, was Sie ebenfalls interessiert. So gehen Sie vor: Öffnen Sie den Bereich ***Communitys***. Tippen Sie bei der gewünschten Community auf ***Alle ansehen*** 1.

- Anschließend öffnet sich die Gruppenansicht, in welcher Ihnen alle Gruppen angezeigt werden, die zu dieser Gemeinschaft gehören, unterteilt nach Gruppen, denen Sie angehören und Gruppen, denen Sie beitreten können ❷. Der Ankündigungsgruppe müssen Sie nicht beitreten, dort sind Sie automatisch Mitglied.
- Falls Sie Interesse an einer Gruppe haben, können Sie diese antippen. Der Gruppen-Admin kann für jede Gruppe eine Beschreibung hinterlegen. Hat er das gemacht, wird diese hier ❸ angezeigt.

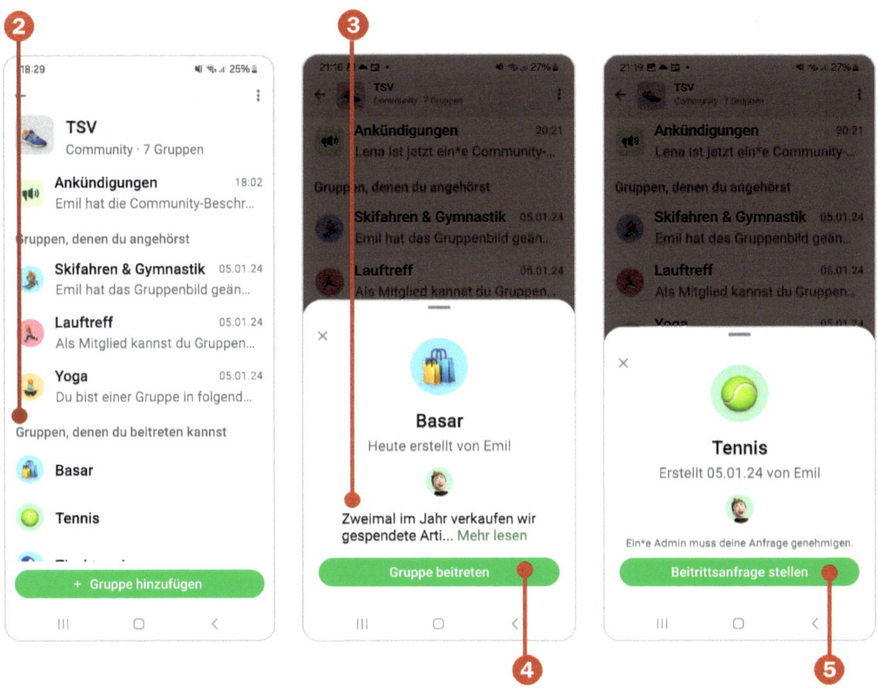

- Der **Gruppenbeitritt** kann auf zwei Arten konfiguriert sein: Entweder er ist frei, dann sind Sie durch antippen von ***Gruppe beitreten*** ❹ ein Mitglied dieser Gruppe. Oder der Gruppen-Admin muss neue Mitglieder erst genehmigen. Dann stellen Sie mit ***Beitrittsanfrage stellen*** ❺ das Beitrittsgesuch.

Erst wenn der Gruppen-Admin die Anfrage genehmigt hat, werden Sie Mitglied. Das Ihr Beitritt genehmigt wurde, erfahren Sie im Chat 6.

- Wer mit Ihnen in einer Gruppe ist, können Sie auch in Community-Gruppen herausfinden. Wechseln Sie zum Bereich ***Communitys*** und wählen Sie die gewünschte Gruppe aus. Tippen Sie oben auf den Bereich mit dem Gruppennamen 8 und zeigen Sie so die Gruppeninfo an. Hier sehen Sie, wie bei jeder „normalen" Gruppe auch im unteren Bereich die Mitglieder 8.

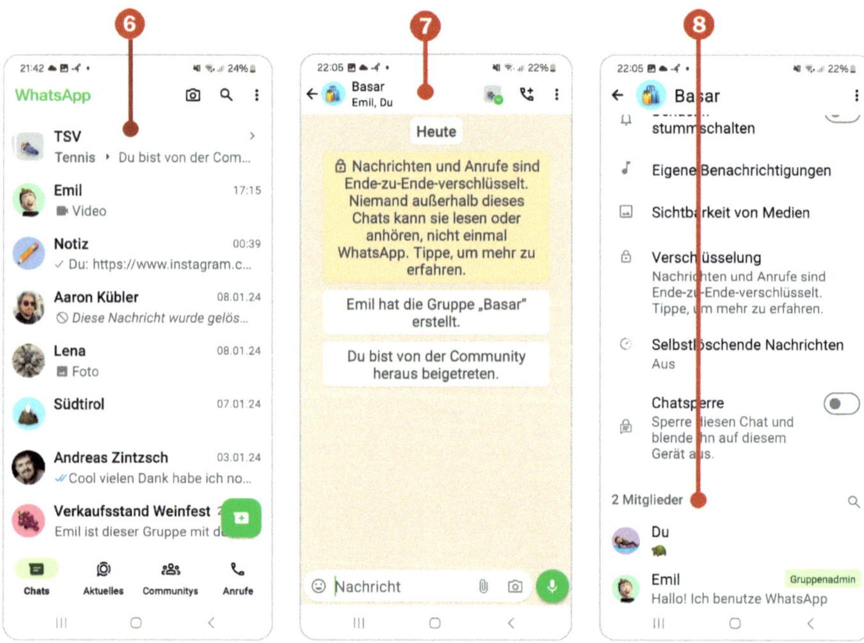

Viele Funktionen, die für die Gruppe zur Verfügung stehen und die Sie in Kapitel 4 kennengelernt haben, gelten auch für die Community-Gruppe. In der Gruppen-Info können Sie die Community-Gruppe stummschalten, die Sichtbarkeit von Medien oder selbstlöschende Nachrichten vereinbaren.

5.5 Nachrichten austauschen

Keine Neuigkeiten mehr verpassen

Nachrichten aus der Ankündigungsgruppe

Eine der wichtigsten Funktionalitäten einer Community ist das gleichzeitige Versenden von Ankündigungen an **alle** Mitglieder einer Gemeinschaft, um diese auf dem Laufenden zu halten. Die **Ankündigungsgruppe** einer Community stellt hierfür den zentralen Ort dar, in welchem Admins Neuigkeiten einstellen.

Nachrichten aus einer Ankündigungsgruppe werden wie alle Nachrichten behandelt: am WhatsApp-Symbol wird eine Nummer angezeigt, die Nachricht erscheint im Benachrichtigungsbereich des Smartphones und natürlich wird die Nachricht ❶ auch in WhatsApp im Bereich ***Chats*** angezeigt. Hier können Sie die Nachricht, wie gewohnt, durch antippen öffnen und deren Inhalt lesen ❷. Eine Antwort können Sie nicht verfassen, da in der Ankündigungsgruppe nur die Admins Schreibrechte besitzen.

Wer mag, kann auch zum Bereich ***Communitys*** wechseln und dort die Ankündigungsgruppe ❸ öffnen, um die Nachricht zu lesen. Auf Aktualisierungen im Bereich ***Communitys*** wird durch einen grünen Punkt ● ❹ hingewiesen.

Weitere Ankündigungen, z. B. der Hinweis auf eine neue Gruppe, werden im Bereich ***Communitys*** durch ein Glockensymbol ❺ hervorgehoben. Sie erscheinen auch im Bereich ***Chats***, allerdings ohne den Hinweis, dass es sich um eine neue Nachricht handelt.

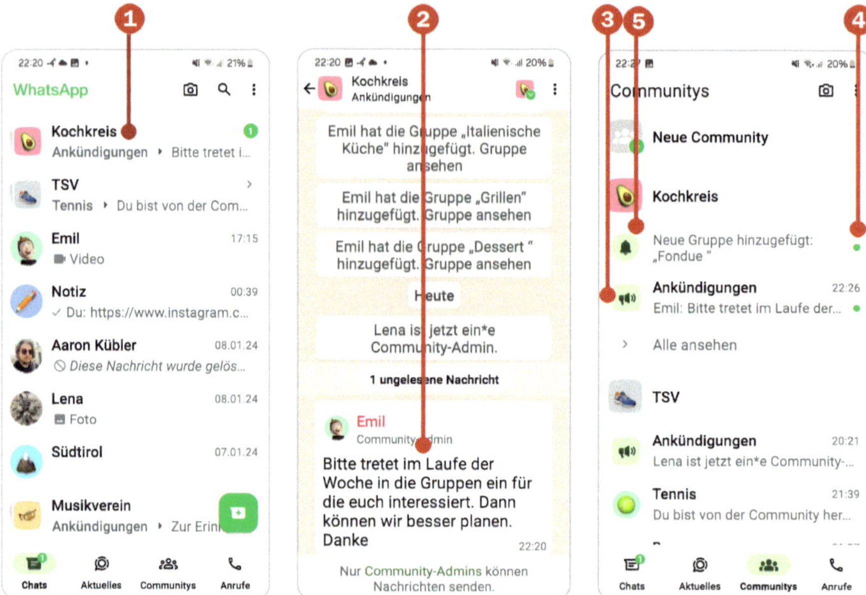

Nachrichten in einer Community-Gruppe austauschen

Als Mitglied in einer Community-Gruppe können Sie Nachrichten, Fotos, Sprachnachrichten verschicken oder auch Videoanrufe tätigen, wie Sie es in Kapitel 4 bereits gelernt haben. Um eine Community-Gruppe anzuzeigen, haben Sie zwei Möglichkeiten:

- Sie tippen im Bereich ***Chats*** auf den Communitychat (1) und wählen dann die passende Gruppe (2) aus. Das macht Sinn, wenn Sie den Chat mit einem Blick in der Chatliste entdecken.
- Sie wechseln zum Bereich ***Communitys*** und tippen hier die Gruppe (3) an. Unter Umständen müssen Sie noch auf ***Alle ansehen tippen***, um alle verfügbaren Gruppen anzuzeigen.
- Unten steht Ihnen das Nachrichtenfeld (4) zur Verfügung. Antworten erscheinen auch unter dem Community-Symbol (5). Zu welcher Gruppe die Nachricht gehört, sehen Sie am ersten Eintrag, hier ***Basar*** (6). Handelt es sich um eine Nachricht aus der Ankündigungsgruppe, wird ***Ankündigungen*** (7) vorangestellt.

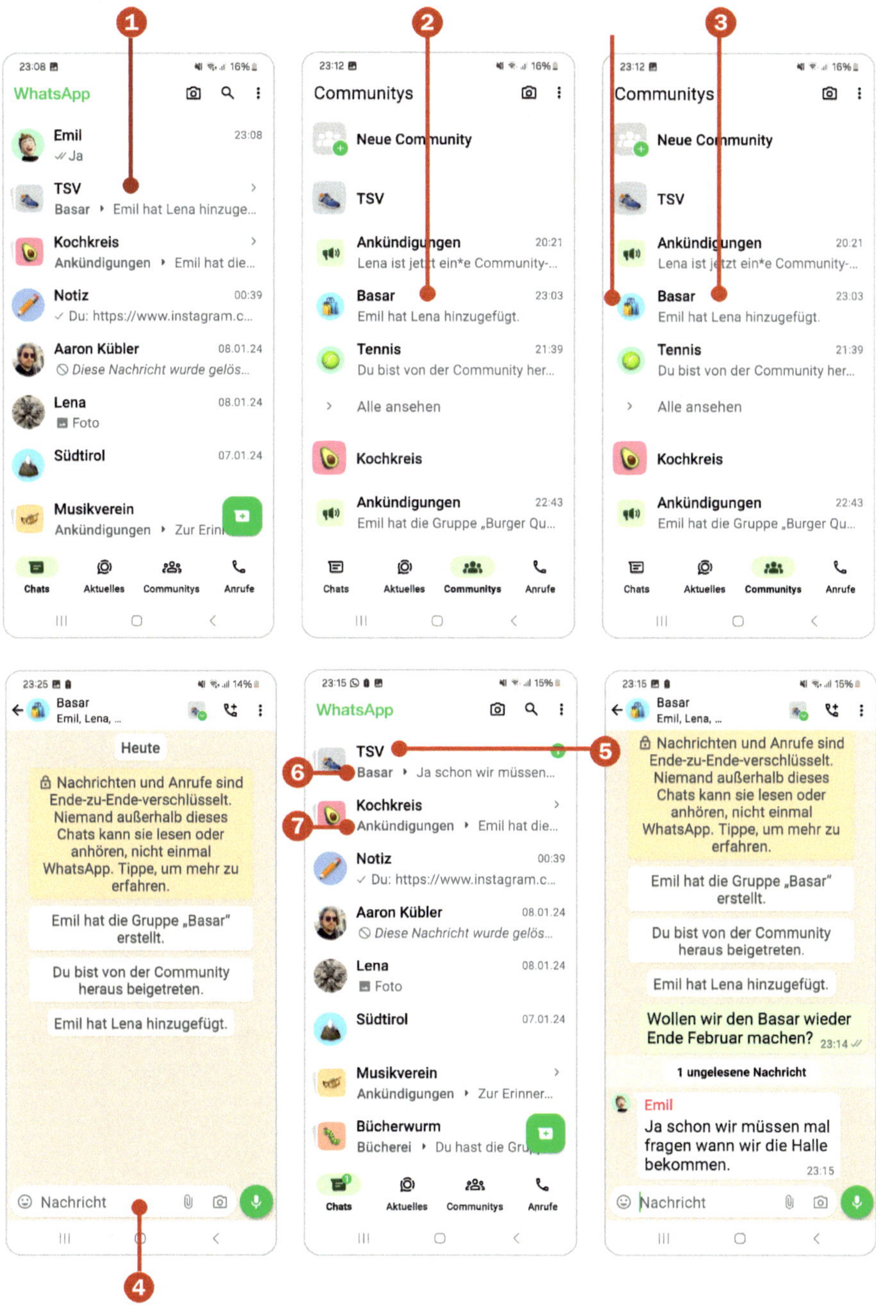
1
2
3
23:08
16%
WhatsApp
Emil
23:08
Ja
TSV
Basar
Emil hat Lena hinzuge...
Kochkreis
Ankündigungen
Emil hat die...
Notiz
00:39
Du: https://www.instagram.c...
Aaron Kübler
08.01.24
Diese Nachricht wurde gelös...
Lena
08.01.24
Foto
Südtirol
07.01.24
Musikverein
Ankündigungen
Zur Erin
Chats
Aktuelles
Communitys
Anrufe
23:12
16%
Communitys
Neue Community
TSV
Ankündigungen
20:21
Lena ist jetzt ein*e Community-...
Basar
23:03
Emil hat Lena hinzugefügt.
Tennis
21:39
Du bist von der Community her...
Alle ansehen
Kochkreis
Ankündigungen
22:43
Emil hat die Gruppe „Burger Qu...
Chats
Aktuelles
Communitys
Anrufe
23:12
16%
Communitys
Neue Community
TSV
Ankündigungen
20:21
Lena ist jetzt ein*e Community-...
Basar
23:03
Emil hat Lena hinzugefügt.
Tennis
21:39
Du bist von der Community her...
Alle ansehen
Kochkreis
Ankündigungen
22:43
Emil hat die Gruppe „Burger Qu...
Chats
Aktuelles
Communitys
Anrufe
23:25
14%
Basar
Emil, Lena, ...
Heute
Nachrichten und Anrufe sind Ende-zu-Ende-verschlüsselt. Niemand außerhalb dieses Chats kann sie lesen oder anhören, nicht einmal WhatsApp. Tippe, um mehr zu erfahren.
Emil hat die Gruppe „Basar“ erstellt.
Du bist von der Community heraus beigetreten.
Emil hat Lena hinzugefügt.
Nachricht
4
23:15
15%
WhatsApp
TSV
5
6
Basar
Ja schon wir müssen...
Kochkreis
7
Ankündigungen
Emil hat die...
Notiz
00:39
Du: https://www.instagram.c...
Aaron Kübler
08.01.24
Diese Nachricht wurde gelös...
Lena
08.01.24
Foto
Südtirol
07.01.24
Musikverein
Ankündigungen
Zur Erinner...
Bücherwurm
Bücherei
Du hast die Gru
Chats
Aktuelles
Communitys
Anrufe
23:15
15%
Basar
Emil, Lena, ...
Nachrichten und Anrufe sind Ende-zu-Ende-verschlüsselt. Niemand außerhalb dieses Chats kann sie lesen oder anhören, nicht einmal WhatsApp. Tippe, um mehr zu erfahren.
Emil hat die Gruppe „Basar“ erstellt.
Du bist von der Community heraus beigetreten.
Emil hat Lena hinzugefügt.
Wollen wir den Basar wieder Ende Februar machen?
23:14
1 ungelesene Nachricht
Emil
Ja schon wir müssen mal fragen wann wir die Halle bekommen.
23:15
Nachricht

5.6 Gruppen und Community verlassen

Community-Gruppen verlassen & löschen

- Öffnen Sie die ***Gruppeninfo***, scrollen Sie ganz nach unten und tippen Sie auf ***Gruppe verlassen*** ①. Bestätigen Sie dies nochmals mit ***Verlassen*** ②.
- Lediglich Admins werden über Austritte informiert, andere Gruppenmitglieder werden davon nicht in Kenntnis gesetzt.
- **Optional:** Anschließend können Sie die Community-Gruppe löschen. Bleiben Sie dazu in der Gruppeninfo und tippen Sie auf ***Gruppe löschen*** ③. Entscheiden Sie, ob Sie in diesem Chat empfangenen Medien aus der Galerie Ihres Smartphones löschen möchten und bestätigen Sie nochmals die Löschung.

> **Hinweis:** Sie können nur Gruppen löschen, die Sie zuvor verlassen haben.

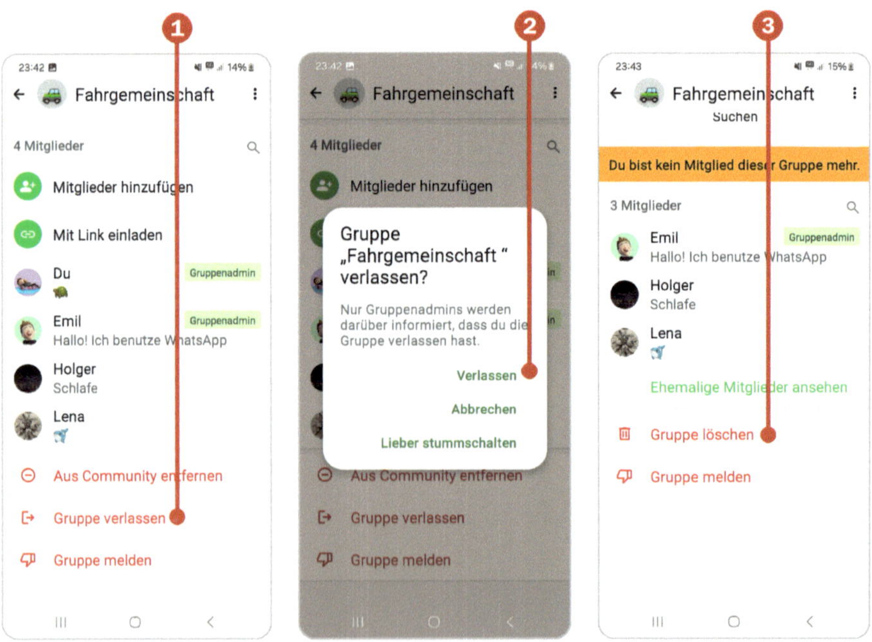

Wenn Sie eine Gruppe in einer Community verlassen, müssen Sie diese nicht notwendigerweise löschen. Solange Sie in der Community bleiben, wird die Gruppe weiterhin in der Community angezeigt und Sie können auch nochmals beitreten. Wenn Sie die Community verlassen, werden alle Gruppen, aus denen Sie ausgetreten sind, im Bereich ***Chats*** angezeigt. Spätestens dann sollten Sie die Gruppenleichen löschen.

Eine Community verlassen

- Rufen Sie die ***Community-Info*** auf und tippen Sie auf ***Community verlassen*** und bestätigen Sie nochmals mit ***Verlassen***.

Achtung! Wenn Sie eine Community verlassen, treten Sie auch gleichzeitig aus sämtlichen Community-Gruppen aus, denen Sie in dieser Gemeinschaft angehören. Sie können anschließend nicht mehr darauf zugreifen.

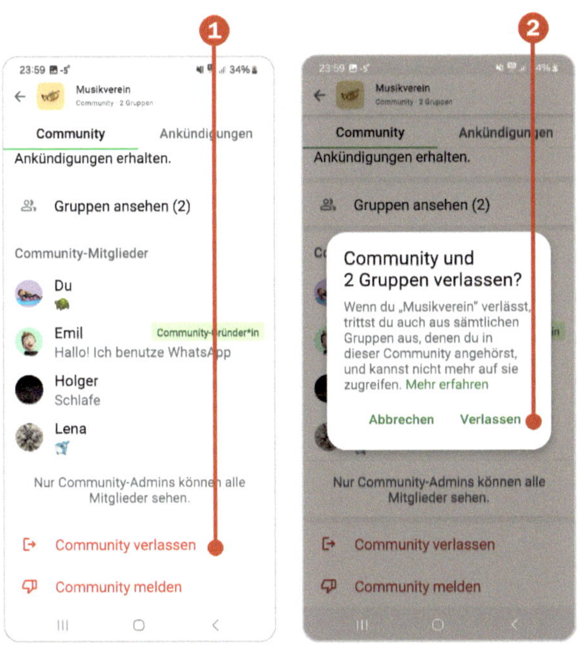

Kapitel 05

Sprach- und Videoanrufe

Das erwartet Sie hier!

Mit WhatsApp können Sie Familie und Freunde anrufen und dabei optional ein Video übertragen.

- Hier erfahren Sie, wie Sie via WhatsApp einen **Sprachanruf** durchführen. Sollten Sie mit Ihrem Mobilfunkvertrag sowieso kostenlos in alle deutsche Netze telefonieren können, dann benötigen Sie Sprachanrufe über WhatsApp eigentlich nicht. Allerdings kann WhatsApp für Gespräche ins Ausland nützlich sein. Dazu muss allerdings sichergestellt werden, dass keiner der Teilnehmer Roaming-Gebühren bezahlt. Wenn Sie sich mit einem WLAN verbinden, vermeiden Sie diese Problematik.
- Interessanter ist es natürlich, ein **Video** zu übertragen. Meistens ist die Kamera dabei auf einen selbst gerichtet. Aber mit einem Kamerawechsel kann man auch schnell das renovierte Wohnzimmer oder den blühenden Garten zeigen. Vor allem bei Videoanrufen ist es sinnvoll, sich mit einem WLAN zu verbinden, da sonst das Datenvolumen Ihres Mobilfunkvertrags belastet wird.
- Ein **Gruppenanruf** vereint die ganze Familie oder Freunde in einem Gespräch; auch hier ist die Übertragung eines Videos möglich und meist die Regel.
- Zum Schluss wird noch ein Blick auf die **Anrufliste** geworfen, in der z. B. Ihre verpassten Anrufe aufgeführt werden.

Hinweis: In den letzten Jahren hat sich der Mobilfunkmarkt stark gewandelt. Die Preise für Handytarife sind gefallen, gleichzeitig haben sich oft deren Datenvolumen erhöht. Eine **gute Gelegenheit** für Sie, Ihren **Handyvertrag** zu **überprüfen** und **ggf.** zu **wechseln**.

6.1 Einen Freund anrufen

- Starten Sie den Anruf aus dem persönlichen Chat. Zeigen Sie den Chat mit der gewünschten Person an und tippen Sie rechts oben auf das Telefonsymbol ❶ für einen Sprachanruf oder das Kamerasymbol für einen Videoanruf. Wenn Sie häufiger mit der Person chatten, ist das die einfachste Möglichkeit. Falls Sie den Chat nicht finden oder noch gar nicht mit der Person gechattet haben, verwenden Sie die folgende Alternative.
- **Alternative:** Zeigen Sie den Bereich ***Anrufe*** an und tippen Sie zur Anzeige der Kontaktliste auf ❷. Wählen Sie den gewünschten Kontakt in der Liste aus. Dieser erscheint dann oben. Starten Sie durch Antippen des Telefonsymbols ❸ einen Sprachanruf oder mit dem Kamerasymbol einen Videoanruf. Sie können den Namen des gesuchten Kontakts auch oben ins Suchfeld ❹ eingeben, so finden Sie ihn vielleicht schneller.

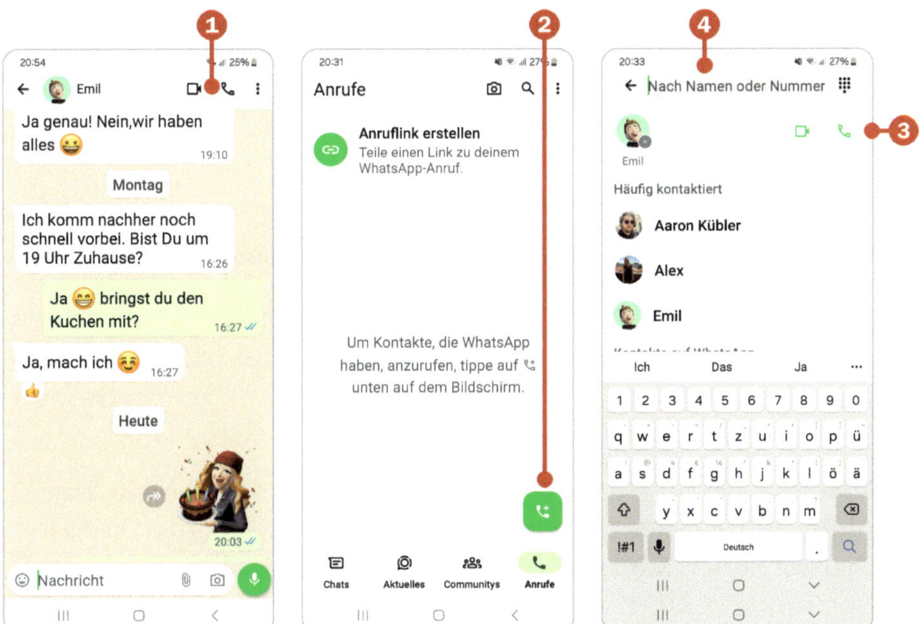

Wenn Sie das erste Mal einen Sprach- oder Videoanruf starten, ist es möglich, dass Sie WhatsApp den Zugriff auf das Mikrofon erlauben müssen.

Sprachanruf: Während des Verbindungsaufbaus erscheint beim Anrufenden auf dem Display die Information ***Es klingelt***. Sobald die Verbindung hergestellt wurde, wird die aktuelle Verbindungszeit angezeigt. Sie können über die entsprechende Schaltfläche den Anruf kurz stummschalten, so dass der Gesprächsteilnehmer nicht hört, was Sie sagen oder aber die Unterhaltung für Umstehende hörbar via Lautsprecher übermitteln. Ist die Stummschaltung aktiv bzw. der Lautsprecher eingeschaltet, wird das entsprechende Symbol  umrandet. Über das Kamerasymbol wechseln Sie zur Videoübertragung.

Videoanruf: Sie sehen zunächst Ihr eigenes Gesicht. Nach Verbindungsaufbau wird der Angerufene angezeigt. In einem kleineren Fenster sehen Sie, wie Sie übertragen werden. Falls die Position des Fensters stört, können Sie dieses antippen, gedrückt halten und an eine andere Stelle ziehen.

Während eines Videoanrufs werden die Symbole auf dem Display nach kurzer Zeit ausgeblendet, damit Sie den Gesprächspartner besser sehen können. Zur Anzeige der Befehle müssen Sie dann das Display einmal kurz antippen.

Auch der Videoanruf kann stumm geschaltet werden. Das Symbol wird dann entsprechend weiß umrandet. (Im Beispiel unten ist das Mikrofon gerade stumm geschaltet. Mit nochmaligem Antippen aktivieren Sie das Mikrofon wieder. Mit dem Videosymbol unterbrechen Sie die Bildübertragung und zeigen durch nochmaliges antippen wieder das Video an. Außerdem können Sie zwischen Frontkamera und Hauptkamera Ihres Smartphones wechseln. Über die Hauptkamera hinten am Gerät können so Ihre Umgebung übertragen. Erneutes Antippen wechselt wieder zur Frontkamera.

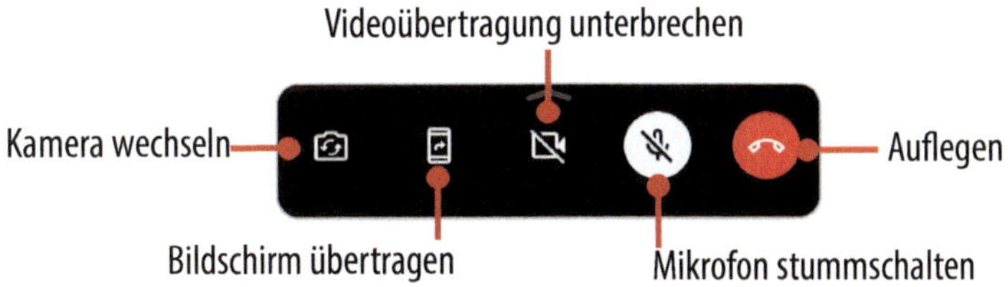

Auflegen – Sprach- bzw. Videoanruf beenden: Durch Antippen des rot hinterlegten Hörers beenden Sie das Gespräch bzw. den Videoanruf.

Video mit unscharfem Hintergrund

Im Video sieht man nicht nur Sie, sondern auch Ihre Umgebung. Wenn Sie das nicht möchten, vielleicht ist das Wohnzimmer gerade nicht aufgeräumt, zeigen Sie den Hintergrund im Video unscharf an. Diese Einstellung können Sie frühestens beim Verbindungsaufbau bzw. während des Gesprächs treffen.

- Starten Sie einen Videoanruf und tippen Sie auf 1. Wählen Sie dann ***Hintergrund*** 2 aus und tippen auf ***Unschärfe*** 3. Der Auswahlbereich blendet automatisch ab.

Alternativ können Sie auch eine ***Farbe*** oder sogar ein ***Bild*** als Hintergrund für Ihr Video auswählen.

Die Einstellung bleibt für alle Videoanrufe, die Sie tätigen erhalten. Wenn Sie wieder einen scharfen Hintergrund möchten, folgen Sie demselben Weg und wählen bei ***Hintergrund*** die Option ***Keine***.

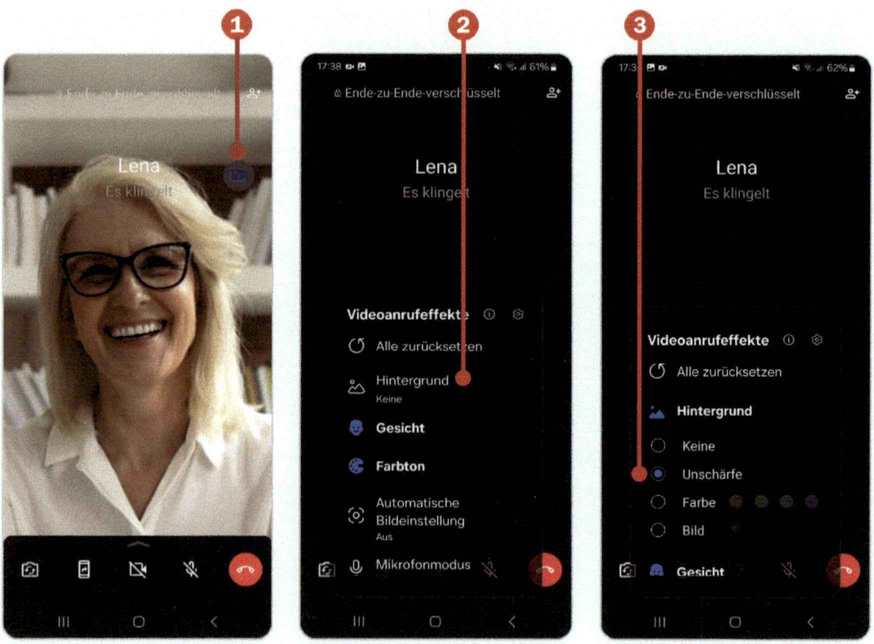

6.2 Anruf annehmen oder abweisen

Ein eingehender WhatsApp-Anruf, egal ob Sprach- oder Videoanruf, macht selbstverständlich durch einen Klingelton auf sich aufmerksam. Die Darstellung des Anrufs auf dem Display unterscheidet sich ein wenig, je nachdem, ob Sie das Smartphone gerade verwenden (also der Startbildschirm oder eine App angezeigt wird) oder ob der Anruf auf dem Sperrbildschirm erscheint.

Anruf entgegennehmen

- Wenn Sie gerade am Smartphone beschäftigt sind, wird ein eingehender Anruf durch eine Einblendung am oberen Rand des Displays angezeigt. Hier sehen Sie auch, ob es sich um einen Video- oder Sprachanruf ❶ handelt. Durch Antippen von ***Annehmen*** ❷ stellen Sie die Verbindung her.
- Verwenden Sie das Smartphone gerade nicht, so erscheint der Anruf auf dem Sperrbildschirm. Hier ziehen Sie bei einem Sprachanruf das grün hinterlegte Telefonsymbol ❸, bei einem Videoanruf das Videosymbol mit blauem Hintergrund nach oben. Bei einem Videoanruf wird automatisch die Frontkamera aktiviert.

Anruf abweisen

- Wenn Sie den Anruf nicht entgegennehmen möchten, wählen Sie entweder ***Ablehnen*** ❹ oder ziehen das rote Telefonsymbol ❺ nach oben.
- Vielleicht möchten Sie dem Anrufenden gern mitteilen, dass Sie später zurückrufen. Das geht ganz leicht über das Chatsymbol ❻. Ziehen Sie dieses nach oben und wählen Sie einen der angebotenen Texte ❼ aus. Dadurch wird der Anruf abgelehnt und gleichzeitig die ausgewählte Nachricht versendet. Sie sehen diese dann im Einzelchat.

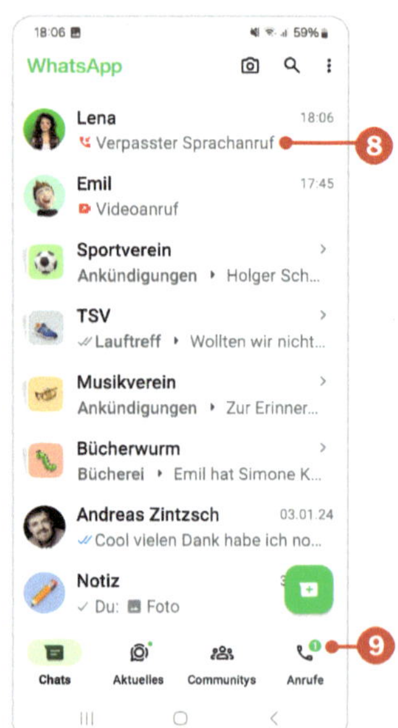

Auf verpasste Anrufe werden Sie in der Regel durch eine Benachrichtigung aufmerksam gemacht. In WhatsApp sehen Sie unten, wie viele Anrufe 8 Sie verpasst haben. Auch im Chat mit der Person erscheint ein entsprechender Hinweis 8. Weitere Informationen zu einem verpassten Anruf erhalten Sie in der Anrufliste. Dazu gleich mehr.

6.3 Handyinhalte im Videotelefonat anzeigen

Während eines Videotelefonats können Sie statt sich selbst zu übertragen auch Inhalte Ihres Smartphones anzeigen. Das ist praktisch, wenn man bei einer Handyeinstellung Hilfe benötigt, schnell ein paar Fotos präsentieren oder den Inhalt einer E-Mail zeigen möchten. Diese Möglichkeit haben Sie in Einzel- und in Gruppentelefonaten.

Die andere Person sieht alle Inhalte, die am Bildschirm angezeigt werden, während Sie die passende Information suchen, z. B. alle Fotos, durch die Sie scrollen oder Benachrichtigungen, die gerade eingehen. Und natürlich auch ein Kennwort, wenn Sie das, während der Bildschirm mit einer anderen Person geteilt wird, eingeben.

- Starten Sie einen Videoanruf und stellen Sie die Verbindung zum anderen Teilnehmer her.
- Tippen Sie unten in der Leiste auf den Befehl zur Bildschirmübertragung ❶ und bestätigen Sie mit ***Jetzt starten*** ❷.
- Tippen Sie auf den Home-Button ❸. Dadurch wird das WhatsApp-Fenster verkleinert und Sie können den Bereich aufrufen, den Sie der anderen Person zeigen möchten.
- Zum Stoppen der Bildschirmübertragung tippen Sie auf das verkleinerte WhatsApp-Fenster ❹ und wählen den Pfeil ❺ aus. Mit ***Freigabe beenden*** ❻ stoppen Sie die Bildschirmübertragung und Sie werden wieder im Videochat übertragen. Das Videotelefonat beenden Sie, wie immer, über den rot hinterlegten Telefonhörer.

18:37
Ende-zu-Ende-verschlüsselt
1

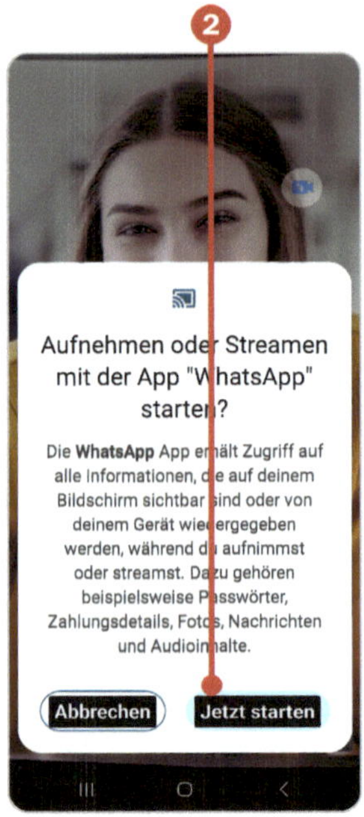
2
Aufnehmen oder Streamen mit der App "WhatsApp" starten?
Die WhatsApp App erhält Zugriff auf alle Informationen, die auf deinem Bildschirm sichtbar sind oder von deinem Gerät wiedergegeben werden, während du aufnimmst oder streamst. Dazu gehören beispielsweise Passwörter, Zahlungsdetails, Fotos, Nachrichten und Audioinhalte.
Abbrechen
Jetzt starten

3
Du gibst jetzt deinen Bildschirm frei.
Freigabe beenden
Du

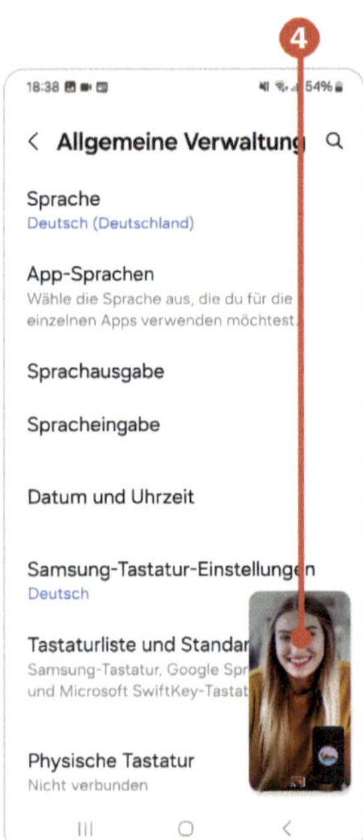
4
18:38
Allgemeine Verwaltung
Sprache
Deutsch (Deutschland)
App-Sprachen
Wähle die Sprache aus, die du für die einzelnen Apps verwenden möchtest.
Sprachausgabe
Spracheingabe
Datum und Uhrzeit
Samsung-Tastatur-Einstellungen
Deutsch
Physische Tastatur
Nicht verbunden

5
18:38
Allgemeine Verwaltung
Sprache
Deutsch (Deutschland)
Sprachausgabe
Spracheingabe
Datum und Uhrzeit
Deutsch
Physische Tastatur
Nicht verbunden

6
18:39
Du gibst jetzt deinen Bildschirm frei.
Freigabe beenden

Während des Videoanrufs schnell ein Foto schicken

Oft kommt man im Gespräch auf ein Thema und möchte passend dazu im Chat ein Foto oder einen Link verschicken. Dazu müssen Sie den Anruf nicht unterbrechen, Sie können das parallel erledigen.

- Tippen Sie auf das Pfeilsymbol 1. Die Videoübertragung rutscht nach rechts unten und der zuletzt angezeigte Bereich von WhatsApp erscheint auf dem Display.
- Navigieren Sie ggf. zum Chat mit der Person. Falls das Videoübertragungsbild stört, können Sie es antippen, gedrückt halten und an eine andere Position ziehen. Sie können jetzt, wie Sie das bereits in Kapitel 2 gelernt haben, ein Foto versenden.
- Um wieder die Videoübertragung auf dem gesamten Display anzuzeigen, tippen Sie am oberen Bildschirmrand auf den grünen Bereich 2 oder im Chat auf den Zurückkehren-Eintrag 3.

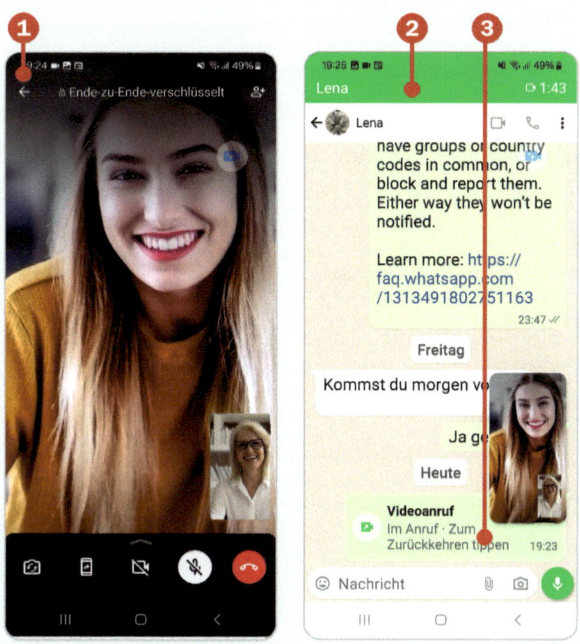

6.4 Videotelefonat mit mehreren Teilnehmern

Es können bis zu 32 Personen an einem Gruppentelefonat teilnehmen. Funktioniert das nicht, verwendet evtl. einer der Teilnehmer eine alte WhatsApp-Version.

Gruppenanruf starten

- **Alternative 1 – Gespräch aus einer Gruppe starten:** Wenn Sie bereits eine Gruppe (mehr zur Gruppe in Kapitel 4) in WhatsApp angelegt haben und mit allen Personen der Gruppe gleichzeitig telefonieren möchten, dann können Sie den Anruf gleich aus dem Gruppenchat heraus starten.

  Öffnen Sie diesen und klicken Sie oben auf das Telefon- bzw. Videosymbol ❶. Bestätigen Sie durch Antippen von ***Gruppe anrufen***. Alle Teilnehmer werden gleichzeitig angerufen.

- **Alternative 2 – Zu einem laufenden Gespräch weitere Teilnehmer hinzufügen:** Sie können zu einem laufenden Video- oder Sprachanruf weitere Personen einladen. Dabei ist es unerheblich, ob Sie der Anrufende sind oder ob Sie angerufen wurden. Diese Funktion steht allen zur Verfügung.

  Durch Antippen von ❷ rechts oben wird die Kontaktliste angezeigt. Oder ziehen Sie die Befehlsleiste nach oben; hier finden Sie ebenfalls ***Person hinzufügen*** ❸. Nach Antippen wird die Kontaktliste angezeigt. Wählen Sie hier einen Teilnehmer durch antippen aus. Bestätigen Sie mit ***+ Zum Anruf hinzufügen*** ❹.

  Die eingeladene Person kann während der gesamten Dauer des Gesprächs noch dazustoßen.

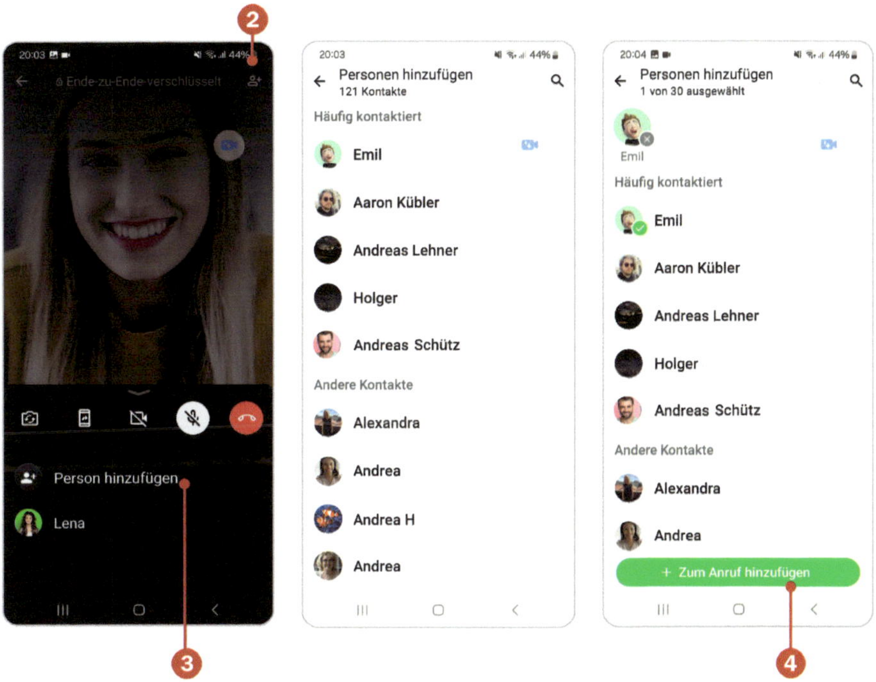

- **Alternative 3 – Teilnehmer auswählen und Gespräch starten:** Das Passende ist noch nicht dabei? Dann kreieren Sie einfach eine neue Zusammenstellung für einen Gruppenanruf.

  Öffnen Sie den Bereich ***Anrufe*** 6 und tippen Sie auf [Symbol] zur Anzeige der Kontaktliste. Wählen Sie nun die einzelnen Kontakte durch antippen aus; diese werden oben aufgeführt. Sie können auch den Namen eines Kontakts oben ins Suchfeld 7 eintippen, um ihn leichter zu finden.

  Zum Starten eines Sprach- oder Videoanrufs finden Sie die Symbole 8 rechts oben.

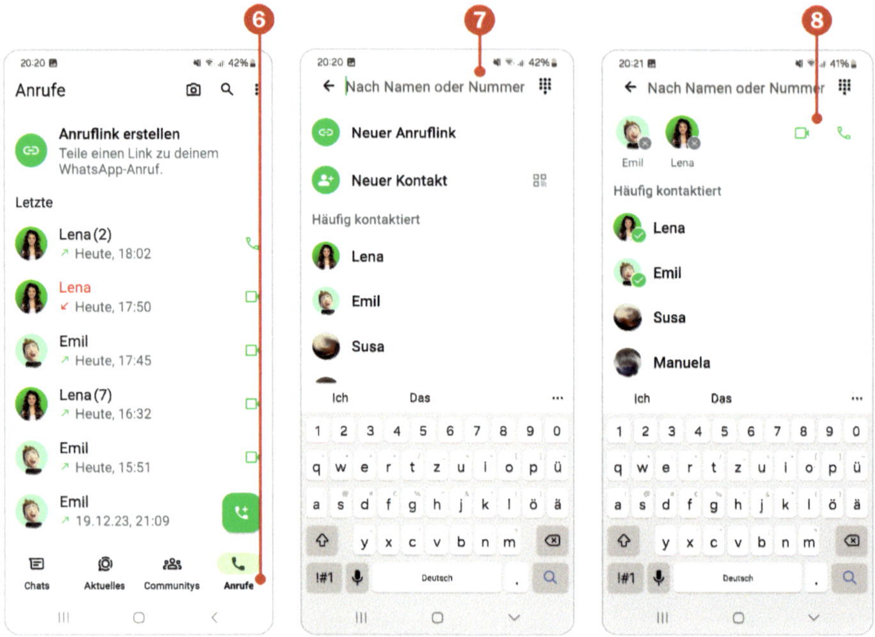

Gruppenanruf entgegennehmen

Wenn Sie gerade etwas am Smartphone erledigen, erscheint der Hinweis auf einen eingehenden Anruf oben. Tippen Sie dann zunächst auf ***Video*** ❶. Auf dem Sperrbildschirm wird gleich die Möglichkeit geboten, den Anruf entgegenzunehmen. Tippen Sie auf ***Beitreten*** ❷.

Unten sehen Sie die weiteren Teilnehmer ❸. Nach dem Beitritt sehen Sie sich und alle anderen Teilnehmer auf einem geteilten Bildschirm. Die untere Befehlsleiste ❹ kennen Sie bereits.

Sollten Sie an einem Gruppenanruf nicht teilnehmen wollen, tippen Sie auf ***Ignorieren*** ❺.

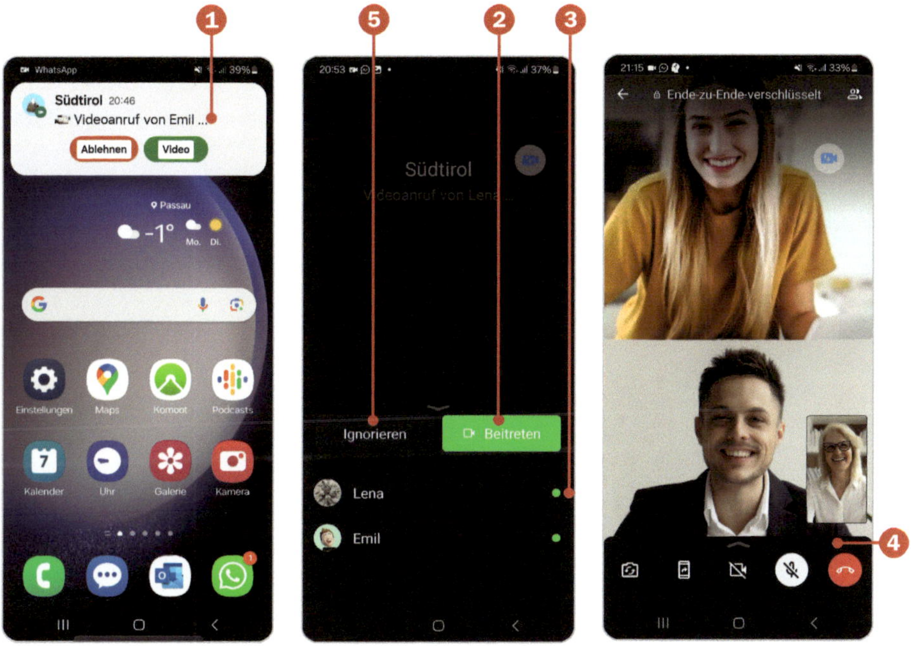

Sie können einem Gruppenanruf, für den Sie als Teilnehmer bestimmt wurden, solange dieser andauert jederzeit beitreten. Diese Funktion ist wirklich praktisch. Wenn Sie den Anruf verpasst haben, können Sie einfach später dazustoßen. Darüber hinaus kann man das Telefonat auch kurz unterbrechen, also den Gruppenanruf mit verlassen und später wieder dazukommen.

- Der grüne, pulsierende Punkt 6 hinter dem Bereichsnamen ***Anrufe*** macht Sie darauf aufmerksam, dass ein Gruppenanruf, zu dem Sie eingeladen wurden, gerade andauert. Zeigen Sie den Bereich ***Anrufe*** an. Hier finden Sie in der Anrufliste den Gruppenchat 7 ganz oben und können diesem durch Antippen beitreten.
- Falls der Anruf aus einem Gruppenchat gestartet wurde, können Sie auch den Chat anzeigen und oben auf ***Beitreten*** 8 tippen.

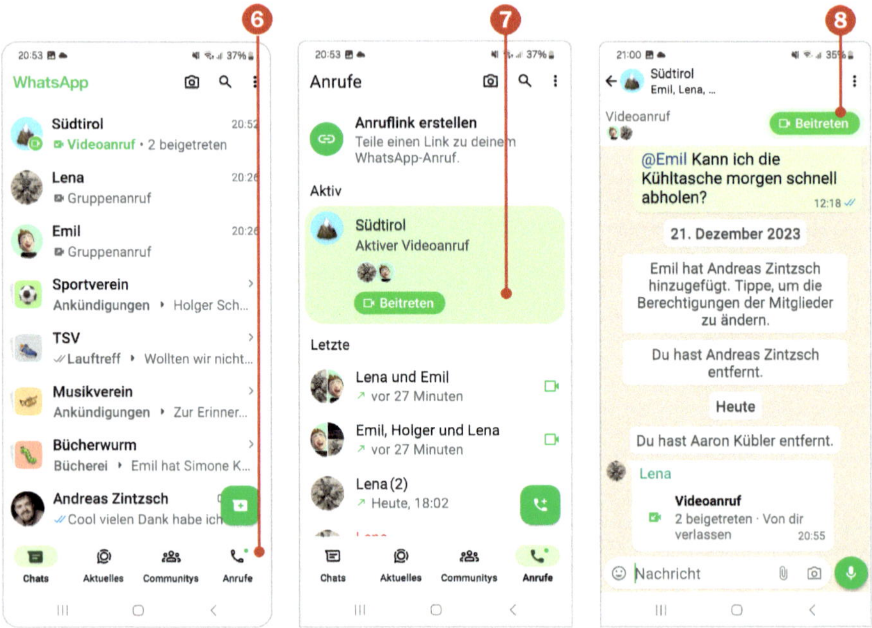

6.5 Anrufe verwalten

Im Bereich ***Anrufe*** sind alle ein- und ausgehenden Anrufe aufgelistet und mit Datum versehen. Anhand des Symbols hinter dem Eintrag erkennen Sie, ob es ein Sprach- oder Videoanruf war. Verpasste Anrufe sind mit einem roten Pfeil ↙ gekennzeichnet. Anrufe, die Sie getätigt haben, sind mit einem grünen Pfeil ↗ markiert. Dabei ist es unerheblich, ob das Telefonat zustande gekommen ist oder nicht. Angenommene Anrufe sind mit einem grünen Pfeil ↙ versehen, der nach unten weist. Wie Sie bereits erfahren haben, sind in der Anrufliste auch laufende Gruppenanrufe aufgeführt, zu denen Sie eingeladen wurden.

- Für genauere Informationen zu den einzelnen Anrufen tippen Sie einen Eintrag an. Die ***Anruf-Info*** wird angezeigt. Falls der Anruf zustande gekommen ist, sehen Sie die Anrufdauer (in unserem Beispiel 2:39 Min.) und das verbrauchte Datenvolumen (11,5 MB) ❶. Mehrere Teilnehmer eines Anrufs werden ebenfalls aufgelistet, außer der Anruf wurde aus einer Gruppe gestartet, dann ist nur der Gruppenname aufgeführt.

- Über das Telefon- bzw. Videosymbol ❷ können Sie den Freund gleich zurückrufen. Handelt es sich um einen verpassten Gruppenanruf, wird die ganze Gruppe zurückgerufen. In der Anruf-Info sind die Teilnehmer getrennt eingeblendet. In der Anrufliste wird nur die Anrufart angeboten, die der Anrufer verwendet hat. In der Anruf-Info erhalten Sie beide Optionen ❸ (Sprach- und Videoanruf).
- Wer mag kann Ordnung schaffen und die Anrufliste löschen. Dazu öffnen Sie das Menü ⋮ ❸ rechts oben und wählen ***Anrufliste leeren*** aus.

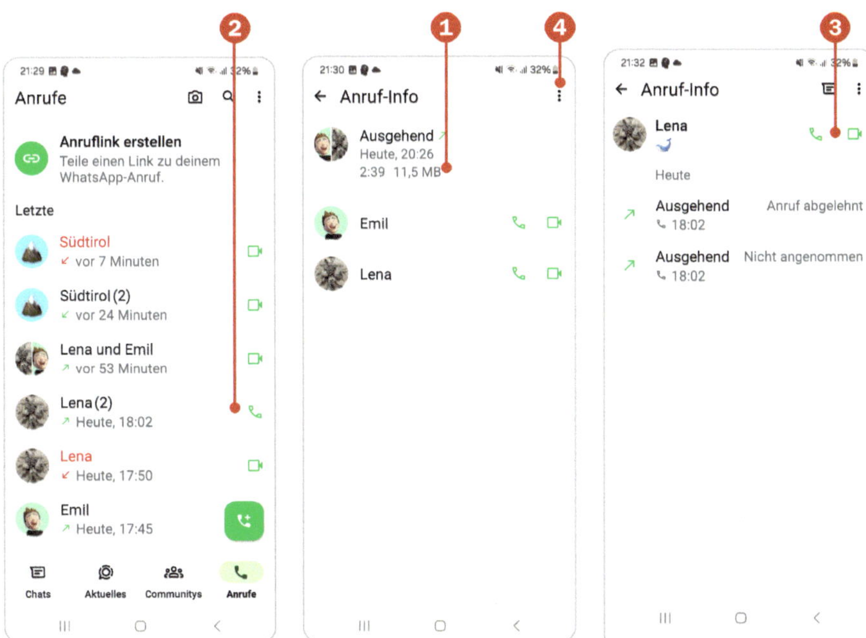

Anrufe von Unbekannt stummschalten: Wer mag, stellt ein, dass WhatsApp-Anrufe von Nummern, die nicht in Ihren Kontakten gespeichert sind und die Sie nie kontaktiert haben, stummgeschaltet werden. Die Anrufe tauchen in der Anrufliste von WhatsApp auf und in den Benachrichtigungen. Zur Stummschaltung wählen Sie rechts oben *Weitere Optionen* ⋮ *Einstellungen* ▶ *Datenschutz* und tippen Sie auf *Anrufe*. Hier schalten Sie die Stummschaltung durch Antippen des Reglers ein.

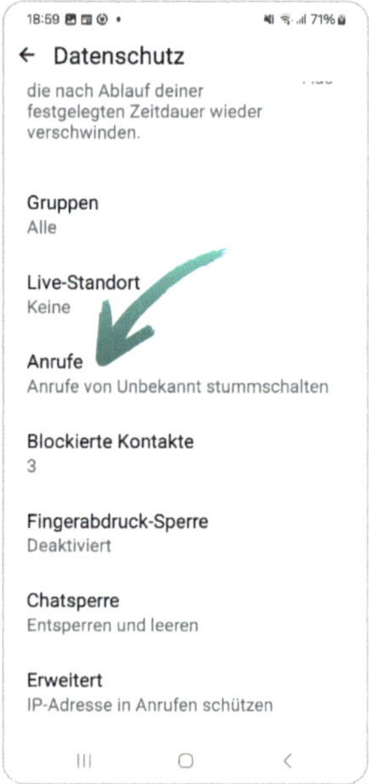

Kapitel 07 Besser chatten

Das erwartet Sie hier!

Im Prinzip sind Sie schon gut gerüstet. Sie können Nachrichten und Fotos verschicken, wissen auch, wie Sie einen Gruppenchat erstellen, und können Videotelefonate führen. Also was braucht man noch?

In diesem Kapitel geht es um Kniffe, Tricks und Befehle, die die Nutzung von WhatsApp erleichtern.

- Mit WhatsApp teilen Sie Informationen schnell & unkompliziert. Bei Fragen wie: „Kannst du mich heute zum Sport mitnehmen?", ist es natürlich auch wichtig zu wissen, ob der andere die Nachricht gelesen hat. Hier helfen die **blauen Häkchen**.
- Man muss nicht alles doppelt schreiben, viele Infos können Sie auch **weiterleiten**. Wie das geht, erfahren Sie hier.
- Immer wieder schleichen sich Tippfehler in Nachrichten ein oder Sie ändern kurzfristig Ihre Meinung, doch leider haben Sie die Nachricht gerade abgeschickt. Mit der **Bearbeitungsfunktion** ist das kein Problem mehr; zumindest innerhalb der ersten Viertelstunde.
- Ganz wichtig ist auch der Befehl **Löschen**, besonders wenn eine Nachricht versehentlich im falschen Chat gelandet ist.
- Wussten Sie schon, dass Sie WhatsApp auch an Ihrem Computer verwenden können. Schreiben mit Tastatur und Maus geht schneller.

7.1 Information zu Chats und Empfängern

Wann war der Freund zuletzt online?

Beim Anzeigen eines Kontakts in WhatsApp sehen Sie in der Regel, unter dem Namen des Freundes, wann dieser das letzte Mal online war, also WhatsApp geöffnet hatte. Falls Ihr Freund online ist, also gerade WhatsApp nutzt, wird diese Information durch Anzeige von ***online*** weitergegeben. Sollte die Person Ihnen in diesem Moment eine Nachricht schreiben, erscheint im Chat ***schreibt...***. Letzteres gilt ebenfalls für den Gruppenchat – hier wird noch aufgeführt, wer gerade schreibt. WhatsApp nennt diese Funktion den **zuletzt online-Zeitstempel**. Zeigen Sie gerade die Chatübersicht an und jemand schreibt zufällig, sehen Sie das hier ebenfalls.

Die gleichen Informationen erhalten Ihre Freunde über Sie! Wer sich überwacht fühlt, kann die Informationen größtenteils verbergen, dazu mehr auf Seite 263.

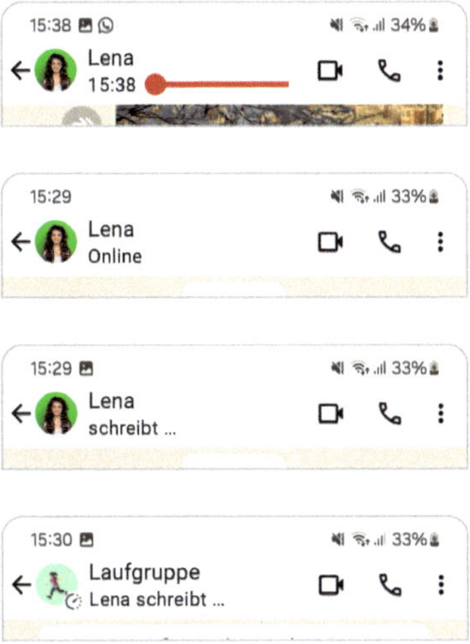

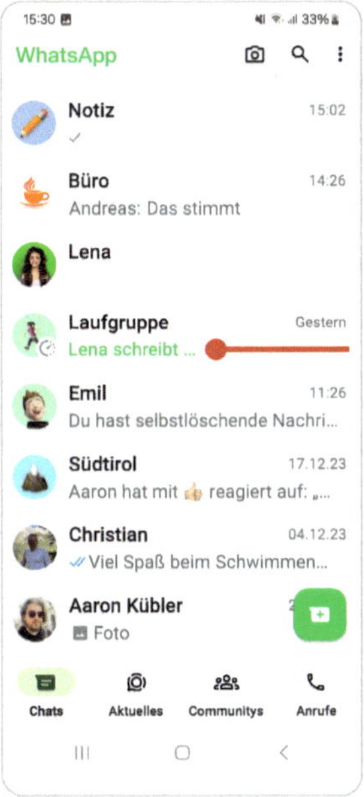

Wurde meine Nachricht gelesen?

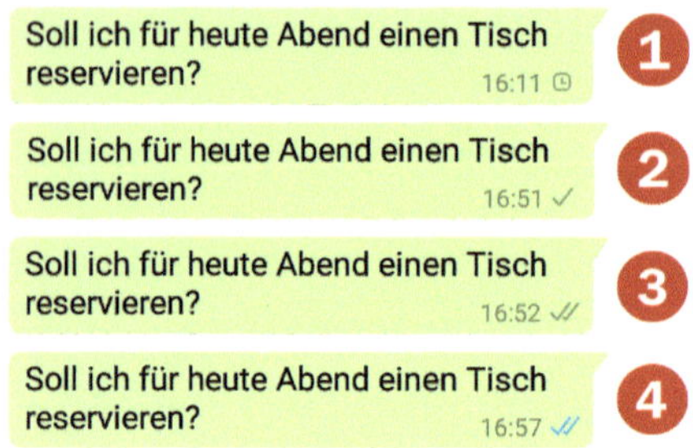

Natürlich ist es wichtig, zu erfahren, ob der Chatpartner die Nachricht auch erhalten und gelesen hat. Das finden Sie ganz leicht im Chatfenster heraus. Hier sehen Sie am rechten Rand der versandten Nachricht ein oder zwei Häkchen, oft blau gefärbt. Diese geben Auskunft über den Status der Nachricht. Dasselbe gilt natürlich für Fotos, übersandte Dateien oder Standortinformationen und auch für Sprachnachrichten.

- Falls Ihre Nachricht noch **nicht übermittelt** werden konnte, erscheint ein Uhrensymbol ① neben der Nachricht im Chat. Das passiert etwa, wenn Ihr Smartphone momentan nicht mit dem WLAN oder Mobilfunknetz verbunden ist.
- Das erste Häkchen erscheint, sobald die Nachricht **versendet** wurde ②. Ab jetzt liegt es am Empfänger. Falls dieser sein Smartphone beispielsweise ausgeschaltet hat, kann noch keine Zustellung erfolgen.
- Das zweite Häkchen zeigt an, dass Ihre Nachricht **zugestellt** wurde ③. Ab jetzt kann der Chatpartner sie lesen.
- Sobald die Häkchen blau sind ④, wurde Ihre Nachricht vom Empfänger **gelesen**, d. h. der Freund hat Ihren gemeinsamen Chat in WhatsApp angezeigt. Diese Funktion wird als **Lesebestätigung** bezeichnet.

Besonderheit Sprachnachrichten

Auch für die Sprachnachricht gelten diese Regeln. Die blauen Häkchen erscheinen, sobald der Empfänger den Chat geöffnet hat. Das sagt noch nichts darüber aus, ob er die Nachricht auch angehört hat. Deshalb ist bei einer Sprachnachricht, die noch nicht abgespielt wurde, das Mikrofonsymbol beim Absender grau und erst, wenn die Sprachnachricht vom Empfänger angehört wurde, wechselt die Farbe des Mikrofons zu blau.

Besonderheit Gruppenchat

Erst wenn **alle** Gruppenmitglieder die Nachricht gelesen haben, wird diese mit zwei blauen Häkchen versehen. Analog verhält es sich mit den anderen Anzeigeoptionen.

Nachrichteninfo

Genauere Informationen zum Versand einer Nachricht, eines Fotos oder anderer Medien erhalten Sie in der Nachrichteninfo. Die Nachrichteninfo können Sie nur für eigene Nachrichten anzeigen.

Nachrichteninfo aufrufen

- Markieren Sie die Nachricht, das Foto etc. im Chat. Dazu tippen Sie etwas länger mit dem Finger darauf ❶. Die Nachricht wird blau markiert.
- In der Bearbeitungsleiste am oberen Rand tippen Sie dann auf ***Weitere Optionen*** ⋮ und wählen ***Info*** aus ❷.
- Mit dem Pfeil links oben oder der Zurück-Taste verlassen Sie die Nachrichteninfo wieder.

Im **Einzelchat** sehen Sie, wann die Nachricht zugestellt und ob sie gelesen 3 wurde.

In der Nachrichteninfo zum **Gruppenchat** wird aufgelistet, wem die Nachricht zugestellt wurde und wer sie bereits gelesen hat. Hat ein Gruppenmitglied das Handy gerade ausgeschaltet oder ist offline, dann kann die Nachricht nicht zugestellt werden. Die Anzahl dieser Personen wird unten bei ***verbleibend*** 4 angezeigt. Im Beispiel sehen Sie, dass 2 Personen die Nachricht bereits gelesen haben und 1 Person die Nachricht noch nicht erhalten hat (***1 verbleibend***).

Sie sehen, für den Einzelchat bietet die Nachrichteninfo nur den Mehrwert, dass Sie erfahren, wann genau die Nachricht zugestellt bzw. gelesen wurde. Viel interessanter ist die Nachrichteninfo allerdings im Gruppenchat, da hier Nachrichten erst als zugestellt bzw. gelesen gelten (Anzeige von zwei blauen Häkchen), wenn **alle** Teilnehmer sie erhalten bzw. gelesen haben. In der Nachrichteninfo können dann Informationen zu einzelnen Gruppenmitgliedern abgefragt werden.

Gleiches gilt auch für den Broadcast. Auch hier erfahren Sie über die Nachrichteninfo, welche Empfänger die Nachricht bereits gelesen haben.

Einzelchat

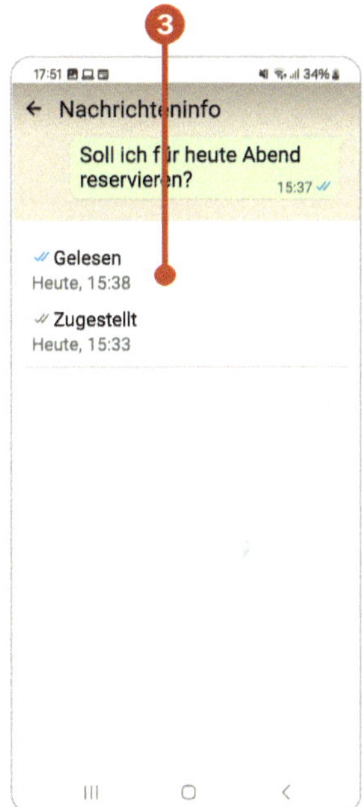

Gruppenchat

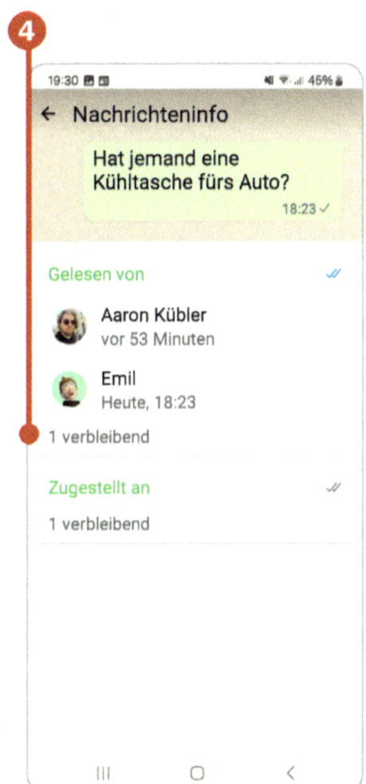

Nachricht heimlich lesen

Jeder kennt die Überlegung: Wenn ich die Nachricht jetzt anschaue, muss ich auch antworten. Durch die Anzeige der Lesebestätigung weiß Ihr Chatpartner, dass die Nachricht gelesen wurde und erwartet natürlich jetzt mehr oder weniger zeitnah eine Antwort. So umgehen Sie, in Zugzwang zu geraten: Rufen Sie die neue Nachricht nicht in WhatsApp auf, sondern lesen Sie die **Benachrichtigung**! Dadurch gilt die Nachricht in WhatsApp weiterhin als nicht gelesen.

- Zeigen Sie die Benachrichtigungen am Smartphone an. Dazu ziehen Sie vom oberen Bildschirmrand nach unten. Bei einigen Smartphone-Modellen müssen Sie sich dabei auf die linke Hälfte des Handys beschränken.
- Durch Antippen von ⌄ (1) wird der Nachrichtentext erweitert bzw., wenn mehrere Nachrichten vorhanden sind, werden diese getrennt voneinander angezeigt.
- Falls Sie doch antworten möchten, werden im erweiterten Nachrichtentext Antwortoptionen (2) vorgeschlagen. Durch Antippen können diese schnell versendet werden – das kann sehr praktisch sein.

Hinweis auf neue Nachricht (1) (2)

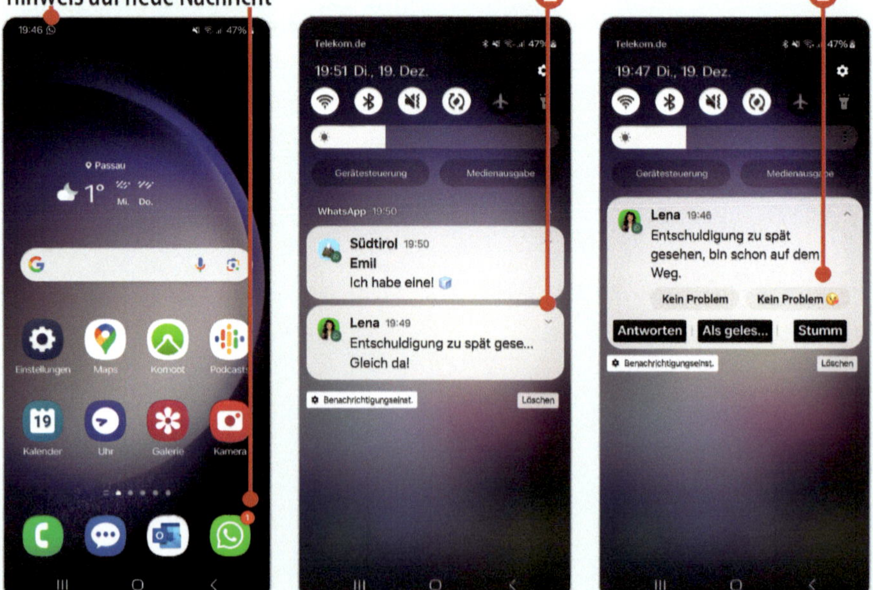

7.2 Nachricht beantworten, weiterleiten & mehr

Auf eine bestimmte Nachricht antworten

In einem Chat antworten Sie eigentlich immer auf das zuletzt Geschriebene. Wenn Sie eine Anmerkung zu einer weiter zurückliegenden Nachricht verfassen möchten, wird das schnell unverständlich. Sie können aber Ihrer Nachricht eine Kopie der Originalnachricht hinzufügen, also die ursprüngliche Nachricht zitieren.

Gerade in Gruppenchats ist diese Funktion sehr nützlich, weil oftmals viele durcheinander schreiben und man dann gar nicht mehr weiß, zu welcher Nachricht die Antwort gehört. Aber auch im Einzelchat kann das hin und wieder nützlich sein.

Alternative 1: Ziehen Sie die Nachricht, auf die Sie antworten möchten, mit dem Finger nach rechts, bis ein Pfeil angezeigt wird. Lassen Sie dann los.

Alternative 2: Tippen Sie die Originalnachricht etwas länger an. Diese wird markiert und die Bearbeitungsleiste angezeigt. Tippen Sie auf ***Antworten*** ❶. Sie erhalten eine Kopie der Nachricht. Tippen Sie in das Nachrichtenfeld, um Ihre Antwort einzugeben. Versenden Sie diese wie gewohnt. Falls Sie die Nachricht doch nicht abschicken möchten, brechen Sie den Vorgang mit ***x*** ab ❷ (Grafik nächste Seite).

So sieht die Nachricht ❸ am Handy der Person aus, die die Nachricht zitiert hat. Andere Mitgliedern im Gruppenchat wird neben dem Namen des Versenders ❹ auch der Name der Person angezeigt, die die ursprüngliche Nachricht verfasst hat.

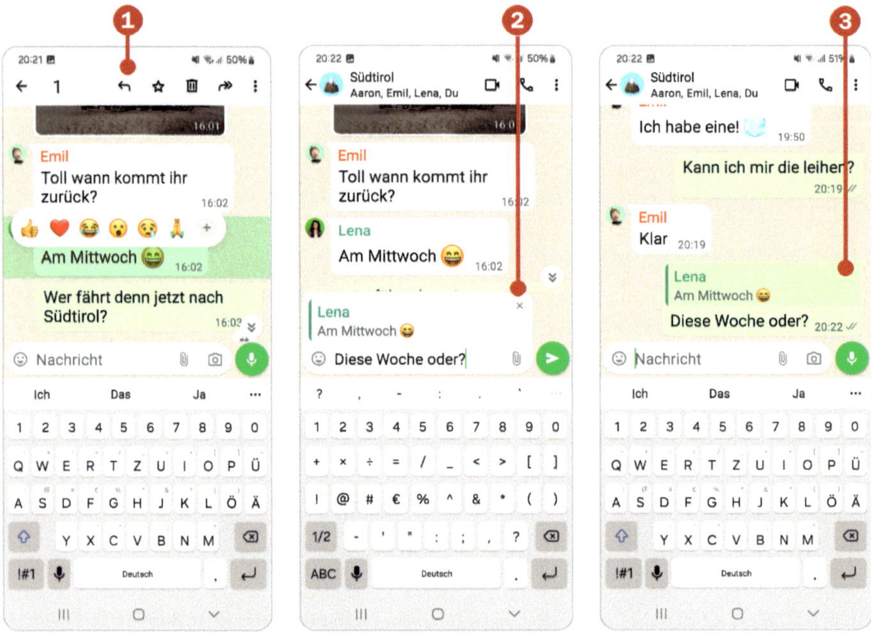

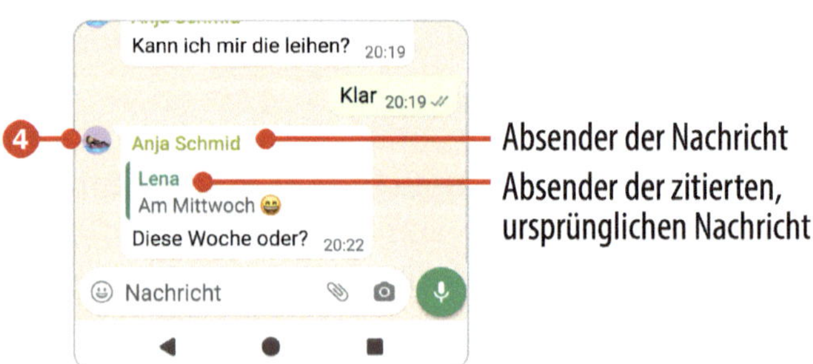

Bereits versendete Nachrichten bearbeiten

In Eile eine Nachricht verfasst, ohne nochmal zu lesen, abgeschickt, zack ein Fehler. Neben peinlichen Rechtschreibfehlern, kann die Nachricht auch durch falsche Texterkennung und Autokorrektur, kaum zu verstehen sein. Schlecht ist es auch, wenn man sich bei einem Datum oder einer Uhrzeit vertippt hat. Früher hat man einfach die falschen Worte oder Informationen in einer zweiten Nachricht nochmal korrigiert (z. B. Hälfte = Hefte), jetzt geht das viel eleganter.

Wichtig dabei zu wissen ist:

- Die Bearbeitungsfunktion ist nur innerhalb von **15 Minuten**, ab Versenden der Nachricht, verfügbar. Danach ist kein Bearbeiten von Textnachrichten mehr möglich.
- Sie können allerdings innerhalb der Zeit die Nachricht mehrmals bearbeiten, der Änderungsverlauf wird nicht angezeigt.
- Empfänger werden über die Korrektur informiert: Die im Nachhinein bearbeiteten Nachrichten erhalten den Vermerk ***bearbeitet***.
- Die Nachricht wird nicht nochmal neu versendet, sondern lediglich die Änderungen übernommen. An der Reihenfolge der Nachrichten innerhalb des Chats ändert dies nichts.

Für das Bearbeiten einer Nachricht, gehen Sie so vor:

- Tippen Sie etwas länger auf die von Ihnen gesendete Nachricht, die Sie bearbeiten möchten, sodass sie blau hinterlegt wird. Gehen Sie auf ***Weitere Optionen*** ⋮ und wählen Sie ***Bearbeiten*** 1 aus.
- Die versendete Nachricht wird wieder im Nachrichtenfeld angezeigt und kann bearbeitet werden.
- Wenn Sie die Nachricht doch unverändert lassen wollen, so können Sie die Bearbeitung mit dem Pfeil oben links 2 abbrechen. Dabei wird der Nachricht kein ***bearbeitet***-Vermerk hinzugefügt.
- Sind Sie mit Ihrer Bearbeitung zufrieden? Mit ✓ wird die Nachricht im Chat aktualisiert und mit der korrigierten Ver-

sion ersetzt. Am Vermerk ***bearbeitet*** ③ erkennt der Empfänger, dass Sie die Nachricht verändert haben. Welche Korrekturen dabei vorgenommen wurden, wird nicht angezeigt.

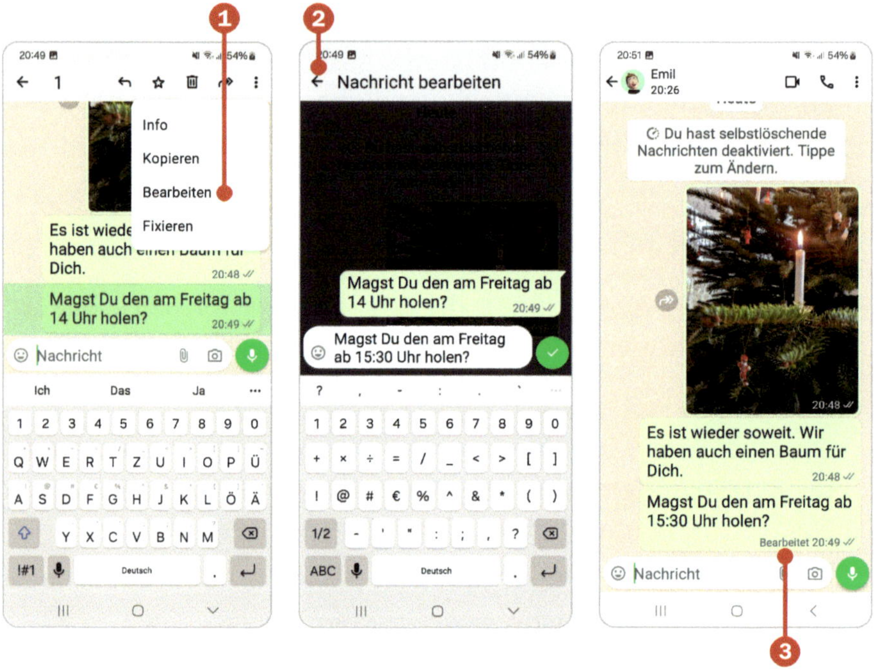

Tipp: Wenn die Berichtigung trotz korrekter Handhabung nicht angezeigt wird, verlassen Sie den Chat und zeigen Sie den Inhalt wieder an. Damit aktualisieren Sie die Anzeige.

Nachricht aus Gruppenchat privat beantworten

Sie können auf eine Nachricht eines Gruppenchats auch privat im Einzelchat antworten. Damit die Nachricht, wie im vorherigen Beispiel, zitiert wird, gehen Sie so vor:

- Tippen Sie die Nachricht im Gruppenchat etwas länger an ①.

- Öffnen Sie ***Weitere Optionen*** ⋮ und wählen Sie ***Privat antworten*** ② aus. Es wird automatisch in den Einzelchat gewechselt und Sie können Ihre Antwort eintippen und versenden.

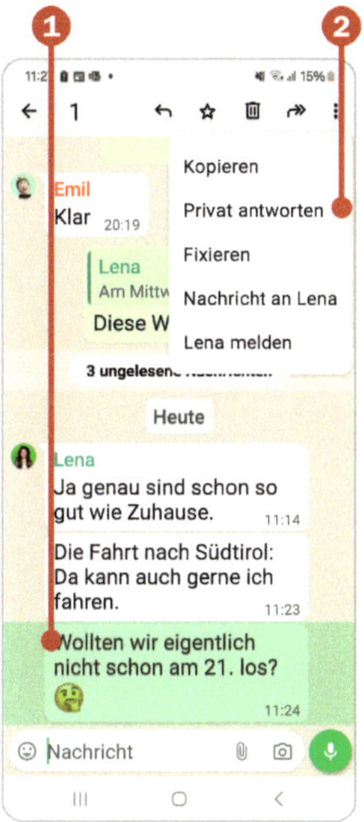

Nachricht im Gruppenchat

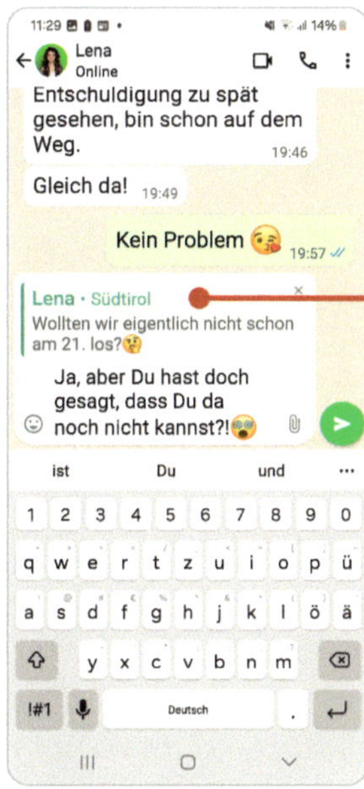

Gruppenchat, aus dem die Originalnachricht stammt

Antwort im Einzelchat

Bestimmte Person im Gruppenchat ansprechen

Im Gruppenchat kann man sich mit einer Information auch an ein bestimmtes Gruppenmitglied wenden und dieses direkt anzusprechen. So funktioniert's:

- Tippen Sie in das Nachrichtenfeld das @-Zeichen ① ein. Eine Möglichkeit ist, auf die Taste ***S*** etwas länger zu drücken. Eine Liste der Mitglieder des Gruppenchats wird angezeigt. Wählen Sie die Person ② durch Antippen aus.

- Geben Sie dann den Text ein und tippen Sie auf ***Senden***.

Die angesprochene Person erkennt bereits am @-Symbol ③ in der Chatübersicht, dass Sie in diesem Chat erwähnt wurde.

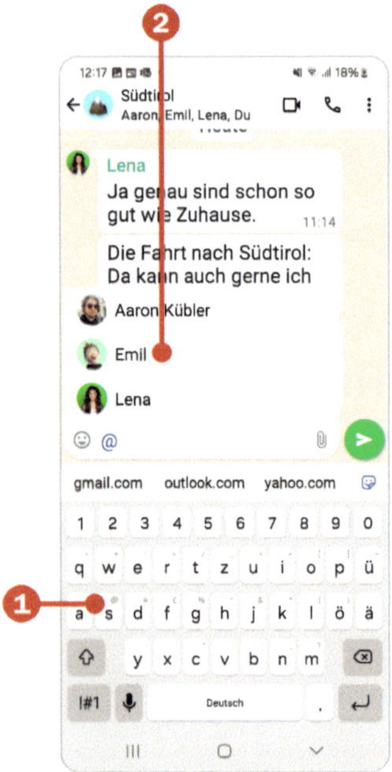

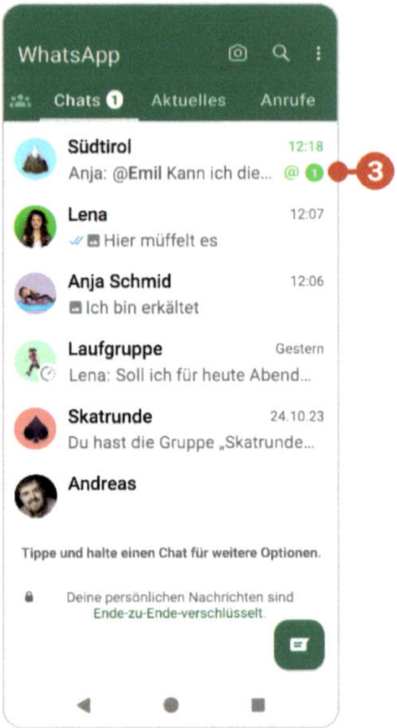

Medien an WhatsApp-Kontakte weiterleiten

Sie können Nachrichten, Fotos etc. eines Chats an eine oder mehrere Personen in WhatsApp weiterschicken. Diese Nachrichten erhalten den Hinweis „Weitergeleitet"; so weiß der Empfänger, dass der Absender nicht notwendigerweise der Urheber der Nachricht ist. Sie können natürlich auch eigene Nachrichten aus einem Chat an einen anderen weiterleiten.

Weiterleitung an mehrere Chats: Eine Nachricht kann **gleichzeitig** maximal an fünf Einzelchats und nur an einen Gruppenchat weitergeleitet werden. Sie können den Vorgang aber wiederholen.

- **Weiterleiten einer Text- oder Sprachnachricht:** Markieren Sie die Nachricht durch längeres Antippen im Chat und wählen Sie in der Bearbeitungsleiste ***Weiterleiten*** 1.

- **Andere Medien:** Leiten Sie mit (2), welches neben dem Foto, Dokument, Link etc. angezeigt wird, dieses weiter.
- Wählen Sie den Kontakt (3), die Gruppe oder gleich mehrere Kontakte durch Antippen aus und bestätigen Sie mit . Wenn Sie Medien nur an eine Person weiterleiten, wird nach der Weiterleitung der Chat mit dieser Person angezeigt.
- Der Empfänger sieht, dass die Nachricht weitergeleitet wurde (4).

Achtung: Hat eine Nachricht eine Bildunterschrift, wird diese, wenn Sie nicht eingreifen, mit weitergeleitet. Das ist sicherlich meist praktisch und manchmal vielleicht peinlich. Wenn Sie das nicht möchten, müssen Sie die Bildunterschrift durch Anklicken von *x* (5) entfernen. Dann können Sie auch eine eigene Nachricht hinzufügen.

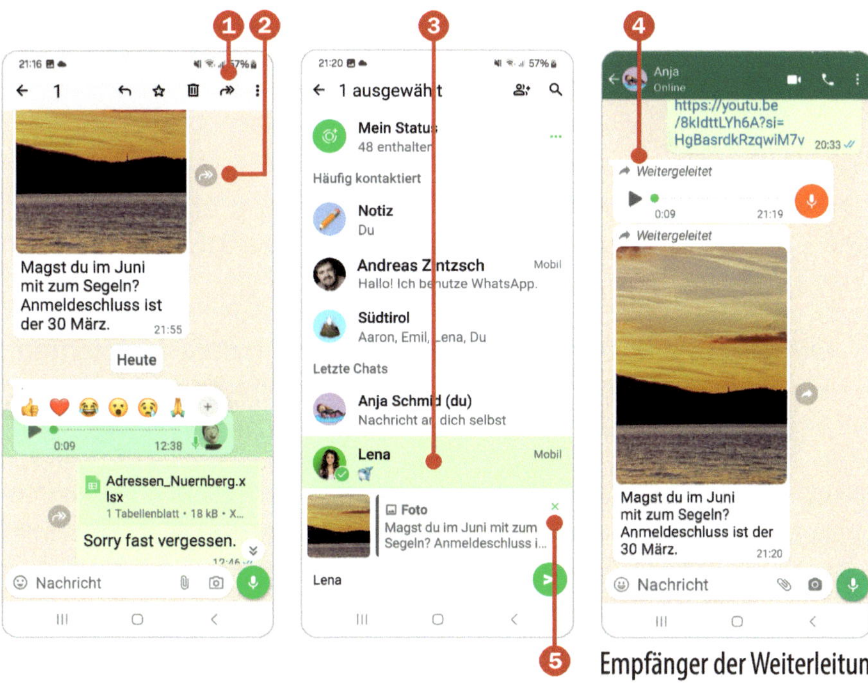

Empfänger der Weiterleitung

Häufig weitergeleitete Nachrichten:
Lustige Welpenvideos werden tausendfach weitergeleitet. Auf die gleiche Weise verbreiten sich aber auch Falschmeldungen schnell in den Sozialen Medien. WhatsApp weist auf ein häufig geteiltes Element hin, wenn Sie im Begriff sind diese Nachricht auch weiterzuleiten.

Beim Weiterleiten einer solchen Information können nicht mehr mehrere Personen- oder Gruppenchats **gleichzeitig** ausgewählt werden. Die Nachricht kann nur an einen Chat weitergeleitet werden. Damit soll die Verbreitungsgeschwindigkeit von Kettenbriefen oder möglicher Falschmeldungen reduziert werden.

Mit dieser Regelung wird dem Umstand Rechnung getragen, dass man Meldungen von Freunden eher Glauben schenkt, aber die Authentizität einer mehrfach weitergeleiteten Nachricht nur schwer überprüfbar ist.

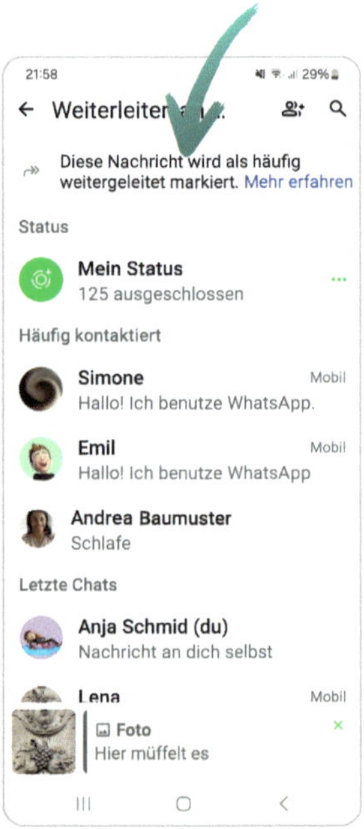

Medien teilen

Fotos, Videos und Musik, die Sie in WhatsApp erhalten haben, können auch über andere Wege an Freunde übermittelt werden, beispielsweise als Anhang zu einer E-Mail.

- Öffnen Sie den Chat und tippen Sie das zu teilende Element, z. B. ein Foto, etwas länger an. Die Bearbeitungsleiste wird angezeigt. Tippen Sie auf ⋮ und danach auf ***Teilen*** ❶.
- Im unteren Bereich werden alle zur verfügbaren Möglichkeiten angezeigt: Zum Weiterblättern wischen Sie horizontal über das Display. In diesem Beispiel wähle ich das E-Mail-Programm ❷ aus. Je nach Smartphone-Hersteller unterscheiden sich die Darstellungen.

Ein Nachrichtenformular wird aufgerufen. Tippen Sie in das Feld *An* die Empfängeradresse ein. Text und Bild aus WhatsApp werden in der Mail bereits angezeigt. Sie können ggf. weiteren Text ergänzen und dann auf ***Senden*** tippen.

Neben dem Teilen via E-Mail, stehen noch eine Vielzahl anderer Optionen zur Verfügung. Was genau, ist abhängig von den installierten Anwendungen auf Ihrem Smartphone und den Diensten (Facebook, Instagram), die Sie verwenden.

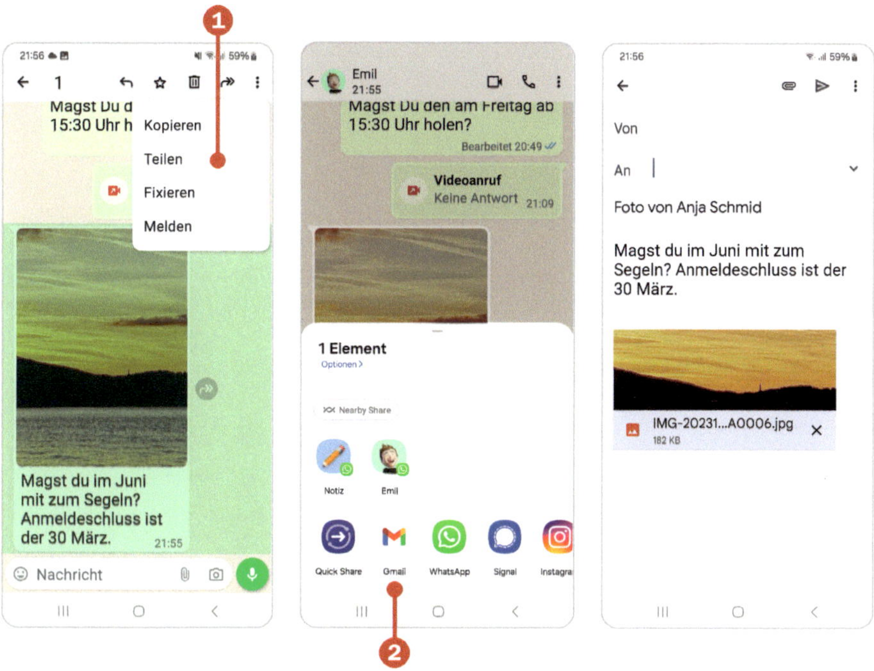

Einen Chat als ungelesen markieren

Mit der Funktion ***Als ungelesen markieren*** versehen Sie einen Chat in der Übersicht erneut mit einem grünen Punkt. Damit erinnern Sie sich z. B. daran, dass Sie dem Absender noch eine Antwort schuldig sind oder noch etwas zu erledigen ist.

- Tippen Sie den Chat etwas länger an ①, bis die Bearbeitungsleiste am oberen Bildschirmrand angezeigt wird.
- Tippen Sie auf ⋮ und wählen ***Als ungelesen markieren*** ② aus.
- Der Chat wird jetzt in der Übersicht mit einem grünen Punkt ③ versehen und der Bereich ***Chats*** erhält den Hinweis auf eine ungelesene Nachricht. Sobald Sie den Chat durch Antippen anzeigen, verschwinden die Markierungen wieder.

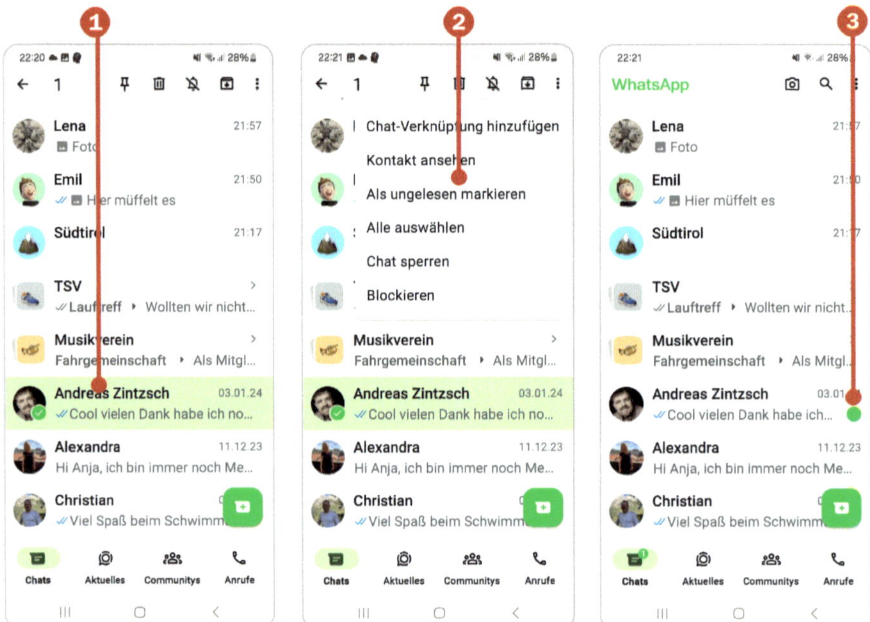

Chat stummschalten

Standardmäßig kündigt sich jede neue Nachricht durch einen Benachrichtigungston an. Sofern das Smartphone nicht auf lautlos gestellt ist, kann daraus durch Gruppenchats mit vielen Teilnehmern und großem Mitteilungsbedürfnis ein Dauerton entstehen. Wen das ständige Gebimmel gerade stört, stellt den entsprechenden Gruppenchat einfach auf lautlos. Gleiches gilt übrigens für Einzelchats, hier ist nur in der Regel nicht so viel los.

- Zeigen Sie den Chat an, öffnen Sie ***Weitere Optionen*** ⋮ und wählen Sie ***Benachr. stummschalten*** (1) aus.
- Entscheiden Sie dann, wie lange kein Signalton mehr ertönen soll (2), und bestätigen Sie mit ***OK***.
- Einen stummgeschalteten Chat erkennen Sie am durchgestrichenen Lautsprechersymbol (4) im Bereich ***Chats***.

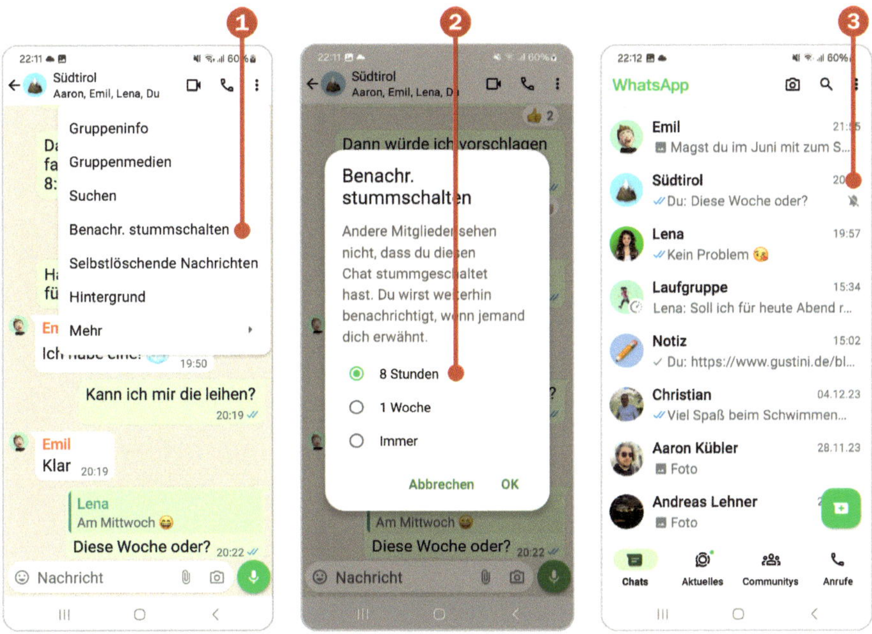

Stummschaltung vorzeitig beenden: Tippen Sie oben auf den Gruppennamen oder im Einzelchat auf den Namen des Freundes, um die Gruppeninfo bzw. Kontaktinfo anzuzeigen. Hier sehen Sie, bis wann der Chat stummgeschaltet ist. Tippen Sie auf den Regler, um die Stummschaltung auszuschalten .

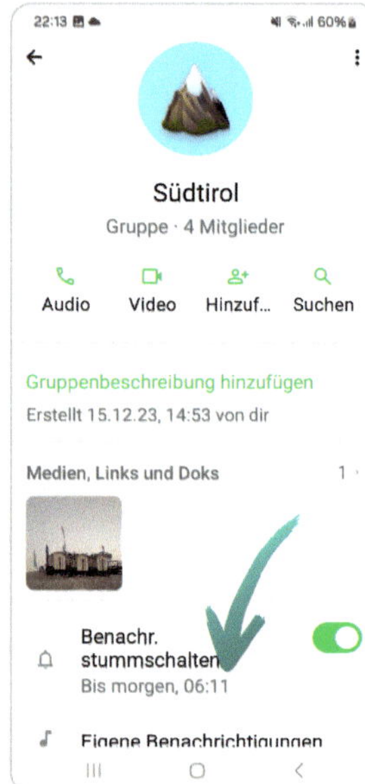

Hinweis: In einem Gruppenchat können Mitglieder persönlich angesprochen werden (siehe Seite 203). So versendete Textnachrichten werden trotz Stummschaltung mit einem Benachrichtigungston beim Genannten angekündigt. Mit der direkten Anrede ist oft auch eine Dringlichkeit oder ein Handlungsauftrag verbunden, deshalb soll der Angesprochene darauf aufmerksam gemacht werden.

7.3 Nachrichten löschen

Sie können in einem Chat alle Elemente - eigene oder fremde Inhalte - löschen, sogar den ganzen Chat (siehe dazu Seite 250). Vielleicht möchten Sie ein paar Videos und Fotos loswerden, diese können parallel auch gleich vom Handy entfernt werden. Die Löschung betrifft nur Ihr Smartphone; bei Ihrem Chatpartner oder den Mitgliedern in einem Gruppenchat bleibt alles so, wie es ist.

Von dieser Regel gibt es eine Ausnahme. In einem Zeitfenster können Sie eigene Nachrichten löschen und zwar für alle Teilnehmer im Chat, egal ob es sich dabei um einen Einzel- oder Gruppenchat handelt.

Die Handhabung ist in beiden Fällen fast gleich, die Idee dahinter ist eine grundsätzlich andere. Beginnen wir mit der wichtigeren und häufiger genutzten Option:

Versehentlich versendete Nachricht löschen

Kurz nicht aufgepasst und schon ist es geschehen: Eine Nachricht wurde versehentlich im falschen Chat eingegeben und versandt. Oder der Inhalt der Nachricht ist fehlerhaft. Alles nicht tragisch, weil Sie die Nachricht löschen können. Diese wird dann auch im Chat des Empfängers oder im Gruppenchat gelöscht. Neben Textnachrichten können auch alle anderen Medien, z. B. Standortinfos, Fotos, Videos oder Sprachnachrichten, gelöscht werden.

- Zeigen Sie den Chat an und tippen Sie die von Ihnen versendete Nachricht etwas länger an. Die Bearbeitungsleiste wird am oberen Rand angezeigt. Tippen Sie hier auf das Papierkorbsymbol ①.
- Wählen Sie im nächsten Schritt ***Für alle löschen*** ② aus. Handelt es sich um ein Bild oder Video, wird dieses auch aus dem WhatsApp-Ordner der Chatteilnehmer entfernt.
- Im Chatfenster wird die Meldung ***Du hast diese Nachricht gelöscht*** angezeigt. Die Meldung ***Diese Nachricht wurde gelöscht*** ③ erscheint bei den anderen Teilnehmern des Chats.

Diese spezielle Löschoption steht nur eine gewisse Zeit zur Verfügung – in etwa zwei Tage - danach wird die Option nicht mehr angeboten.

Wenn für die fehlerhafte Nachricht schon eine Lesebestätigung angezeigt wird (zwei blaue Häkchen), wurde die Nachricht vom Empfänger zwar schon gelesen, sie kann aber trotzdem noch gelöscht werden. Das gilt auch für den Gruppenchat.

Damit das Löschen klappt, sollten Sender und Empfänger die aktuelle WhatsApp-Version auf dem Smartphone gespeichert haben. Letztendliche Sicherheit, ob die Nachricht wirklich gelöscht wurde, erhalten Sie nicht.

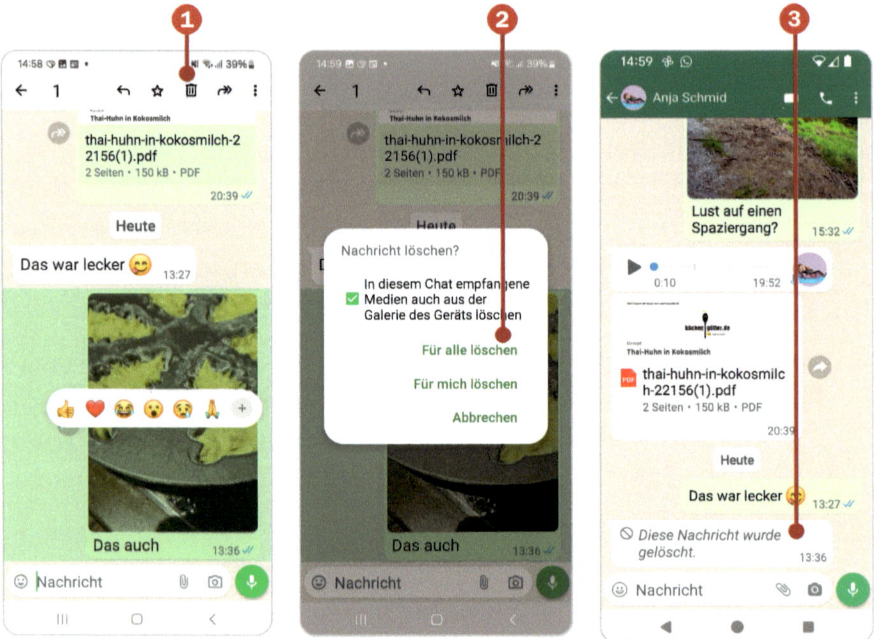

Anzeige beim Chatpartner

Gruppenadministrator kann alle Nachrichten löschen

Wie schon gesagt, können Sie immer nur Ihre eigene Nachricht für alle löschen. Aber auch davon gibt es eine Ausnahme: Gruppenadministratoren können im Gruppenchat ebenfalls in einem Zeitfenster von grob zwei Tagen Nachrichten von allen Teilnehmern für alle löschen. Damit können unangemessene Nachrichten oder Bilder schnell entfernt werden.

- Wählen Sie die Nachricht aus und tippen Sie oben auf das Papierkorbsymbol. Wählen Sie dann ***Für alle löschen*** 1 und bestätigen Sie mit ***Für alle löschen*** 2.
- Im Gruppenchat erscheint dann eine Nachricht 3, dass das Element vom Admin gelöscht wurde.

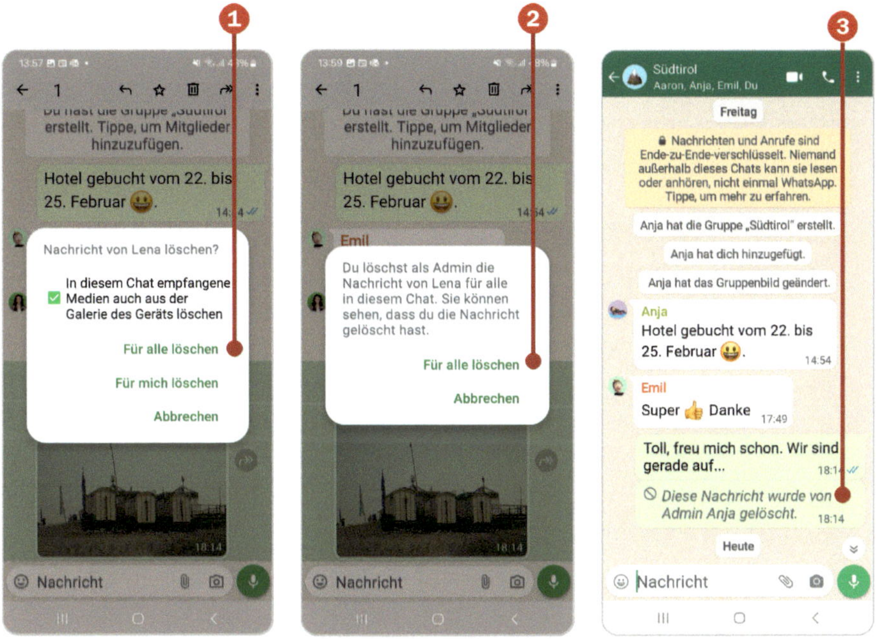

Störende Nachrichten oder Medien löschen

Räumen Sie Ihren Chatverlauf auf oder entfernen Sie Medien, die Sie nicht interessieren. Dies gilt für eigene Nachrichten und auch für fremde. Die Löschungen beziehen sich nur auf Ihr Gerät, die Anzeige beim Chatpartner bleibt unberührt.

- Tippen Sie das Element etwas länger an und wählen Sie in der Bearbeitungsleiste das Papierkorbsymbol 1.
- Möchten Sie gleich mehrere Elemente löschen, markieren Sie einfach weitere durch Antippen. Oben links 2 wird angezeigt, wie viele Elemente Sie markiert haben. Durch nochmaliges Antippen können Sie eine Markierung wieder entfernen.
- Sie müssen entscheiden, ob Sie **zugeschickte** Fotos oder Videos auch aus der Galerie (App zur Anzeige Ihrer Fotos) lö-

schen möchten. Wenn Sie gerade Ordnung und Platz schaffen möchten, ist das vielleicht auch gewollt. Falls Sie das nicht möchten, entfernen Sie das Häkchen (3) durch antippen. Wenn Sie kein Video oder Foto markiert haben, erscheint der Text nicht.

- Tippen Sie auf ***Für mich löschen*** (4). Für einen kurzen Zeitraum erscheint am unteren Bildschirmrand ein schwarzer Balken, der Ihnen ermöglicht, die Löschung zurückzunehmen. Falls Sie die falsche Nachricht oder das falsche Bild gelöscht haben, tippen Sie auf ***Rückgängig*** (5).

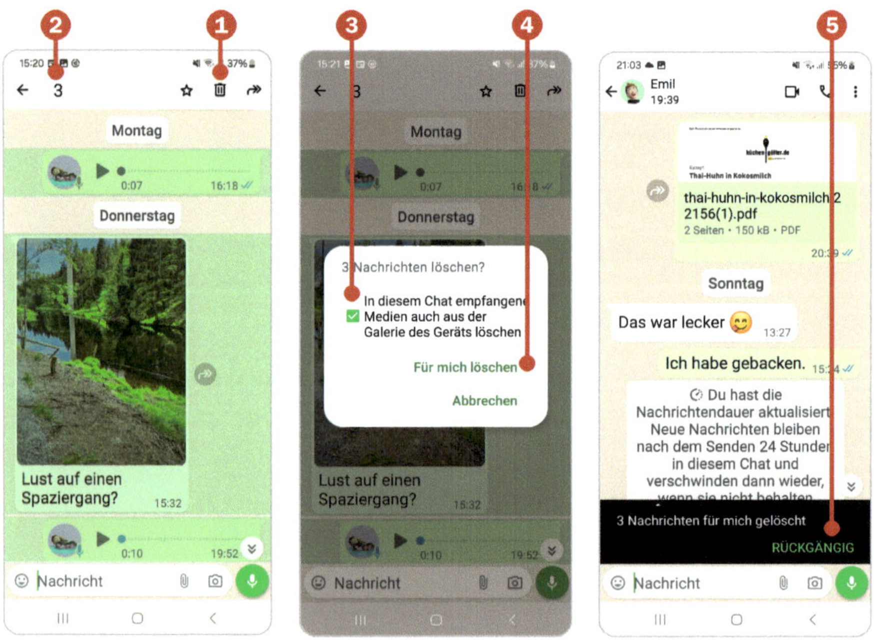

Selbstlöschende Nachrichten

Manche Chats dienen der Terminvereinbarung: Ich habe beispielsweise einen Chat in dem die Mitglieder einen Laufgruppe nur schreiben, dass Sie zum Training kommen. Diese Nachrichten benötigt man nach einer Woche nicht mehr.

Für Chats dieser Art kann eingestellt werden, dass Nachrichten nach einer bestimmten Dauer automatisch gelöscht werden. Dabei ist es unerheblich, ob der oder die Empfänger (Gruppe) die Nachricht gelesen haben. Nach Ablauf der Frist ist die Nachricht für alle verschwunden. Die Einstellung gilt ab Vereinbarung, alte Nachrichten bleiben davon unberührt.

Fotos und Videos, die in einem Chat dieser Art versandt werden, werden zwar beim Empfänger nicht in den entsprechenden WhatsApp-Ordnern angezeigt, können aber von den Chatpartnern jederzeit gespeichert werden.Nachrichten können auch an einen anderen Chat weitergeleitet werden. Diese werden dort nicht nach Ablauf der Frist gelöscht.

Die Funktion „Selbstlöschende Nachrichten" hat mehr ordnenden Charakter und spart ein wenig Speicherplatz. Sie ist kein Datenschredder, da natürlich jeder Chatteilnehmer neben den gerade genannten Möglichkeiten auch immer einen Screenshot des Chats anfertigen kann.

Selbstlöschende Nachrichten für einen Gruppenchat aktivieren

- Zeigen Sie die Gruppeninfo durch Antippen des oberen Bereichs (1) an.
- Tippen Sie auf ***Selbstlöschende Nachrichten*** (2) und wählen Sie eine Dauer (3) aus, nach deren Ab-

lauf die Nachrichten gelöscht werden. Verlassen Sie den Bereich durch Antippen des Pfeils links oben.

- Im Gruppenchat erscheint ein Hinweis (4), dass „Selbstlöschende Nachrichten“ aktiviert wurde. Das Profilbild des Chats erhält ein Uhrsymbol als deutlichen Hinweis auf die Funktion.

- Auf demselben Weg wird die Funktion durch Auswahl von ***Aus*** wieder deaktiviert.

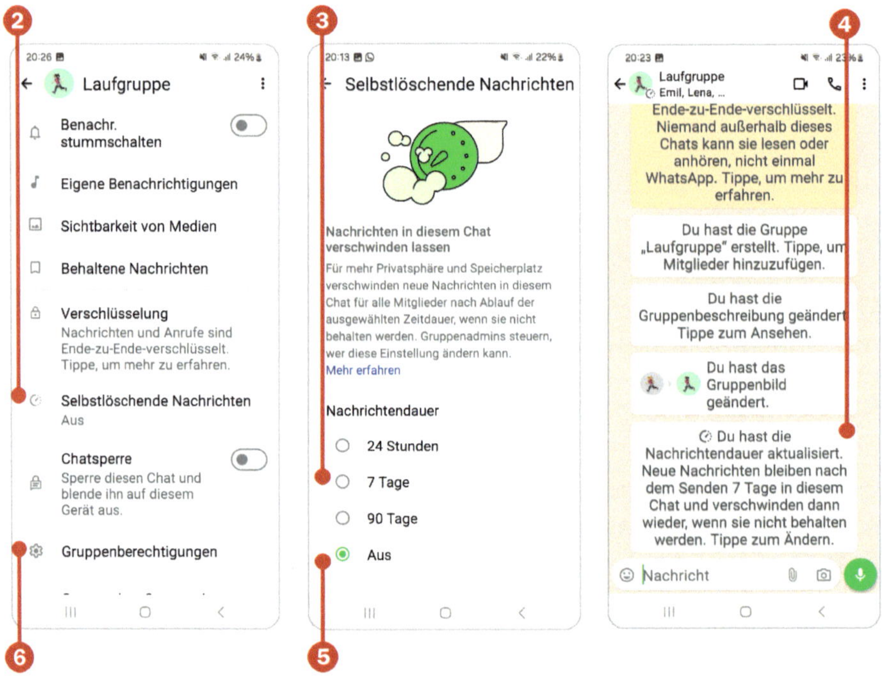

Hinweis: Grundsätzlich kann in einem Gruppenchat jedes Mitglied die Funktion aktivieren bzw. deaktivieren. Der Gruppenadmin kann das allerdings unterbinden: Dazu rufen Sie die Gruppeninfo auf, wählen Gruppeneinstellungen (5) (nur für Admins verfügbar) und wählen dann *Gruppeninfo bearbeiten* ► *Nur Admins*.

Selbstlöschende Nachrichten im Einzelchat aktivieren

Im Chat mit einer Person sind beide Partner gleichermaßen befugt, „Selbstlöschende Nachrichten“ zu aktivieren bzw. wieder zu deaktivieren.

- Die Aktivierung erfolgt ähnlich wie im Gruppenchat. Tippen Sie auf den Bereich oben, um die Kontaktinfo zu öffnen, und wählen Sie ***Selbstlöschende Nachrichten*** aus. Dann wählen Sie eine Nachrichtendauer aus und verlassen den Chat mit dem Pfeil links oben. Mit Auswahl von ***Aus*** deaktivieren Sie „Selbstlöschende Nachrichten“ wieder.

Nachrichten behalten

WhatsApp hat eigens die Option „Behalten“ eingebaut, damit Chatteilnehmer sich keiner Umwege bedienen müssen, um Nachrichten in einem sich selbstlöschenden Chat vor der Löschung zu bewahren.

- Markieren Sie die Nachricht, in dem Sie etwas länger darauf tippen.
- Wählen Sie in der Bearbeitungsleiste die Option ***Behalten*** (1) aus. Die Nachricht erhält ein kleines Symbol neben der Uhrzeit (2). Dieses Symbol sehen auch die anderen Chatteilnehmer.

Auf demselben Weg sorgen Sie dafür, dass eine Nachricht nicht mehr behalten wird.

Sie können sich alle Nachrichten, die behalten wurden, gemeinsam anzeigen lassen. Dazu tippen Sie auf den Bereich oben, um die Kontaktinfo anzuzeigen und wählen ***Behaltene Nachrichten*** (3) aus. Zur Erinnerung: Diese Funktion steht nur in Chats mit selbstlöschenden Nachrichten zur Verfügung.

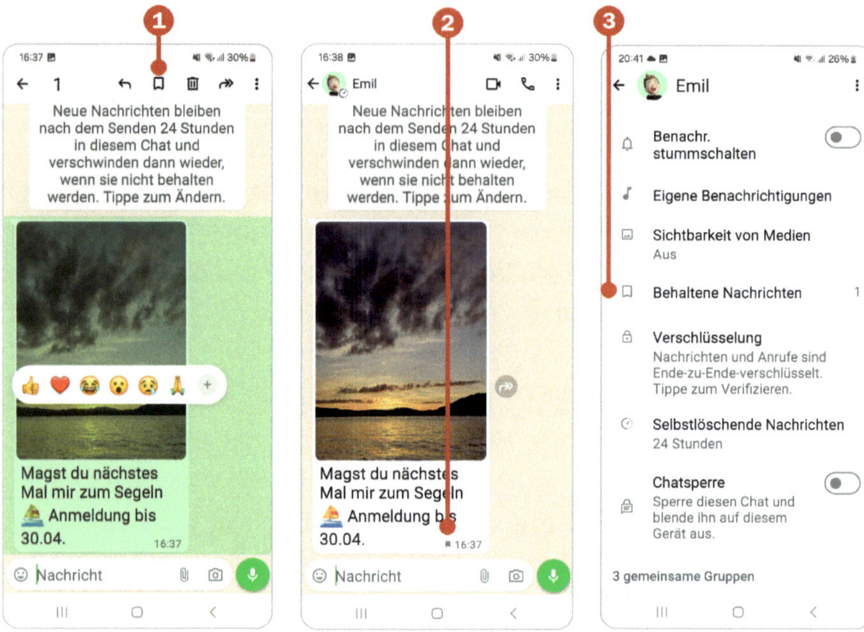

Selbstlöschende Nachrichten automatisch für alle Chats

Falls sich für Sie die Funktion als nützlich erweist, können Sie diese für **alle neuen** Chats vereinbaren und damit in allen Chats nach Ablauf einer gewissen Dauer Nachrichten, Fotos, Sprachnachrichten,etc. automatisch und unwiederbringlich löschen.

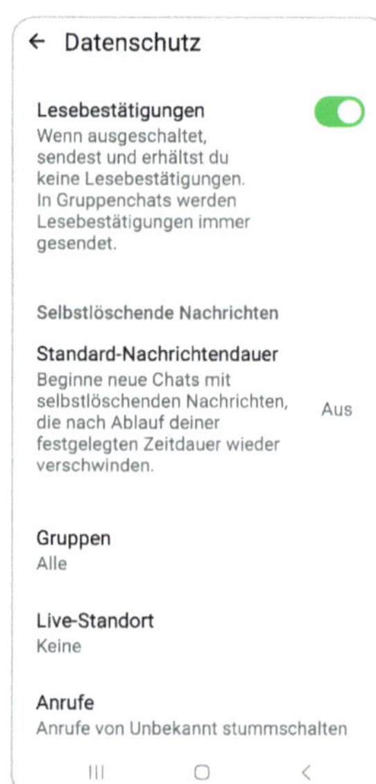

Wählen Sie dazu ***Weitere Optionen*** ⋮ ▶ ***Einstellungen*** ▶ ***Datenschutz*** und tippen Sie auf den Bereich Standard-Nachrichtendauer. Hier wählen Sie die Nachrichtendauer durch Antippen aus. Verlassen Sie den Bereich wieder über den Pfeil links oben.

Diese Nachricht zerstört sich selbst

Wie im Agententhriller können auch Sie Elemente verschicken, die vom Empfänger nur einmal angesehen werden können, dabei kann es sich um Fotos, Videos oder Sprachnachrichten handeln. Diese Medien zur einmaligen Betrachtung werden nicht in der Galerie Ihres Chatpartners gespeichert und können weder weitergeleitet, kopiert, gespeichert noch geteilt werden. Das gilt sowohl für den Chat mit einer Person als auch für Gruppenchats. Die Option der Einmalansicht wird bei der Versendung von Fotos, Videos und Sprachnachrichten automatisch eingeblendet.

Versenden eine Nachricht zur einmaligen Betrachtung

- Wählen Sie ein Foto oder Video aus und fügen Sie ggf. einen Text hinzu. Oder sprechen Sie eine Sprachnachricht ein. Dabei muss die Aufnahmetaste gesperrt werden, da sonst die Option zur Auswahl der Einmalansicht nicht angezeigt wird.
- Tippen Sie auf 1, um die einmalige Ansicht festzulegen. Das Symbol verändert sein Aussehen 2. Versenden Sie die Nachricht.
- Auch im eigenen Chat sehen Sie nur, welches Element 3 Sie verschickt haben, aber nicht was genau. Sobald der Empfänger das Foto bzw. Video betrachtet oder die Nachricht angehört hat, wird in Ihrem Chat die Information ***Geöffnet*** 4 angezeigt.

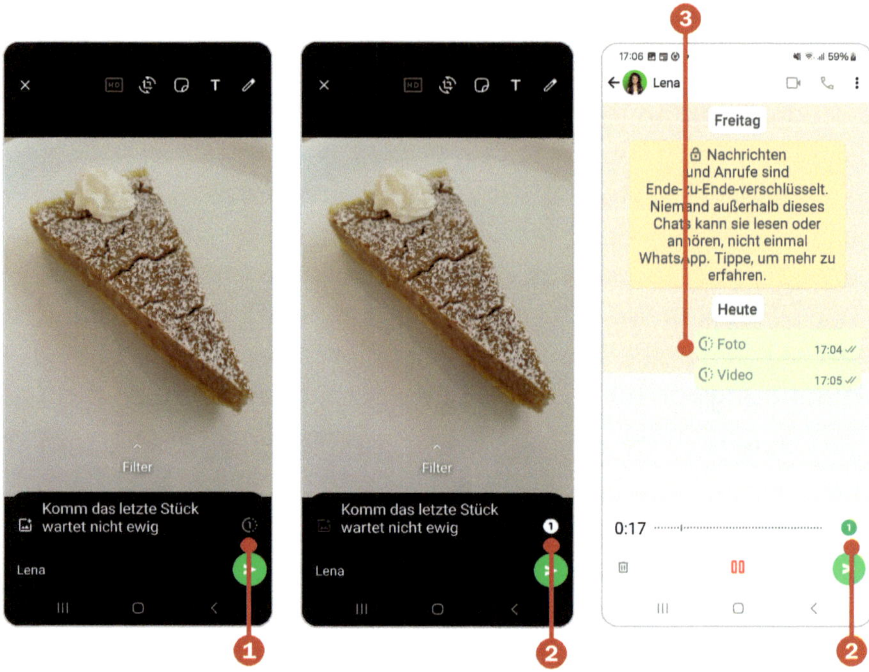

Einmalnachricht erhalten

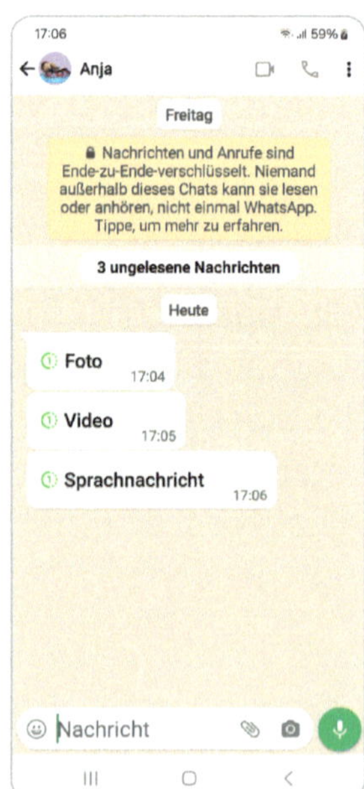

Das Foto bzw. Video wird im Chat nicht angezeigt. Der Empfänger erfährt nur, dass es sich um ein Foto bzw. Video oder eine Sprachnachricht handelt.

- Tippen Sie die Nachricht an. Das Foto bzw. Video wird angezeigt. Sobald Sie die Ansicht über den Pfeil links oben verlassen, kann die Nachricht nicht nochmals betrachtet werden.
- Die Sprachnachricht wird auch in einer separaten Anzeige geöffnet. Hier können Sie die Nachricht mehrmals ab-

spielen. Sobald die Anzeige über das x links oben verlassen wird, wird auch die Sprachnachricht entfernt.

- Nach dem Betrachten bzw. Anhören der Nachricht werden auch beim Empfänger die einzelnen Einmalnachrichten als ***Geöffnet*** ausgewiesen.

Hinweis: Wenn die Person, die Ihre Einmalansicht-Nachricht empfängt, eine aktuelle WhatsApp-Version verwendet, so wird die **Screenshot-Erstellung blockiert**. Bei der Nutzung älterer Versionen ist dies nicht gewährleistet. Seien Sie sich jedoch bewusst, dass es immer wieder Schlupflöcher geben wird. Gehen Sie deshalb sehr vertraulich mit Ihren sensiblen Daten um – es gibt nie eine Garantie.

7.4 Absender blockieren

Erhalten Sie Nachrichten von Personen, die Sie nicht kennen, oder dokumentiert ein Bekannter seinen gesamten Tagesablauf und schickt zu viele Nachrichten und Bilder? Dann können Sie den Kontakt blockieren und es kommt nichts mehr an. Für die Blockierung ist es unerheblich, ob Sie den Kontakt im Adressbuch gespeichert haben oder nicht.

Alle Nachrichten und Medien, die die Person ab der Blockierung an Sie verschickt, werden nicht mehr übermittelt. Wenn die blockierte Person einen Broadcast mit Ihnen als Empfänger versendet, erhalten Sie diesen ebenfalls nicht. Auch Anrufe über WhatsApp erreichen Sie nicht mehr. Lediglich in einem Gruppenchat sehen Sie noch Nachrichten der blockierten Person.

Blockierung einrichten

- Zeigen Sie den Chat mit der Person an, die Sie blockieren möchten. Wählen Sie ***Weitere Optionen*** ⋮ ▶ ***Mehr*** ❶ ▶ ***Blockieren*** aus und bestätigen Sie mit ***Blockieren*** ❷.
- Im Chat sehen Sie die Information, dass Sie diese Person blockiert haben.
- Sendet eine Person, die nicht in Ihrem Adressbuch hinterlegt ist, eine Nachricht, so können Sie diesen Kontakt gleich bei der ersten Kontaktaufnahme im Chat blockieren ❸.

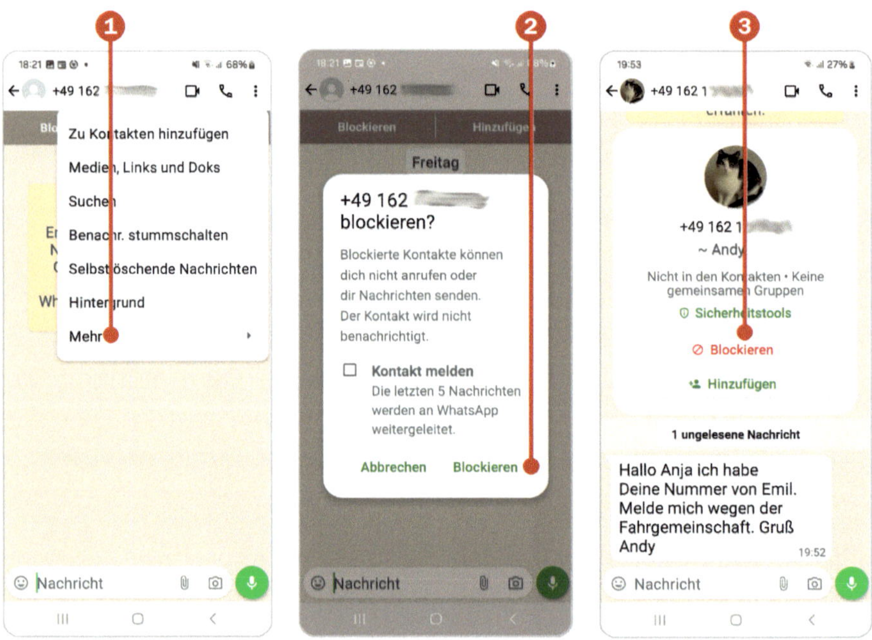

Woran erkennt man, dass man blockiert wurde?

Sie erhalten keine Meldung, dass Sie blockiert wurden. Es gibt Indizien, die nahelegen, dass eine Blockierung vorliegt:

- Im Chat werden die versendeten Nachrichten nur noch mit einem Häkchen angezeigt (versendet). Das zweite Häkchen, dass die Nachricht zugestellt wurde, erscheint nicht mehr.
- Der ***Zuletzt online-Zeitstempel*** wird nicht mehr angezeigt.
- Das Profilbild der Person, die Sie wahrscheinlich blockiert hat, wird nicht mehr angezeigt.

Blockierung aufheben

Wählen Sie rechts oben ***Weitere Optionen*** ⋮ ▶ ***Einstellungen*** ▶ ***Datenschutz*** und tippen Sie auf ***Blockierte Kontakte***, um eine Liste aller blockierten Kontakte anzuzeigen.

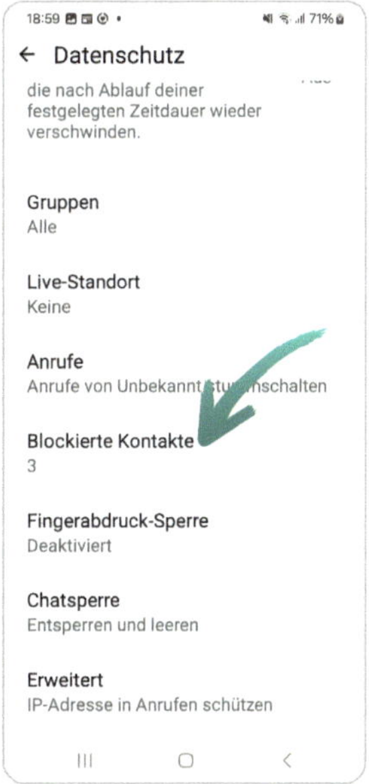

- Tippen Sie etwas länger auf den Kontakt, dessen Blockierung Sie aufheben möchten, und dann nochmals auf ***XY freigeben***. Wenn alles funktioniert hat, ist der blockierte Kontakt jetzt nicht mehr in der Liste aufgeführt.

Nachrichten, die während der Blockierung übersandt wurden, werden nicht nachträglich übermittelt.

7.5 WhatsApp auf anderen Geräten nutzen

Ihre WhatsApp-Chats können Sie auch auf Ihrem Computer lesen und dort ebenso Nachrichten versenden. Ich persönlich finde das sehr praktisch, da die Texte an einem großen Monitor leichter zu lesen sind und ich auf einer physischen Tastatur einfach schneller tippe. Sie können hier zum einen WhatsApp im Browser verwenden oder Sie benutzen die WhatsApp Desktop-App, die Sie auf Ihren PC downloaden. Generell können mit Ihrem Smartphone bis zu vier Geräte verbunden werden, ein Smartphone als Hauptgerät ist jedoch unentbehrlich. Wenn die Verknüpfung hergestellt wurde, verbindet sich das Gerät selbst mit WhatsApp. Dann kann das Smartphone sogar ausgeschaltet sein.

WhatsApp im Browser verwenden

WhatsApp mit dem Browser verbinden

- Öffnen Sie an Ihrem Computer/Laptop einen Browser, z. B. Microsoft Edge, Google Chrome oder Mozilla Firefox, und navigieren Sie zu ***https://web.whatsapp.com*** 1. Falls der verwendete Browser nicht unterstützt wird, erhalten Sie Vorschläge für besser geeignete Browser.
- Öffnen Sie WhatsApp auf Ihrem Smartphone und zeigen Sie den Bereich ***Chats*** an. Öffnen Sie ***Weitere Optionen*** ⋮ und wählen Sie ***Verknüpfte Geräte***. Tippen Sie auf Ihrem Smartphone auf ***Gerät hinzufügen*** 2 und bestätigen Sie mit ***OK***. Unter Umständen müssen Sie den Code bzw. Fingerabdruck eingeben, den Sie zum Entsperren des Smartphones verwenden. Das ist eine zusätzliche Sicherheitseinstellung.
- Scannen Sie den QR-Code auf Ihrem Computerbildschirm. Dazu halten Sie das Smartphone so, dass via Kamera der QR-Code aufgenommen werden kann.

Unter Umständen müssen Sie innerhalb dieses Prozesses den Zugriff auf die Kamera des Smartphones ermöglichen. Dazu erscheint eine Abfrage auf dem Bildschirm, die Sie durch Antippen von ***Zulassen*** bestätigen.

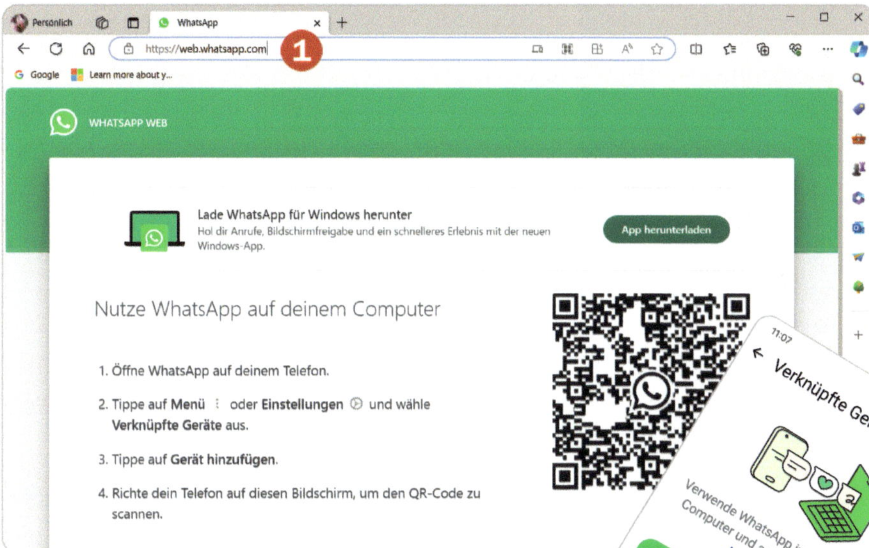

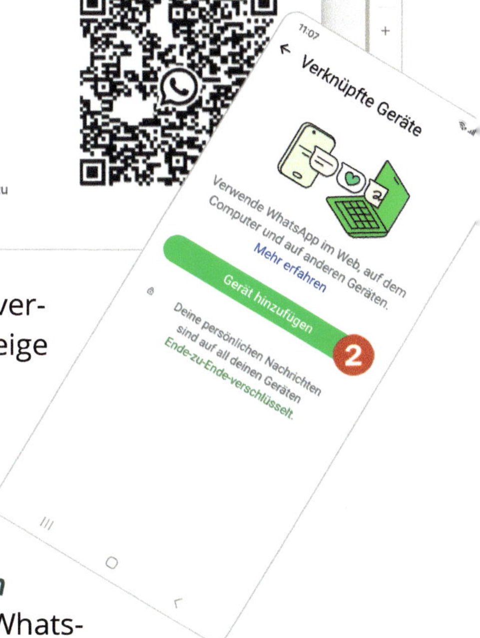

Sobald Smartphone und Browser verbunden wurden, wechselt die Anzeige im Browserfenster am Computer. Die Chatdaten werden synchronisiert und Ihre Chats werden im Browser wiedergegeben. Ab jetzt werden, wenn Sie die Adresse ***https://web.whatsapp.com*** in diesem Browser aufrufen, Ihre WhatsApp-Inhalte angezeigt. Sollte der Rechner allerdings nicht Ihr eigener sein, ist es besser, die Verbindung nach Durchsicht Ihrer Nachrichten wieder zu trennen. Dazu gleich mehr.

Bedienung im Browser

- **Zu anderen Bereichen wechseln:** Beim Öffnen wird immer die Chatübersicht angezeigt. Sie wechseln über die Leiste 1 zu den Bereichen ***Communitys***, ***Status*** und ***Kanäle***. Mit [+] zeigen Sie die Kontaktliste an und starten einen neuen Chat.
- **Textnachricht verschicken:** Klicken Sie den gewünschten Chat auf der linken Seite an und tippen Sie rechts unten Ihre Nachricht ein 2. Links neben dem Nachrichtenfeld finden Sie die Schaltfläche für Emojis. Mit der Enter-Taste versenden Sie die Nachricht.
- **Foto oder Dokument versenden:** Die Datei muss auf dem Computer gespeichert sein. Klicken Sie auf das Plussymbol 3 und wählen Sie aus, um ein Foto zu verschicken, oder zum Versenden von Dokumenten. Einen Link zu einer Webseite können Sie einfach in der Adressleiste des Browsers kopieren und im Nachrichtenfeld einfügen und versenden.
- **Sprachnachricht aufnehmen:** Um die Aufnahme zu starten, klicken Sie auf das Mikrofon 4. Der Computer muss dazu über ein Mikrofon verfügen und Sie müssen den Zugriff erlauben.
- **Neue Gruppe erstellen:** Klicken Sie auf Menü ⋮ 5 auf der linken Seite und wählen Sie ***Neue Gruppe*** aus.
- **Suche:** Über die Suche 6 finden Sie Chats. Tippen Sie einfach den Namen des Freundes oder der Gruppe ein. Es werden aber auch Übereinstimmungen in Chattexten gefunden.
- **Nachrichtenreaktion:** Zeigen Sie mit der Maus auf ein Bild, Foto, etc., um auf eine Nachricht zu reagieren. Ein Emoji-Symbol 7 wird angezeigt. Durch Antippen blenden Sie die Reaktionsleiste ein.
- **Weitere Bearbeitungsoptionen:** Weitere Befehle erhalten Sie, indem Sie auf das Foto, die Nachricht etc. mit der Maus zeigen. Rechts oben wird ein Pfeil 8 eingeblendet, der weitere Optionen durch Anklicken zur Verfügung stellt.

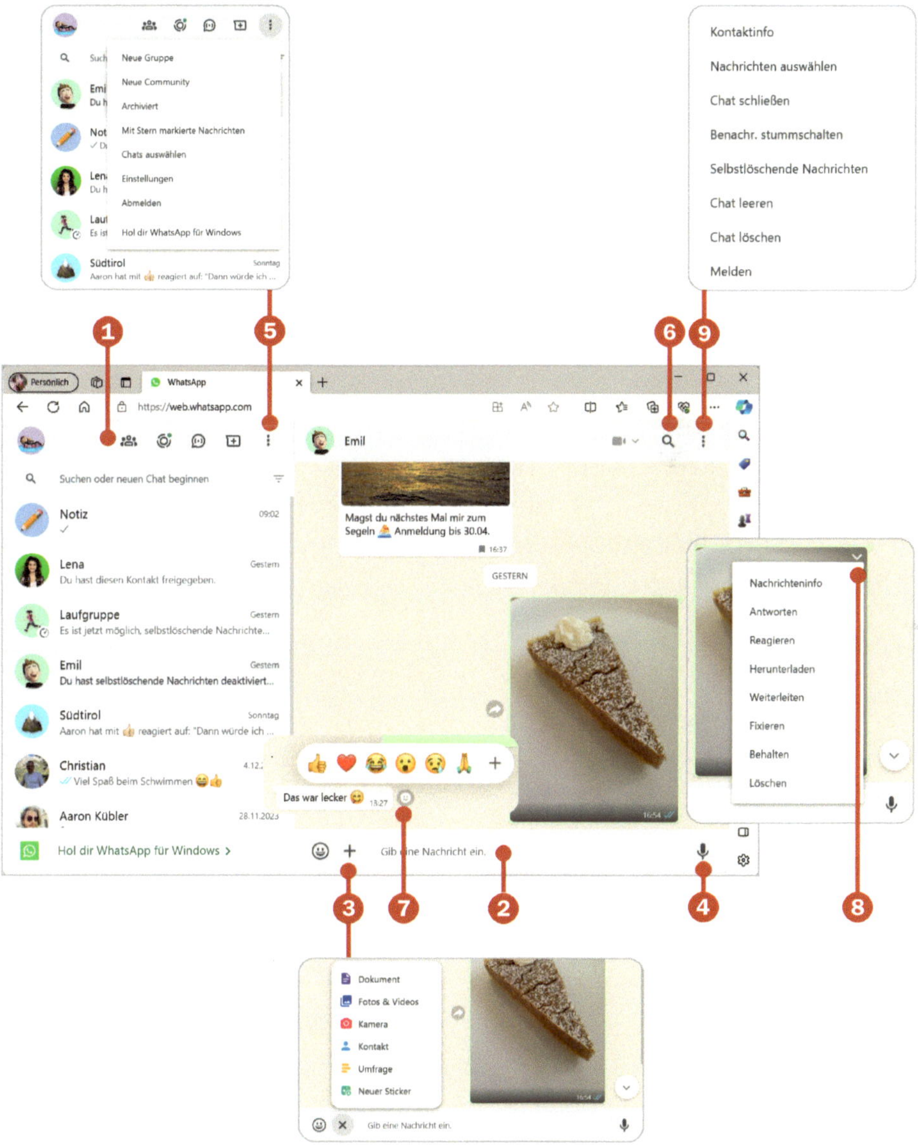

Benachrichtigung stummschalten: Zeigen Sie den betreffenden Chat an, klicken rechts auf Menü ⋮ und wählen ***Benachr. stummschalten*** 9 aus. Als nächstes entscheiden Sie, wie lange der Chat stummgeschaltet werden soll und bestätigen nochmals.

Meldungen: Meldungen werden links oben über dem Suchfeld angezeigt. Dabei kann es sich um einen Hinweis auf ein Update handeln oder die Information, dass Ihr Gerät gerade nicht mit dem Internet verbunden ist.

WhatsApp im Browser trennen

Um Smartphone und Browser zu trennen, tippen Sie im Browser auf das Menü ⋮ links und wählen ***Abmelden*** ❶ aus.

Falls Sie übersehen haben, sich an einem Gerät abzumelden, auf welches Sie momentan keinen Zugriff haben, dann öffnen Sie WhatsApp am Smartphone und wählen ***Weitere Optionen*** ⋮ ▸ ***Verknüpfte Geräte*** aus. Hier tippen Sie auf die Verknüpfung, die Sie trennen möchten ❷, und wählen dann ***Abmelden***.

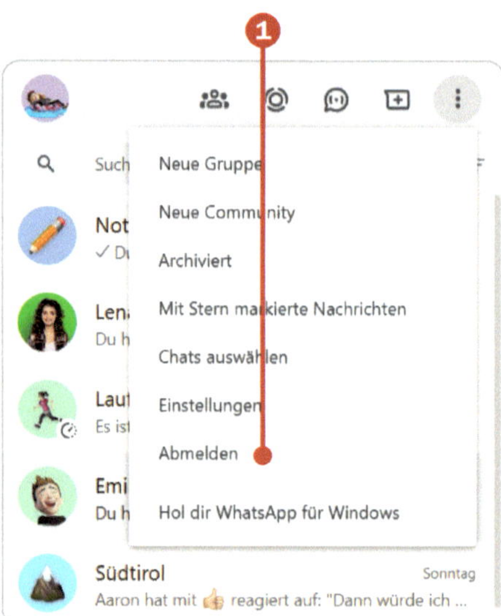

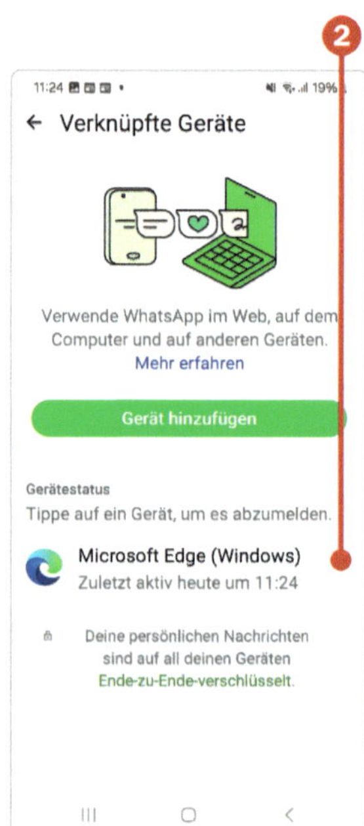

WhatsApp Desktop-App verwenden

> **Tipp: WhatsApp Desktop herunterladen**
> Wer möchte, kann für einen Windows PC bzw. einen Mac die Desktop-App von WhatsApp herunterladen. Ihr Vorteil gegenüber der Webvariante ist, dass man mit der Desktop-App auch **Video- und Sprachanrufe** durchführen kann.

WhatsApp Desktop-App herunterladen

Im Gegensatz zur ersten Variante handelt es sich bei der webbasierten Desktop-App um ein eigenständiges Programm, welches Sie auf dem Desktop ohne Browser verwenden. Diese muss vor der Benutzung auf Ihren Computer heruntergeladen werden.

- Öffnen Sie an Ihrem Computer einen Browser, z. B. Microsoft Edge, Google Chrome oder Mozilla Firefox, navigieren Sie zu ***https://www.whatsapp.com/download/*** und wählen Sie dort die Desktop-Version von Windows aus ❶. Die Mindestanforderung für das Programm liegt bei Windows 10 oder höher.
- Anschließend öffnet sich der Microsoft Store. Dort klicken Sie auf ***Herunterladen*** ❷. Wenn der Download abgeschlossen ist, klicken Sie auf ***Öffnen*** ❸.

- Klicken Sie in der geöffneten Desktop-App auf ***Los geht´s*** 4.
- Zeitgleich öffnen Sie WhatsApp auf Ihrem Smartphone und zeigen den Bereich ***Chats*** an. Öffnen Sie ***Weitere Optionen*** ⋮ und wählen Sie ***Verknüpfte Geräte***. Tippen Sie auf Ihrem Smartphone auf ***Gerät hinzufügen*** und bestätigen Sie mit ***OK***. Unter Umständen müssen Sie den Code bzw. Fingerabdruck eingeben, den Sie zum Entsperren des Smartphones verwenden. Das ist eine zusätzliche Sicherheitseinstellung.
- Scannen Sie den QR-Code auf Ihrem Computerbildschirm. Dazu halten Sie das Smartphone so, dass via Kamera der QR-Code aufgenommen werden kann. Unter Umständen müssen Sie innerhalb dieses Prozesses den Zugriff auf die Kamera des Smartphones ermöglichen. Dazu erscheint eine Abfrage auf dem Bildschirm, die Sie durch Antippen von ***Zulassen*** bestätigen.
- Wenn Sie eine Verbindung zum Programm hergestellt haben, erscheint diese mit der Bezeichnung ***Windows*** 5 in Ihren verknüpften Geräten.

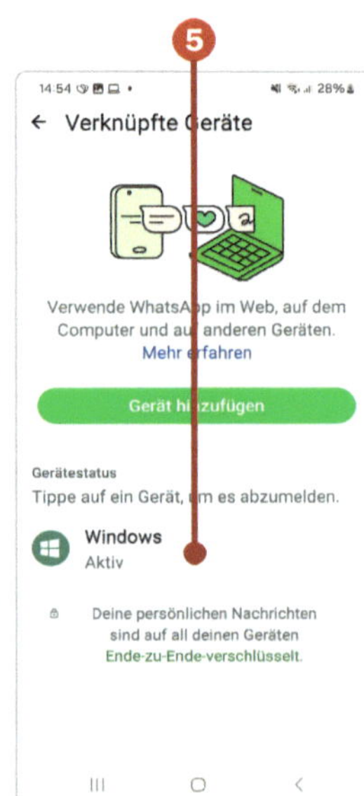

Sobald Sie Ihr Smartphone mit der Desktop-App verbunden haben, wechselt die Anzeige des Programms am PC. Die Chatdaten werden synchronisiert und Ihre Chats werden in der App angezeigt. Die Desktop-App finden Sie auf Ihrem Windows-Rechner jetzt unter ***Start*** ▸ ***Alle Apps***.

Bedienung der Desktop-App

- **Zu anderen Bereichen wechseln:** Beim Öffnen wird immer die Chatübersicht angezeigt. Sie wechseln über die Leiste ❶ zu anderen Bereichen (von oben nach unten): Chat, Anrufe, Status (momentan noch ohne Kanäle), Nachrichten, die Sie mit Stern markiert haben, archivierte Chats, Einstellungen und Ihr Profil.
- Die Kontaktliste zum Starten eines neuen Chats ist hier ❷.
- **Textnachricht verschicken:** Klicken Sie den gewünschten Chat auf der linken Seite an und tippen Sie rechts unten Ihre Nachricht ein ❸. Links vom Nachrichtenfeld finden Sie die Schaltfläche für Emojis. Mit der Enter-Taste versenden Sie die Nachricht.
- **Foto oder Dokument versenden:** Die Datei muss auf dem Computer gespeichert sein. Klicken Sie auf das Büroklammersymbol ❹ und wählen Sie das gewünschte Element. Einen Link zu einer Webseite können Sie einfach in der Adressleiste des Browsers kopieren und im Nachrichtenfeld einfügen und versenden.
- **Sprachnachricht aufnehmen:** Um die Aufnahme zu starten, klicken Sie auf das Mikrofon ❺. Der Computer muss dazu über ein Mikrofon verfügen und Sie müssen den Zugriff erlauben.
- **Suche:** Über die Suche ❻ finden Sie Chats. Tippen Sie einfach den Namen des Freundes oder der Gruppe ein. Es werden aber auch Übereinstimmungen in Chattexten gefunden.
- **Nachrichtenreaktion:** Zeigen Sie mit der Maus auf ein Bild, Foto, etc., um auf eine Nachricht zu reagieren. Ein Emoji-Symbol ❼ wird angezeigt. Durch Antippen blenden Sie die Reaktionsleiste und weitere Bearbeitungsoptionen ein.

- **Kontakt anrufen:** Die Möglichkeit über die App auch Anrufe durchführen zu können, ist ein klarer Vorteil gegenüber der Nutzung von WhatsApp im Browser. Das Gerät muss über ein Mikrofon, Lautsprecher und eine Webcam verfügen. Zeigen Sie den betreffenden Chat an, klicken rechts oben auf das entsprechende Symbol für einen Sprach- oder Videoanruf 8.
- **Abmelden:** Klicken Sie unter Einstellungen 14 auf ***Abmelden***.

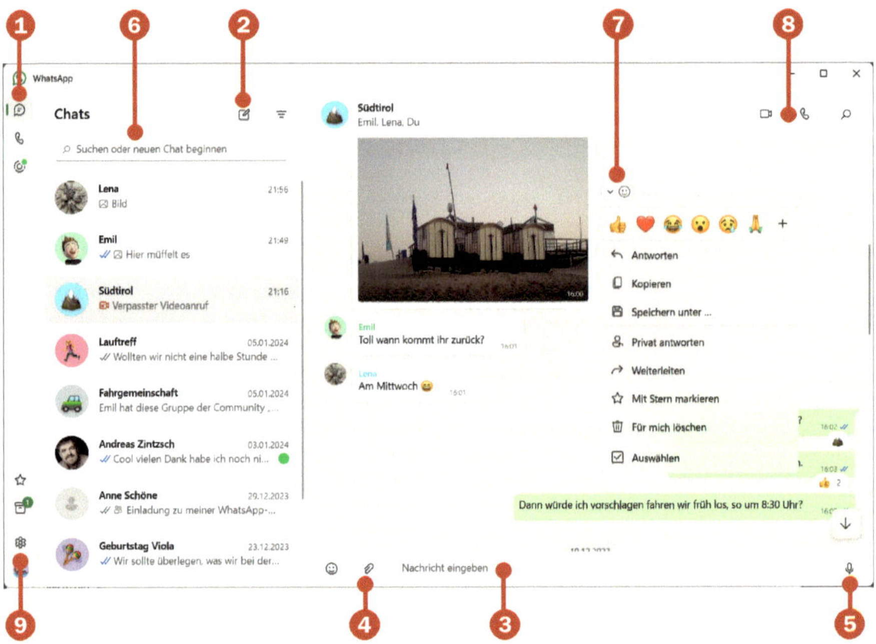

> **Zweites Smartphone verknüpfen**
>
> Sie können WhatsApp-Inhalte Ihres Haupttelefons auch auf einem zweiten Smartphone anzeigen. Die Verknüpfung funktioniert für diesen Fall etwas anders. Dieser Fall würde für ein Einsteigerbuch zu weit führen. Ein Video finden Sie dazu auf unserem YouTube-Kanal BILDNER.TV.

Kapitel 08
Ordnung schaffen

Das erwartet Sie hier!

Je länger Sie WhatsApp verwenden, umso mehr füllt sich die Chatliste. Am Ende der Liste finden sich meist Gruppenchats, die sich erledigt haben. Wenn Sie einem Freund länger nicht geschrieben haben, rutscht dessen Chat in der Liste auch immer weiter nach unten. In diesem Kapitel finden Sie Methoden, wie Sie trotz umfangreicher Inhalte den Überblick behalten.

- Mit den verschiedenen **Suchfunktionen** finden Sie Kontakte oder Unterhaltungen zu bestimmten Themen. Ich wusste beispielsweise das Geburtsdatum eines Bekannten nicht mehr, aber noch, dass ich ihm letztes Jahr in WhatsApp gratuliert hatte. Also schnell im Chat nach „Geburtstag“ (für alles Gute zum Geburtstag) gesucht und herausgefunden, dass ich zu spät dran war 😟.
- Die **Archivierung** verbannt Chats aus der Liste. Bei Bedarf kann der Chat aber wieder hervorgeholt werden.
- Wer hier etwas rigoroser ist, kann den Chat auch **löschen**. Dann ist alles weg und Sie starten mit einem neuen, leeren Chat das nächste Mal, wenn Sie dem Freund schreiben.
- Verschiedene **Hintergründe** bieten die Möglichkeit Chats visuell voneinander zu unterscheiden und so vorzubeugen, dass Sie Chats mit ähnlichen Namen verwechseln.

8.1 Gesucht und gefunden

Nach Text in einem Chat suchen

Einmal im Nachrichtenfieber können Chats sehr umfangreich werden. Wer da einen bestimmten Eintrag sucht, muss viel blättern und lesen. Deshalb stellt WhatsApp in Chats, Gruppenchats und Broadcasts über das Menü eine Suchfunktion zur Verfügung.

- Tippen Sie oben im Chat auf den grünen Bereich zur Anzeige der Gruppen- bzw. Kontaktinfo und wählen Sie ***Suchen*** (1) aus.
- Geben Sie den Suchbegriff in das Feld ein und tippen Sie auf (2) ^ (Suche aufwärts) oder ˅ (Suche abwärts), um die Suche zu starten. Falls der Suchbegriff mehrmals vorkommt, navigieren Sie ebenfalls mit diesen Befehlen zu den einzelnen Treffern. Treffer sind gelb hinterlegt (3).
- Die Suche verlassen Sie mit dem Pfeil oben links (4).

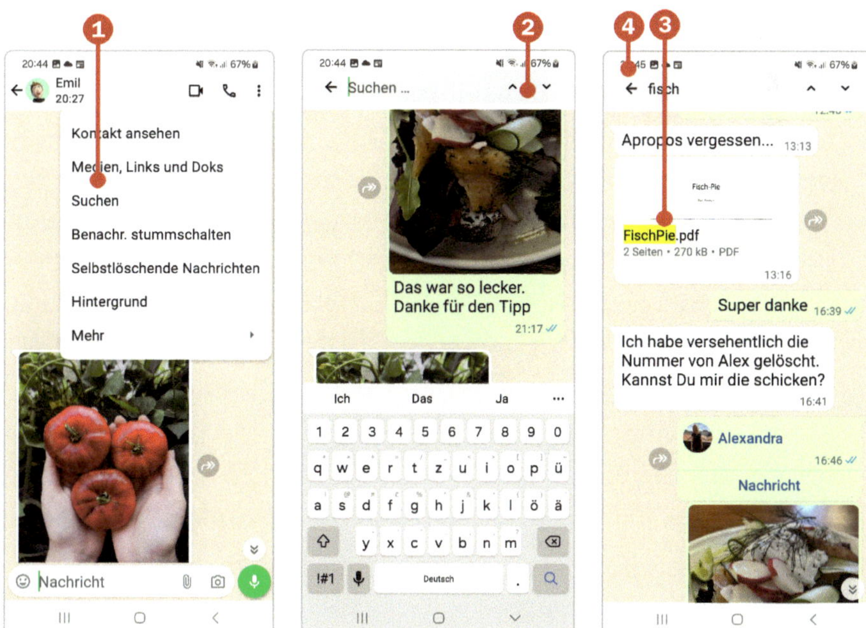

Chats und Anrufe durchsuchen

Wer nicht weiß, in welchem Chat sich das Gesuchte verbirgt, kann auch den Chatbereich durchsuchen. Ich verwende die Suche gerne, um einen Chat oder Gruppenchat aufzurufen, den ich in der Übersicht gerade nicht entdecken kann. Dazu geben Sie einfach den Namen der Person oder des Gruppenchats ein. Natürlich können Sie auch nach einem Begriff suchen.

- Zeigen Sie den Bereich an, der durchsucht werden soll, z. B. ***Chats***, und tippen Sie auf das Lupensymbol ❶.
- **Suchbegriff eintippen:** Geben Sie den Suchbegriff ❷ ein.
- **Filter:** Es stehen auch einige praktische Filter ❸ zur Verfügung, die Sie unter dem Suchfeld finden und durch Antippen auswählen. Mit ***Ungelesen*** ❹ zeigen Sie Chats mit neuen Nachrichten oder Chats, die Sie als ungelesen markiert haben, an. Die anderen Filter, wie ***Fotos***, ***Links***, ***Audio*** etc. grenzen das Suchfeld auf diese Elemente ein.
- Suchbegriff und Filter können kombiniert werden, um die Treffermenge weiter einzugrenzen.
- **Trefferliste:** Die Trefferliste wird darunter angezeigt. Durch Antippen wählen Sie das gewünschte Element aus: Wenn Sie den Chat anzeigen möchten, in dem das Gesuchte verschickt wurde, tippen Sie auf den Namen der Person bzw. des Gruppenchats ❺. Das Gesuchte ist gelb ❻ markiert. Möchten Sie Link, Foto oder Dokument ❼ separat aufrufen, tippen Sie dieses an.
- Wenn Sie nach einem Namen suchen, werden zunächst die Einzelchats angezeigt, die zu diesem Namen passen, darauf folgen die Gruppenchats. Danach finden Sie eine Liste von Nachrichten, in denen der Name genannt wurde.
- Um mehr von der Liste zu sehen, blenden Sie durch Antippen von ❽ die Tastatur aus.

- Zur Neueingabe eines Suchbegriffs tippen Sie auf x ⑨. Um die Suche zu beenden, ohne ein Element auszuwählen, tippen Sie auf den Pfeil links oben.

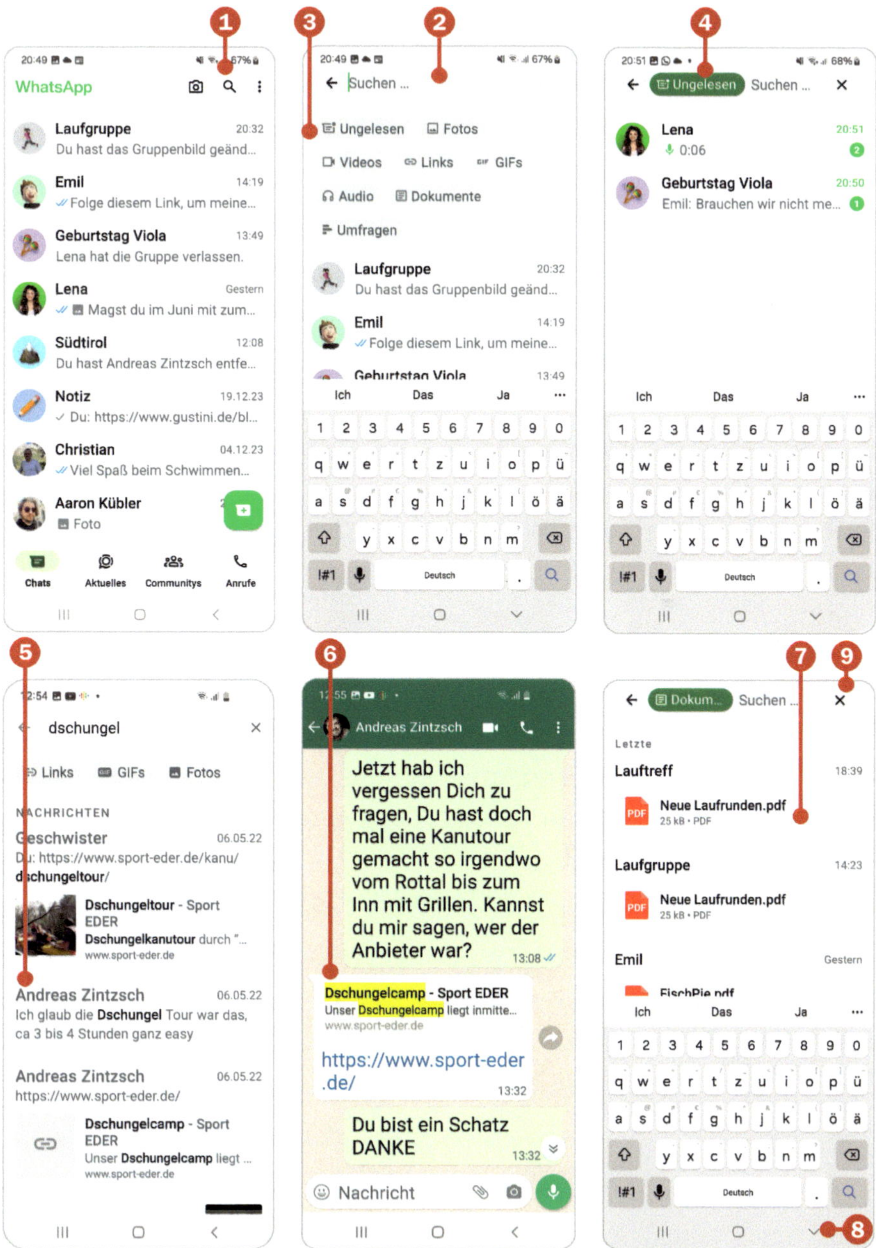

Medien eines Chats anzeigen

Alle Medien, Dokumente und Links, die in einem Chat ausgetauscht wurden, können übersichtlich angezeigt werden. So finden Sie vielleicht das gesuchte Element schneller.

Tippen Sie im Einzelchat auf ***Weiter Optionen*** ⋮ und wählen ***Medien, Links und Doks*** (1) bzw. im Gruppenchat ***Gruppenmedien*** aus.

Hier stehen drei Bereiche zur Verfügung: Bei ***MEDIEN*** (2) sehen Sie alle Fotos, Videos und Audiodateien, die Sie erhalten oder auch an diesen Freund versendet haben. In ***DOKS*** finden Sie alle Dokumente, wie z. B. PDFs. In ***LINKS*** sind alle ausgetauschten Links, egal ob Weblinks oder auch Einladungslinks, aufgeführt. Durch Wischen oder Antippen wechseln Sie die Bereiche.

Tippen Sie eine Datei länger an, um sie weiterzuleiten oder zu löschen. Die Befehle (3) werden oben in der Leiste angezeigt. Durch Auswahl eines Links zeigen Sie die Webseite an. Den Bereich verlassen Sie über das Pfeilsymbol links oben.

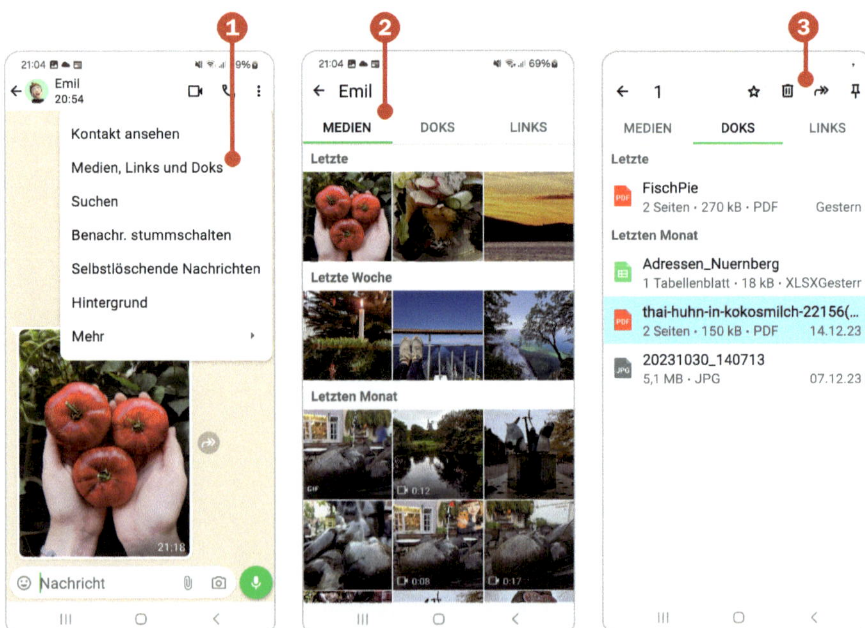

Einzelne Nachrichten mit Stern markieren

Sie können auch vorsorgen und einzelne Elemente eines Chats, z. B. ein Foto oder eine Nachricht, gleich mit einer Markierung versehen. Alle markierten Elemente, egal aus welchem Chat, werden dann gemeinsam in einer Liste angezeigt. So können Sie eine Merkliste mit Elementen erstellen, für die Sie noch etwas erledigen müssen. Natürlich können Sie auch einfach Fotos, Videos oder Sprüche markieren, die Sie gut finden, und so eine Sammlung zusammenstellen.

Toller Nebeneffekt: Wenn Sie versuchen, einen Chat zu löschen, der mit Stern markierte Nachrichten enthält, erscheint eine Meldung, die auf diesen Umstand hinweist.

Inhalte auswählen

- Markieren Sie die Nachricht durch längeres Antippen. Die Bearbeitungsleiste wird angezeigt. Tippen Sie auf das Sternsymbol (1). Gleichzeitig erhält das Element einen Stern (2) zur Kennzeichnung.

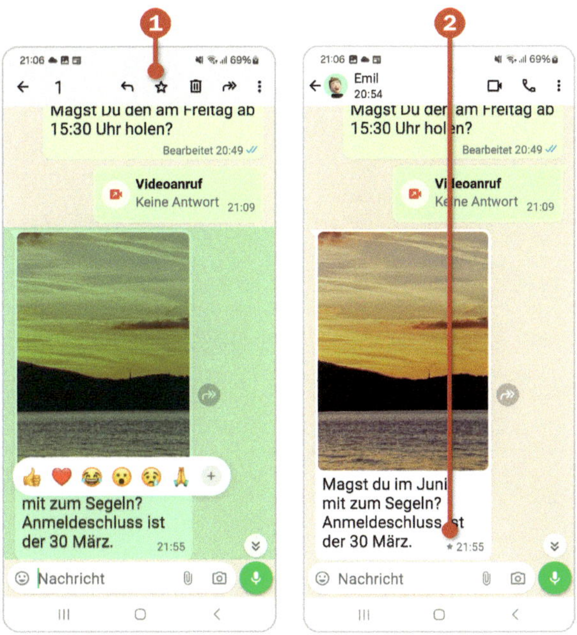

Ausgewählte Inhalte anzeigen

- Zeigen Sie den Bereich ***Chats*** an. Über ***Weitere Optionen*** ⋮ ▶ ***Mit Stern markiert*** (3) öffnen Sie Ihre „Sternliste".

- **Chat anzeigen, zu dem das Element gehört:** Am oberen Rand eines jeden Eintrags sehen Sie, in welchem Chat sich das markierte Element befindet. Tippen Sie auf den Namen ④, um den Chat anzuzeigen. Mit der Zurück-Taste kommen Sie wieder zur Sternliste. Weblinks können Sie durch Antippen auch über die Sternliste aufrufen, Sprachnachrichten auch hier abspielen.
- **Element aus der Übersicht entfernen:** Markieren Sie das Element ⑤ durch längeres Antippen. Die Bearbeitungsleiste wird oben angezeigt. Tippen Sie auf ☆.
- **Alle Elemente aus der Sternliste entfernen:** Zeigen Sie die Sternliste an, tippen Sie auf ***Weitere Optionen*** ⋮ ⑥, wählen Sie ***Alle Sterne entfernen*** aus und bestätigen Sie mit ***Alle Sterne entfernen***.

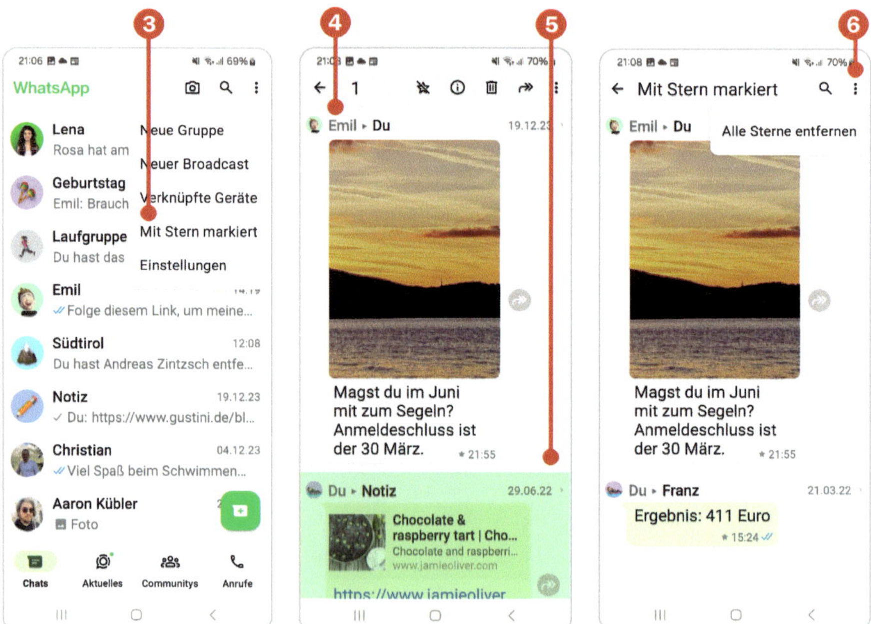

8.2 So gewinnen Sie mehr Übersicht

Hier möchte ich Ihnen ein paar Möglichkeiten vorstellen, wie Sie bestimmte Chats schneller aufrufen oder mit einem Farbsystem besser voneinander unterscheiden.

Unterschiedliche Hintergründe in Chats

Jedem Chat kann ein eigener Hintergrund zugewiesen werden. Das wäre natürlich ein bisschen viel Arbeit. Sie können aber beispielsweise für alle Familienmitglieder dieselbe Farbe vergeben oder Freunden mit ähnlichen Namen sehr unterschiedliche Hintergründe zur besseren Unterscheidung zuweisen.

- Zeigen Sie den Chat an für den Sie einen neuen Hintergrund vereinbaren möchten. Tippen Sie auf ***Weitere Optionen*** ⋮ und wählen Sie ***Hintergrund*** ❶ aus. In den Kategorien ***Leuchtend*** und ***Dezent*** stehen fotografierte Hintergründe zur Auswahl, bei ***Einfarbig*** ❷ finden Sie einfarbige Angebote. Auch ein eigenes Foto kann ausgewählt werden.
- Tippen Sie den gewünschten Hintergrund ❸ an. Sie sehen eine Vorschau. Sagt ihnen das nicht zu, verlassen Sie die Vorschau mit dem Pfeil links oben und treffen eine andere Wahl.
- Bei einem einfarbigen Hintergrund können Sie durch Antippen des Häkchens ❹ die WhatsApp-Skizze ausblenden. Mit ***Hintergrund festlegen*** ❺ und ***Ok*** bestätigen Sie die Auswahl.
- **Hintergrund für alle Chats ändern:** Sie können hier auch entscheiden, den Hintergrund für alle Chats zu ändern. Davon ausgenommen sind jene, für die Sie schon einen individuellen Hintergrund festgelegt haben. In diesem Fall wählen Sie ***Für alle Chats im Hellmodus*** ❻ und bestätigen dann mit ***Ok***.
- Wenn Sie wieder zum Originalhintergrund zurückkehren möchten, tippen Sie auf ***Standard-Hintergrund*** ❼.

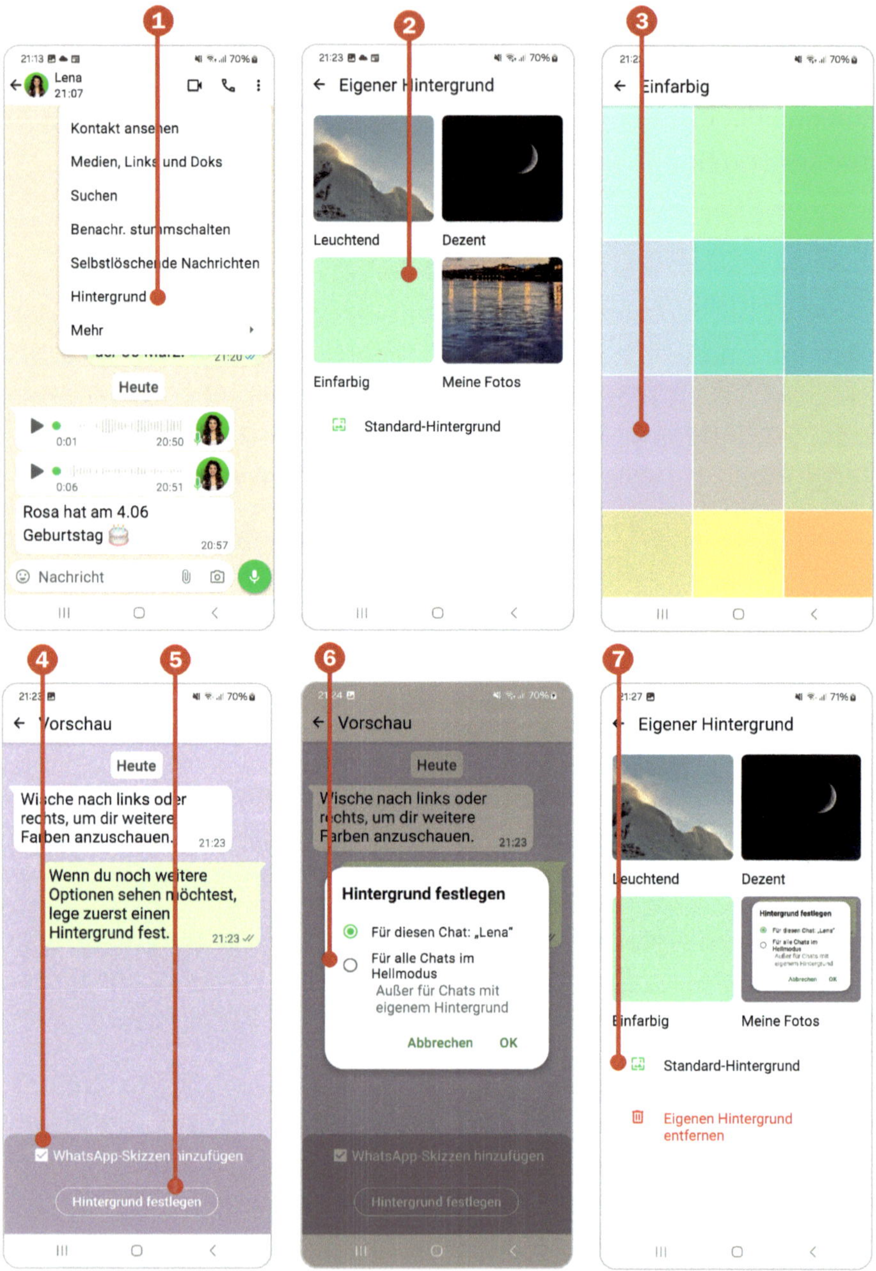
1
2
3
Lena
21:07
Kontakt ansehen
Medien, Links und Doks
Suchen
Benachr. stummschalten
Selbstlöschende Nachrichten
Hintergrund
Mehr
Heute
Rosa hat am 4.06 Geburtstag
Nachricht
Eigener Hintergrund
Leuchtend
Dezent
Einfarbig
Meine Fotos
Standard-Hintergrund
Einfarbig
4
5
6
7
Vorschau
Heute
Wische nach links oder rechts, um dir weitere Farben anzuschauen.
Wenn du noch weitere Optionen sehen möchtest, lege zuerst einen Hintergrund fest.
WhatsApp-Skizzen hinzufügen
Hintergrund festlegen
Hintergrund festlegen
Für diesen Chat: „Lena"
Für alle Chats im Hellmodus
Außer für Chats mit eigenem Hintergrund
Abbrechen
OK
Eigener Hintergrund
Leuchtend
Dezent
Einfarbig
Meine Fotos
Standard-Hintergrund
Eigenen Hintergrund entfernen

Chat anheften

Sie können einen Chat (Einzel- oder Gruppenchat) am Anfang der Chatliste fest verankern. Auch neue Nachrichten in anderen Chats ändern nichts an der Reihenfolge, der fixierte Chat bleibt ganz oben. Auf diese Weise können bis zu drei Chats angepinnt werden.

- **Chat fixieren:** Tippen Sie den Chat, der oben angeheftet werden soll, etwas länger an. Wählen Sie in der Bearbeitungsleiste den Befehl ***Chat fixieren*** (1). Der Chat wird jetzt mit einem Pinsymbol (2) angezeigt.
- **Chat lösen:** Um die Fixierung eines Chats wieder aufzuheben, wiederholen Sie den Vorgang und tippen erneut auf den Pin (3) in der Bearbeitungsleiste.

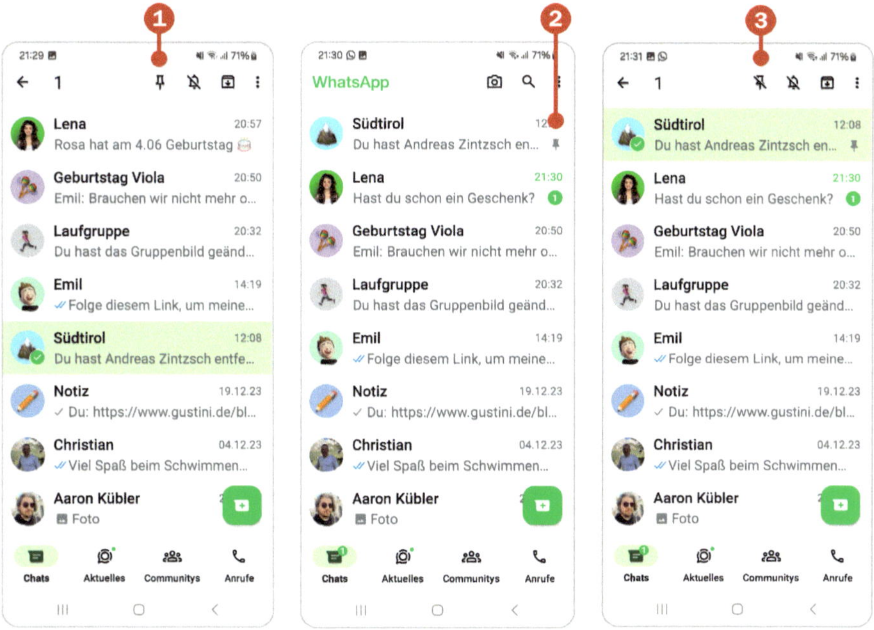

Chatverknüpfung auf dem Startbildschirm

Einzel- oder Gruppenchats haben Sie durch eine Verknüpfung auf dem Startbildschirm schnell zur Hand.

- Zeigen Sie den Chat an. Öffnen Sie rechts oben ***Weitere Optionen*** ⋮, wählen Sie ***Mehr*** 1 und dann ***Verknüpfung hinzufügen***. Bestätigen Sie mit ***Zum Startbildschirm hinzufügen*** 2. Die Verknüpfung wird automatisch dem Startbildschirm hinzugefügt.
- Durch Antippen 3 der Verknüpfung befinden Sie sich sofort im Chat mit dieser Person oder Gruppe.
- **Verknüpfung verschieben:** Der Startbildschirm besteht in der Regel aus mehreren Seiten, durch die Sie durch horizontales Wischen blättern. Wenn die Verknüpfung auf einer hinteren Seite landet, können sie verschoben werden. Halten Sie die Verknüpfung gedrückt, ziehen Sie sie an den Rand, um den Seitenwechsel auszulösen, und lassen Sie erst los, wenn Sie die passende Position erreicht haben.

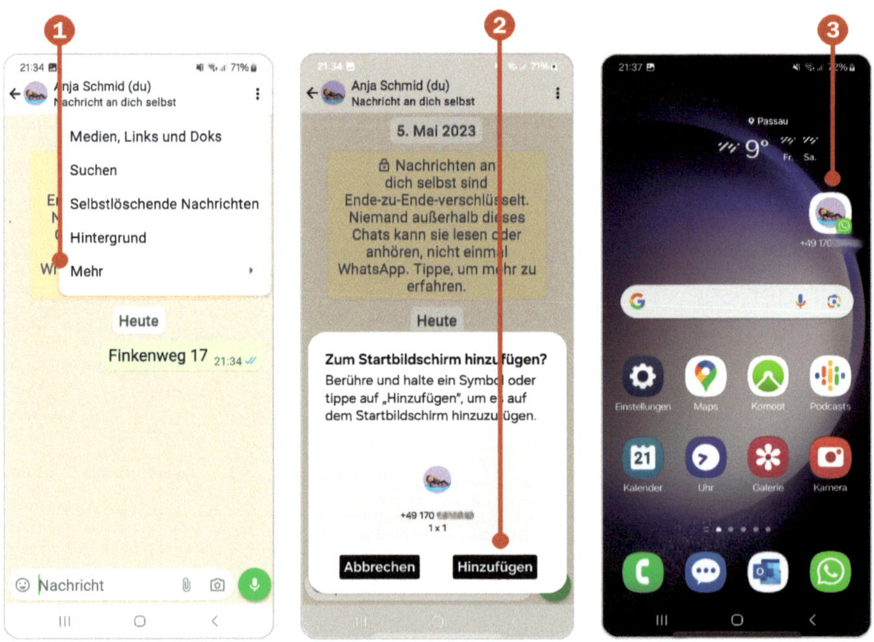

- **Verknüpfung löschen:** Tippen Sie den Kontakt auf dem Startbildschirm an und halten den Kontakt gedrückt. Ein Menü wird angezeigt; hier wählen Sie ***Entfernen*** aus.

Chats archivieren

Es gibt Chats, über die ständig Nachrichten versendet werden, und andere, die immer weiter nach unten rutschen und kaum mehr beachtet werden. Am Ende der Chatliste stören sie eigentlich nicht. Wer gern Ordnung hat und eine übersichtliche, kurze Chatliste bevorzugt, kann Chats archivieren. Dadurch verschwinden die Chats aus der Liste, werden aber nicht gelöscht, sondern im **Archiv** gesammelt. Alle Arten von Chats und auch Broadcast-Listen können archiviert werden.

Falls Sie die Archivierung ausprobieren möchten, müssen Sie entscheiden, wie Sie verfahren möchten, wenn eine neue Nachricht in einem archivierten Chat eingeht. Sie haben zwei Optionen:

1 Der Chat wird automatisch wieder in die Chatliste verschoben. Dasselbe geschieht, wenn Sie der Person schreiben. Das Archiv ❶ wird in diesem Fall am Ende der Chatliste angezeigt.

2 Der Chat verbleibt im Archiv. Lediglich neben dem Archiv wird eine Nummer ❷ angezeigt, die darauf hinweist, dass eine neue Nachricht eingegangen ist. Das Archiv wird oben in der Chatliste angezeigt, damit Sie den Hinweis nicht übersehen.

- **Archiveinstellung festlegen:** Wählen Sie ***Weitere Optionen*** ⋮, tippen Sie auf ***Einstellungen*** und dann auf ***Chats***. Der Regler bei ***Chats im Archiv lassen*** ❸ ist eingeschaltet, wenn Sie möchten, dass die Chats immer im Archiv verbleiben. Schalten Sie ihn aus, wenn Sie wollen, dass der Chat beim Eingang einer neuen Nachricht wieder in der Chatliste erscheint. Durch Antippen des Reglers schalten Sie ihn ein und aus.

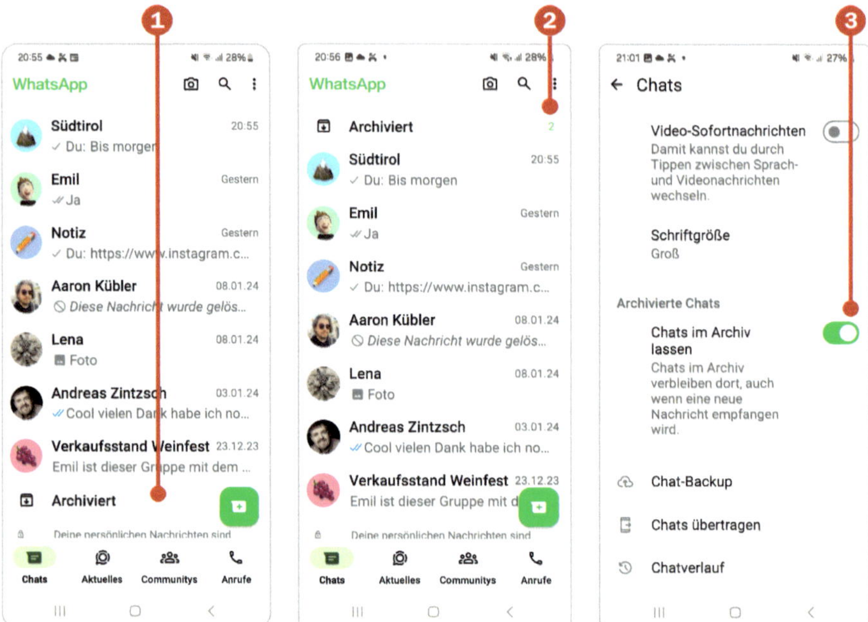

- **Chat archivieren:** Tippen Sie in der Übersicht etwas länger auf einen Chat und wählen Sie in der Bearbeitungsleiste ***Chat archivieren*** 4 aus. Der ausgewählte Chat wird jetzt aus der Übersicht in den Bereich ***Archiviert*** verschoben.

  Sollten Sie versehentlich den falschen Chat erwischt haben, dann tippen Sie schnell auf ***RÜCKGÄNGIG*** 5, das wenige Sekunden lang am unteren Rand angezeigt wird.

- **Archivierte Chats anzeigen:** Zur Anzeige der Chats, die sich im Archiv befinden, tippen Sie in der Chatliste den Eintrag ***Archiviert*** an. Alle archivierten Chats werden angezeigt. Sie können die Chats wie gewohnt öffnen und Nachrichten versenden.

- **Archivierung aufheben:** Tippen Sie im Bereich ***Chats*** auf ***Archiviert***, um die archivierten Chats anzuzeigen. Wählen Sie den Chat, den Sie wieder in der Chatliste anzeigen möchten, durch längeres Antippen aus und tippen auf die Schaltfläche ***Chat archivieren rückgängig machen*** (6). Den Bereich verlassen Sie durch Antippen des Pfeils links oben.

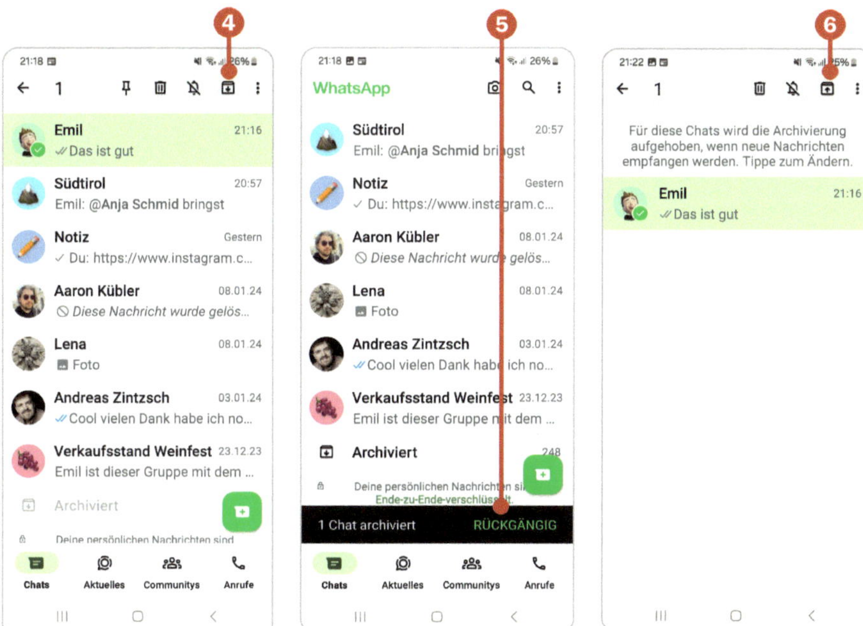

Zu viele Bilder & Videos in der Galerie

Fotos und Videos, die Sie über WhatsApp erhalten, werden standardmäßig in der App ***Galerie*** auf Ihrem Smartphone angezeigt.

Was ist nochmal die App Galerie? Alle Fotos und Videos, die Sie mit der Kamera Ihres Smartphones aufnehmen, werden in der App ***Galerie*** bzw. in der App ***Fotos*** angezeigt. Ob eine App ***Galerie*** auf Ihrem Smartphone installiert ist, hängt von der Marke des Smartphones ab, bei Samsung und Xiaomi beispielsweise ist diese App vorhanden. Andere Hersteller verwenden entweder die Google-App ***Fotos*** oder eine eigene App ***Fotos***.

Sie können nun in den Einstellungen von WhatsApp festlegen, ob übersandte Videos und Fotos in der Galerie angezeigt werden sollen. Wichtig ist, dass Sie in den Einstellungen nur eine grundsätzliche Regelung treffen. Sie können für jeden Chat einzeln davon abweichen. Dazu gleich mehr.

Eine richtige Einstellung gibt es nicht. Wenn Sie viele schöne Fotos von gemeinsamen Ausflügen über WhatsApp erhalten, dann ist es toll, die Bilder auch in der ***Galerie*** anzuzeigen. Hier können Sie diese in einem Album zusammenfassen oder mit anderen Apps bearbeiten. Haben Sie viele Freunde, die gerne und viele witzige Sprüche in Bildform, Fotos ihres Abendessens oder ihrer Haustiere etc. versenden, dann kann es in der ***Galerie*** schnell unübersichtlich werden.

Ich lasse Bilder standardmäßig in der App ***Galerie*** anzeigen, habe aber einige Chats, vor allem Gruppenchats, von dieser Regelung ausgenommen. Deren Fotos werden nur in WhatsApp angezeigt.

Allgemeine Regelung treffen

In den Chateinstellungen unter ***Weitere Optionen*** ⋮ ▸ ***Einstellungen*** ❶ ▸ ***Chats*** ❷ finden Sie die Option ***Sichtbarkeit von Medien*** ❸.

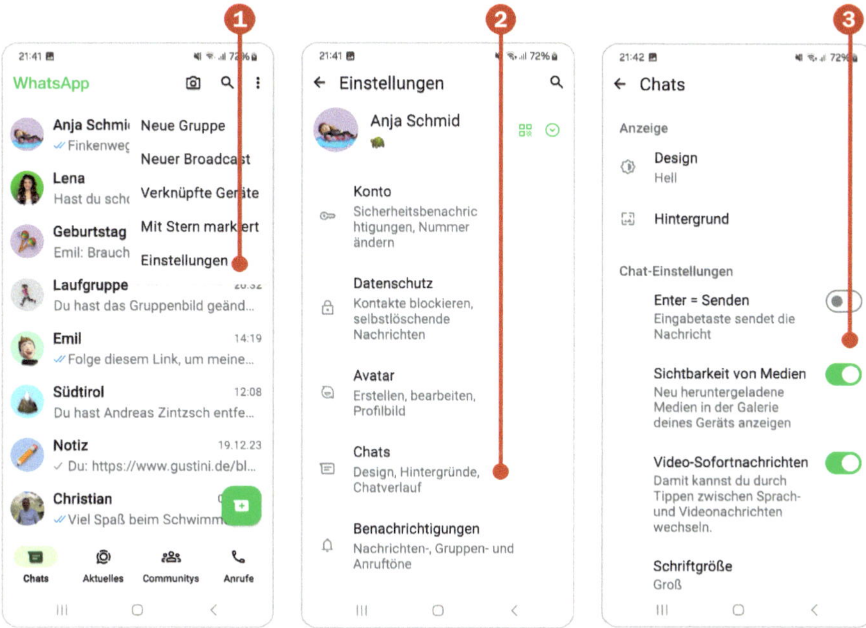

Wenn der Schalter auf ***Ein*** steht, werden über WhatsApp erhaltene Bilder und Videos in der ***Galerie*** angezeigt. Durch Antippen des Reglers schalten Sie die Anzeige aus. Nochmalige Antippen aktiviert sie wieder.

Einzelne Chats von der Regelung ausnehmen

Für einzelne Chats können Sie jetzt von der geltenden Regelung abweichen. Angenommen Sie lassen Medien in der Galerie grundsätzlich anzeigen, dann können Sie bestimmte Gruppen- oder Einzelchats davon ausnehmen:

Zeigen Sie den gewünschten Chat an. Tippen Sie oben auf den grünen Bereich 4 zur Anzeige der Kontakt- bzw. Gruppeninfo und wählen Sie dann ***Sichtbarkeit von Medien*** 5. Hier ist zunächst ***Standard*** ausgewählt, d. h. die allgemeinen Einstellungen werden verwendet. Durch Auswahl von ***Nein*** 6 zeigen Sie die Medien dieses Chats nicht in der Galerie an.

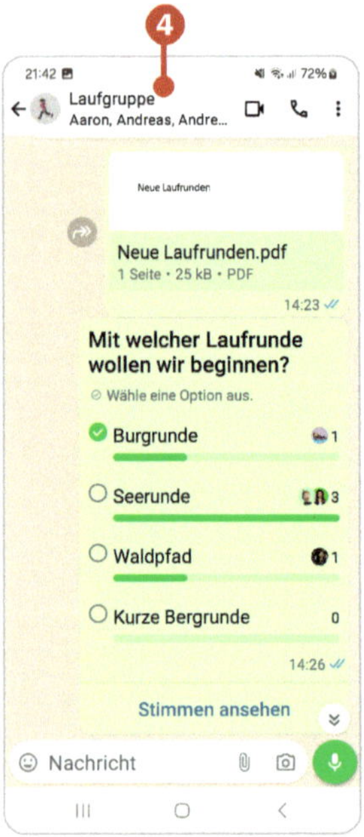

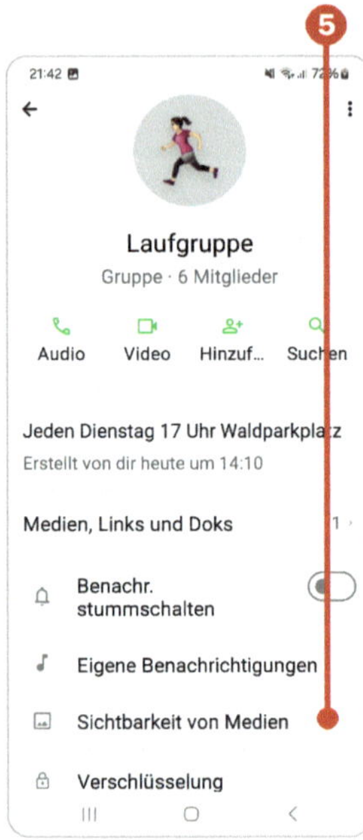

8.3 Aufräumen und Speicherplatz freigeben

Chat löschen

Wenn Sie etwas konsequenter aufräumen möchten und nicht an den versendeten Nachrichten hängen, dann löschen Sie alte Chats. Dadurch entfernen Sie alle Nachrichten. Der Kontakt bleibt selbstverständlich in der Kontaktliste erhalten und kann für einen **neuen** Chat dort ausgewählt werden. Auf die folgende Weise können nur Einzelchats gelöscht werden. Wie Sie einen Gruppenchat löschen, haben Sie bereits auf Seite 116 erfahren.

- Zum Löschen eines Chats tippen Sie diesen in der Übersicht etwas länger an. Der Chat wird ausgewählt und die Bearbeitungsleiste angezeigt. Tippen Sie das Papierkorbsymbol 1 an.

- Entscheiden Sie, ob auch Bilder und Videos, die Sie in diesem Chat erhalten haben, vom Smartphone entfernt werden sollen. Um diese zu löschen, tippen Sie das Kästchen ② vor ***In diesem Chat empfangene Medien auch aus der Galerie des Geräts löschen*** an und bestätigen mit ***Chat löschen.***

> **Zur Erinnerung: Einen Gruppenchat müssen Sie zuerst verlassen, bevor Sie ihn löschen können.**

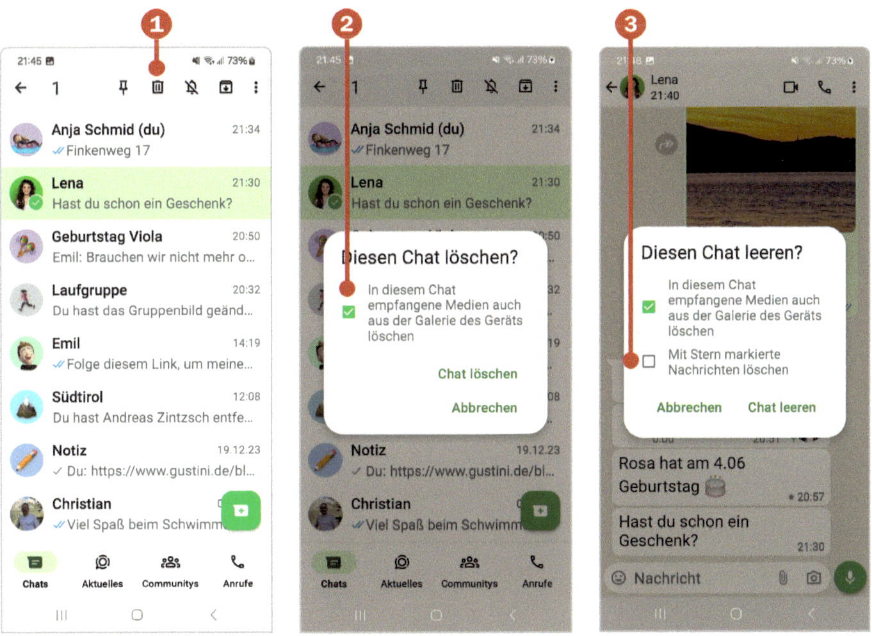

Chat leeren

Wenn Sie einen Chat leeren, löschen Sie dessen Inhalt. Der Chat selbst bleibt in der Chatliste erhalten.

Zeigen Sie den Chat an, dessen Inhalt Sie löschen möchten. Wählen Sie dann unter ***Weitere Optionen*** ⋮ ► ***Mehr*** ► ***Chat leeren***.

Auch hier müssen Sie wie oben entscheiden, ob die Medien vom Gerät gelöscht werden sollen. Falls der Chat mit Stern markierte Nachrichten beinhaltet, erhalten Sie einen Hinweis 3 (Grafik vorige Seite). Sie können den Inhalt dennoch löschen. Setzen Sie dazu ein Häkchen vor ***Mit Stern markierte Nachrichten löschen***. Sonst bleiben diese Nachrichten im Chat erhalten.

Speicherintensive Chats bzw. Medien löschen

Wenn das Smartphone meldet, dass der Speicherplatz fast voll ist, sollten Sie auch WhatsApp kontrollieren. So stellen Sie fest, welche Dateien und Chats viel Speicherplatz belegen:

- Wählen Sie ***Weitere Optionen*** ⋮ ▸ ***Einstellungen*** ▸ ***Speicher und Daten*** ▸ ***Speicher verwalten***.

Hier werden unter der Bezeichnung ***Häufig weitergeleitet*** 1 Videos, Fotos etc. aufgelistet, die von vielen Personen in WhatsApp geteilt wurden. Meist handelt es sich dabei um spaßige Videos, die in der Masse viel Speicherplatz belegen, an denen man aber nicht wirklich hängt. Außerdem ist es möglich, dass hier mehrere Kopien desselben Videos angezeigt werden, da Sie diese in unterschiedlichen Chats erhalten haben. Darunter finden Sie den Bereich ***Größer als 5 MB*** 2. Hier werden Bilder und Videos angezeigt, die viel Speicherplatz belegen. Am Ende sind alle Chats 3 nach der Größe des belegten Speicherplatzes aufgeführt.

- Durch Antippen zeigen Sie die Inhalte der einzelnen Bereiche an.
- Zum Betrachten eines Videos tippen Sie es kurz an. Über den Pfeil links oben ← gelangen Sie wieder zur Übersicht.
- **Foto / Video löschen:** Wenn Sie ein Element löschen möchten, tippen Sie etwas länger auf eines der Fotos / Videos, bis ein Häkchen erscheint. So können auch mehrere Elemente ausgewählt werden. Zum Löschen tippen Sie auf das Papierkorbsymbol 4

und bestätigen mit ***Löschen***. Wenn das Element mehrfach vorliegt, erhalten Sie die Möglichkeit, auch die Kopien zu löschen. Setzen Sie ein Häkchen bei ***Alle Kopien löschen***.

Achtung! Diese Aktion kann nicht rückgängig gemacht werden. Wenn Sie doch nichts löschen möchten, verlassen Sie den Bereich durch ggf. mehrfaches Drücken der Zurück-Taste.

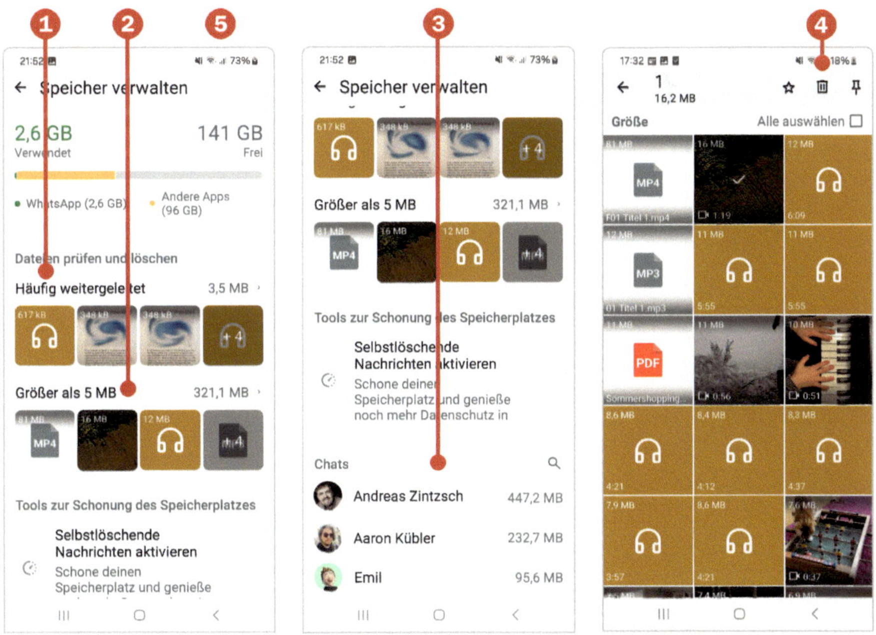

Kapitel 09
Persönliche Daten & Sicherheit

Das erwartet Sie hier!

In diesem Kapitel erfahren Sie, wie Sie die WhatsApp Oberfläche an Ihre Bedürfnisse anpassen, welche Informationen man Ihrem Profil entnehmen kann und wie Sie Ihr Datenvolumen schönen.

- Mit Ihrem Namen, einem Foto und einem kurzen Infotext stellen Sie sich in WhatsApp vor. Jeder, der Ihre Handynummer besitzt, kann diese Informationen in der Standardeinstellung lesen. Vielleicht möchten Sie das gar nicht; hier lernen Sie, wie Sie die **Datenschutzeinstellungen** anpassen,so dass nur Freunde Ihr Profilfoto sehen.

- Wie sehen Sie selbst wohl als Comicfigur aus? Das können Sie nun auf WhatsApp herausfinden, indem Sie einen **Avatar** von sich erstellen. Diesen können Sie als Profilbild einstellen oder als Sticker versenden. Hierfür steht Ihnen ein umfangreiches Sticker-Set zur Auswahl.

- **Updates** sind wichtig, damit WhatsApp reibungslos funktioniert. Deshalb sollten Updates nach Möglichkeit automatisch installiert werden.

- Wenn Sie oft mit Ihrem Smartphone unterwegs sind, vielleicht auch im Ausland, sollten Sie einstellen, wann welche Medien heruntergeladen werden dürfen. Sie können den **Medien-Download** beispielsweise nur zulassen, wenn Sie mit einem WLAN verbunden sind, das schont ein kleines Datenvolumen.

9.1 Ein Blick auf Sie - die WhatsApp Visitenkarte

Profilbild und Name festlegen

Bei der Installation von WhatsApp haben Sie bereits einen Namen für Ihr Profil eingegeben. Die meisten Nutzer verwenden hier ihren Vornamen oder Vor- und Nachnamen. Beim Chatpartner wird allerdings der Name angezeigt, mit dem er Sie in seinem Adressbuch (App Kontakte) an seinem Smartphone gespeichert hat.

Das Profilbild kann Sie zeigen. Man kann darauf aber auch verzichten. Viele verwenden hier ein Foto des Haustiers, laden ein Urlaubsbild hoch oder passen das Profilbild der Jahreszeit an. Wenn Sie kein Profilbild hinterlegt haben, wird Ihr Kontakt nur mit einem Platzhalterbild im WhatsApp Ihrer Freunde angezeigt.

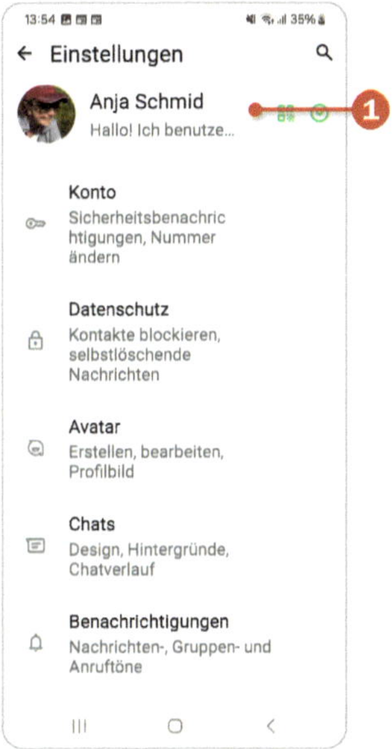

- Profilbild und Name bearbeiten Sie über Menü ⋮ ▶ ***Einstellungen*** und antippen des Profilbereichs oben ❶, der Ihren Namen anzeigt.

  Zur Erinnerung: Egal welcher Bereich gerade in WhatsApp angezeigt wird (***Chats***, ***Aktuelles***, ***Communitys*** oder ***Anrufe***), Sie finden immer rechts oben das Menü ⋮ und dort immer die ***Einstellungen***.

- **Profilbild:** Tippen Sie auf das Kamerasymbol ❷ und wählen ***Galerie*** (sofern ein passendes Foto auf dem Smartphone gespeichert ist), ***Kamera*** (wenn Sie jetzt ein Bild knipsen möchten) oder ***Avatar*** (wenn Sie bereits einen Avatar von sich erstellt haben). Haben Sie schon ein Bild hinterlegt können Sie auf diesem Weg einfach ein neues auswählen.

- Mit dem Papierkorbsymbol ❸ entfernen Sie das vorhandene Bild und zeigen nur den Profilplatzhalter an.
- Nach Auswahl des Bildes wird ein Rahmen angezeigt, dessen Position und Größe Sie durch Ziehen mit dem Finger verändern können. Tippen Sie mit dem Finger an den Rand des weißen Rahmens ❹ und ziehen nach innen bzw. außen. Wenn Sie mit dem Ergebnis zufrieden sind, tippen Sie unten auf ***Fertig***.

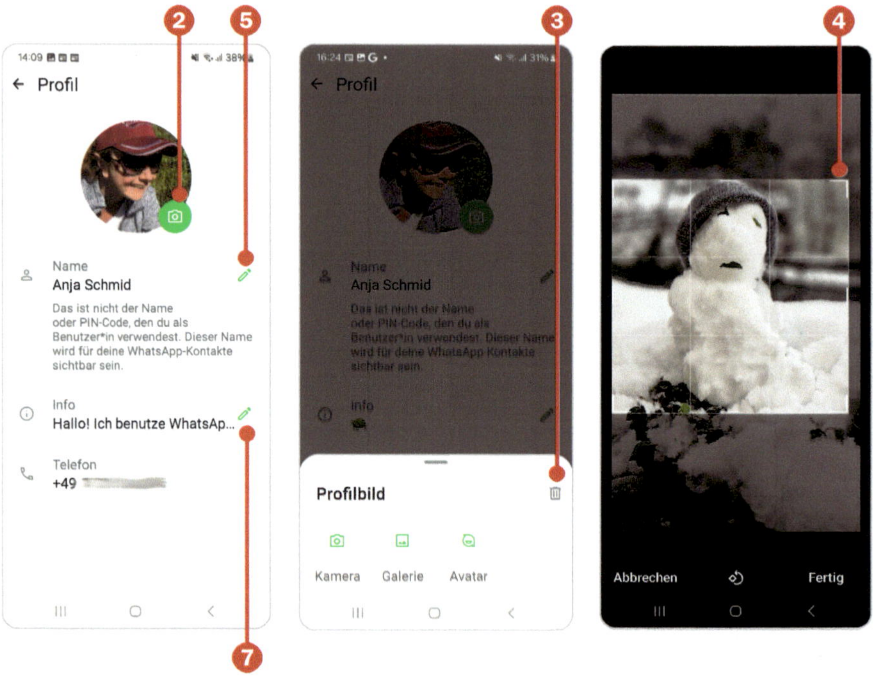

Name: Tippen Sie auf das Stiftsymbol ✎ ❺ neben Ihrem Namen, um diesen zu ändern und bestätigen Sie mit ***Speichern***.

Info ist ein kurzer Text, optional auch mit Emojis, der zusammen mit Ihrem Namen und dem Profilbild angezeigt wird. Standardmäßig lautet der Infotext ***Hallo! Ich benutze WhatsApp.*** Die ***Info*** Ihrer Freunde können Sie beispielsweise in der Kontaktliste ❻ oder in der Kontaktinfo des Einzelchats betrachten.

- Zur Änderung Ihres Infotexts tippen Sie auf das Stiftsymbol bei *Info* 7 (siehe Grafik vorige Seite) und entscheiden Sie sich für einen der angebotenen Texte.
- Oder Sie tippen auf das nächste Stiftsymbol 8 und geben einen eigenen Text ein bzw. tippen auf ☺ 9, um ein Emoji auszuwählen. Bestätigen Sie mit ***Speichern***.

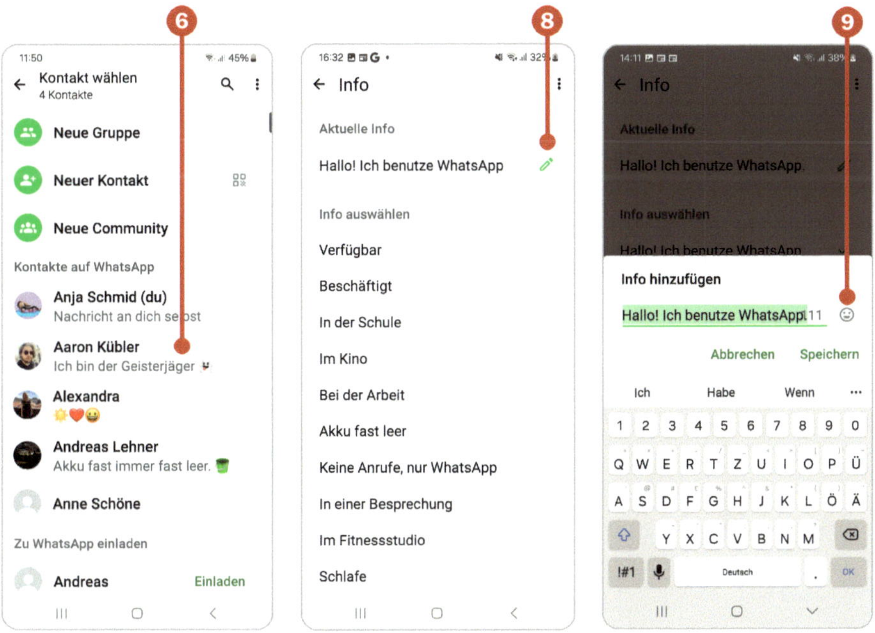

Der eigene Avatar

Bei Avataren handelt es sich um eine Art **digitales Abbild Ihrer Person** im Comicstil. Mit dieser Funktion kreieren Sie eine Figur, die Ihnen mehr oder weniger ähnlich sieht. Dabei können Sie aus einer Vielzahl an unterschiedlichen Frisuren, Gesichtszügen u.v.m. wählen und Ihrem "kleinen Ich" mit verschiedenen Outfits eine ganz persönliche Note verleihen. Auf Grundlage des fertigen Avatars werden Sticker erstellt, die den Avatar in verschiedenen Gemütszuständen (fröhlich, traurig, verliebt, verschmitzt etc.) zeigen. Diese können Sie in Chats einfügen, aber auch anstelle eines Fotos als Profilbild verwenden. Der Avatar ist eine tolle Möglichkeit für alle, die nicht so gerne ein Foto von sich, als Profilbild hinterlegen möchten.

Ihren Avatar erstellen

- Tippen Sie auf ***Weitere Optionen*** ⋮ und wählen Sie ***Einstellungen*** aus. Tippen Sie auf ***Avatar*** ①, danach auf ***Deinen Avatar erstellen*** und mit ***Los geht´s*** beginnen Sie mit der Erstellung.
- Zunächst wird Ihr Gesichtsform und die Gesichtszüge mit der Kamera aufgenommen. Positionieren Sie ihr Gesicht in der Mitte des Kreises und tippen Sie auf ***Foto aufnehmen*** ②.
- Im nächsten Schritt bestimmen Sie Ihren Hautton ③ und tippen auf ***Weiter***. Der Avatar wird jetzt konfiguriert.

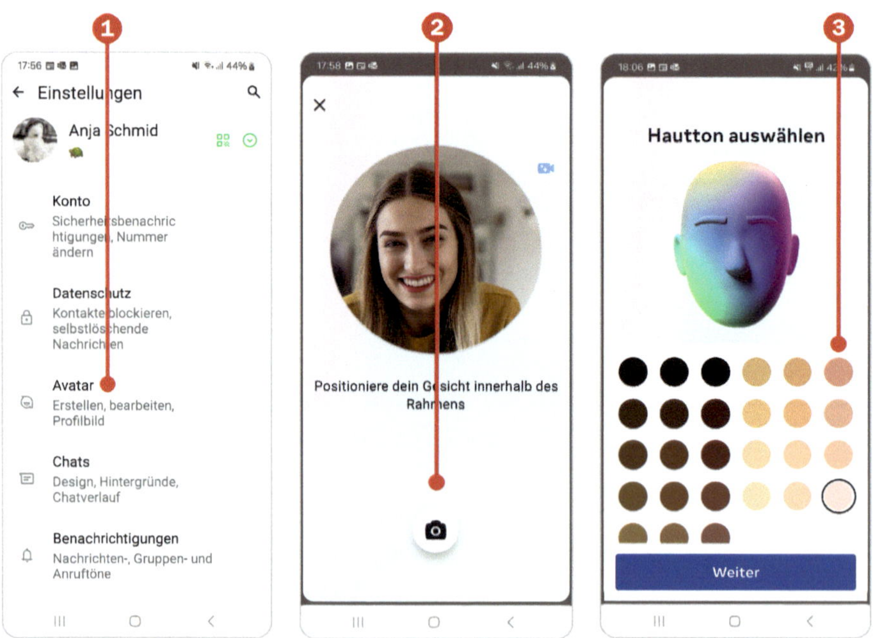

- Der fertige Vorschlag ist noch recht einfach gehalten. Vor allem die Kleidung ist noch recht einfach. Tippen Sie auf ***Weitere Änderungen vorne...*** **4**.
- Beginnend mit der ***Frisur*** **5** wählen Sie jetzt nacheinander die Bereiche (Gesichtsform, Augen, Lippen, Bekleidung etc.) durch Antippen aus und konfigurieren die Attribute Ihres Avatars.
- Um die Farbe der einzelnen Attribute zu verändern, tippen Sie auf den Farbkreis **6** und wählen dann eine Farbe aus. Wenn die Farbe passt, tippen Sie auf ***Fertig***.
- Zur Fertigstellung des Avatars tippen Sie auf ***Speichern*** **7** und mit ***Änderungen speichern*** wird Ihr Avatar schließlich erstellt.

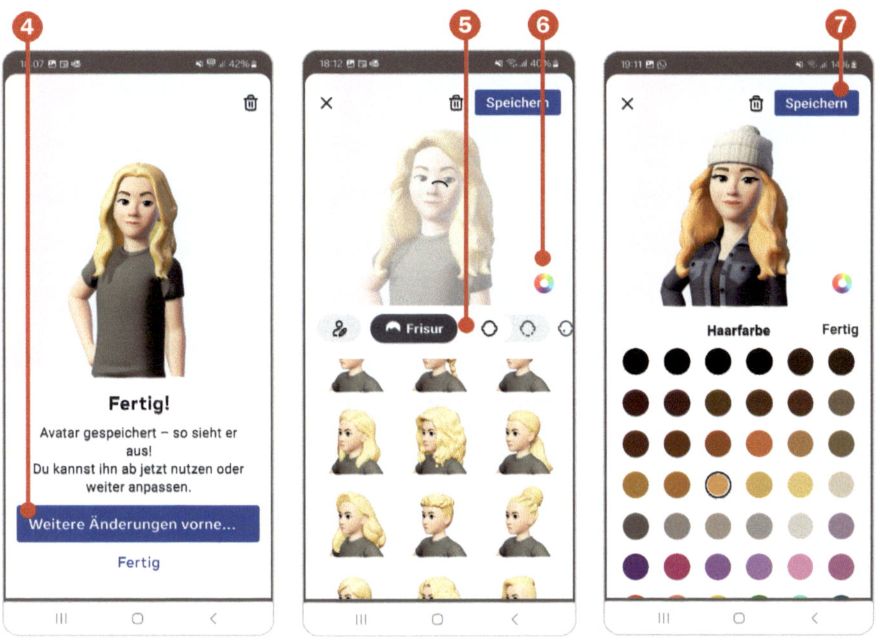

Avatar bearbeiten & löschen

Wenn Sie nicht zufrieden sind, können Sie jederzeit unter ***Weitere Optionen*** ⋮ ▸ ***Einstellungen*** ▸ ***Avatar*** durch anklicken des Stiftsymbols ① den Avatar nochmals verändern.

Oder Sie löschen ② den Avatar und beginnen von neuem.

Avatar als Profilbild

Unter ***Weitere Optionen*** ⋮ ▸ ***Einstellungen*** ▸ ***Avatar*** ▸ ***Profilbild erstellen*** ③ legen Sie schnell den Avatar als Profilbild fest. Wählen Sie eine ***Darstellung*** Ihres Avatars und eine passende ***Hintergrundfarbe*** aus. Mit ✓ ④ wird die ausgewählte Anzeige als Profilbild hinterlegt.

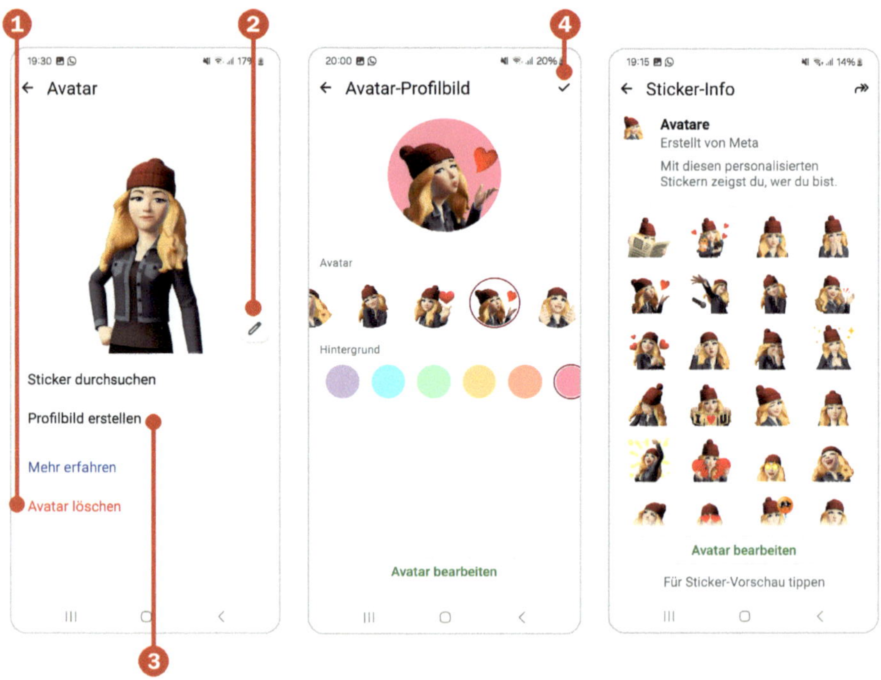

Mit ***Sticker durchsuchen*** werden alle Sticker angezeigt, die automatisch erstellt wurden.

9.2 Der Schutz Ihrer Daten

Wer kann meine persönlichen Informationen sehen?

Mit Name und Foto geben Sie Informationen von sich Preis, die Sie unter Umständen nicht jedem zukommen lassen möchten. Auf der anderen Seite gestalten Sie WhatsApp lebendiger, wenn Sie ein Profilfoto hinterlegen und dieses nach Lust und Laune ändern. Darüber hinaus kann man anzeigen, wann man zuletzt in WhatsApp war bzw. dass man gerade online ist. Ob man das möchte, muss jeder selbst entscheiden. In jedem Fall ist es wichtig, zu verstehen, wer welche Inhalte einsehen kann. Im Grunde gibt es vier Stufen der Übertragung persönlicher Information:

Alle: Wie der Name schon sagt, alle die Ihre Telefonnummer haben, können die Informationen einsehen.

Meine Kontakte: Durch die Auswahl von ***Meine Kontakte*** sehen alle Personen, die Sie in Ihrem Adressbuch (App Kontakte) gespeichert haben, Ihr Bild und weitere Infos. Personen, deren Telefonnummer Sie nicht gespeichert haben, wird das Bild nicht angezeigt. Das ist eine nützliche Einschränkung, mit der Sie z. B. auch sicherstellen, dass in einem Gruppenchat nur die Teilnehmer Ihr Bild sehen, mit denen Sie befreundet sind. Unbekannten Gruppenmitgliedern wird es nicht angezeigt.

Meine Kontakte außer: Natürlich speichert man im Adressbuch des Smartphones auch Nummern von Handwerkern, berufliche Kontakten oder weitläufigen Bekannten. Diese können Sie durch die Option ***Meine Kontakte außer*** von der Anzeige ausschließen.

Niemand: Mit der Auswahl ***Niemand*** zeigen Sie die Information einfach gar nicht an.

Die Entscheidung über die Weitergabe persönlicher Informationen treffen Sie in den Einstellungen:

- Öffnen Sie im Menü ⋮ ▶ ***Einstellungen*** ▶ ***Datenschutz*** ❶.

Profilbild und Info

- Tippen Sie auf den Eintrag ***Profilbild*** ②. Ich empfehle die Option ***Meine Kontakte*** oder ***Meine Kontakte außer*** ③ auszuwählen. Mit dem Pfeil links oben verlassen Sie den Bereich wieder, dabei werden etwaige Änderungen automatisch übernommen. Wenn Sie sich für ***Meine Kontakte außer*** entscheiden, wird eine Liste Ihrer Kontakte angezeigt. Hier tippen Sie die Kontakte an ④, die Ihr Profilbild nicht sehen sollen und bestätigen Sie mit ✓.
- Die ***Info*** ⑤ folgt demselben Prinzip.

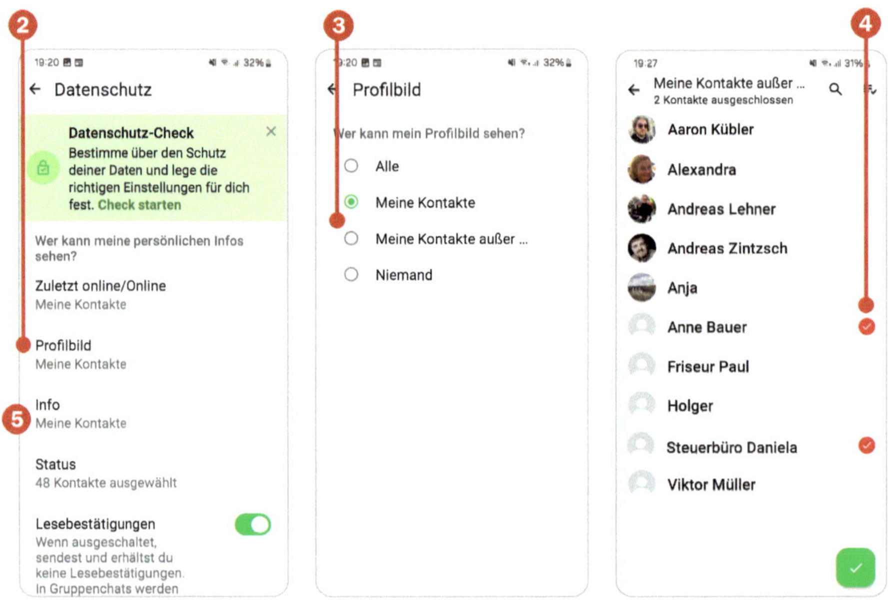

Zuletzt online und Info

In einem Chat sehen Sie, wann die Person das letzte Mal online war. Fand das am selben Tag statt wird die Uhrzeit angezeigt ①, sonst das Datum. Bearbeitet der Freund gerade etwas in WhatsApp dann erscheint oben im Chat „online“ ②. Durch die Weitergabe dieser Information fühlen sich manche unter Druck gesetzt, frei nach dem Motto „er war oder ist online, hat aber meine Nachricht noch nicht beantwortet“. Aus diesem Grund geben viele diese Information nicht weiter. Wenn Sie das auch so einstellen möchten, müssen Sie wissen, dass Sie dann den Zuletzt online-Stempel bzw. die Online-Information der ausgeschlossenen Personen auch nicht mehr sehen.

- Wählen Sie im Bereich ***Datenschutz*** die Option ***Zuletzt online/ Online*** ❸ aus. Ich habe mich hier für ***Niemand*** entschieden; Sie können auch mit ***Meine Kontakte außer*** nur bestimmte Personen ausschließen. Im unteren Bereich entscheiden Sie, wie mit der Information „online“ verfahren werden soll.

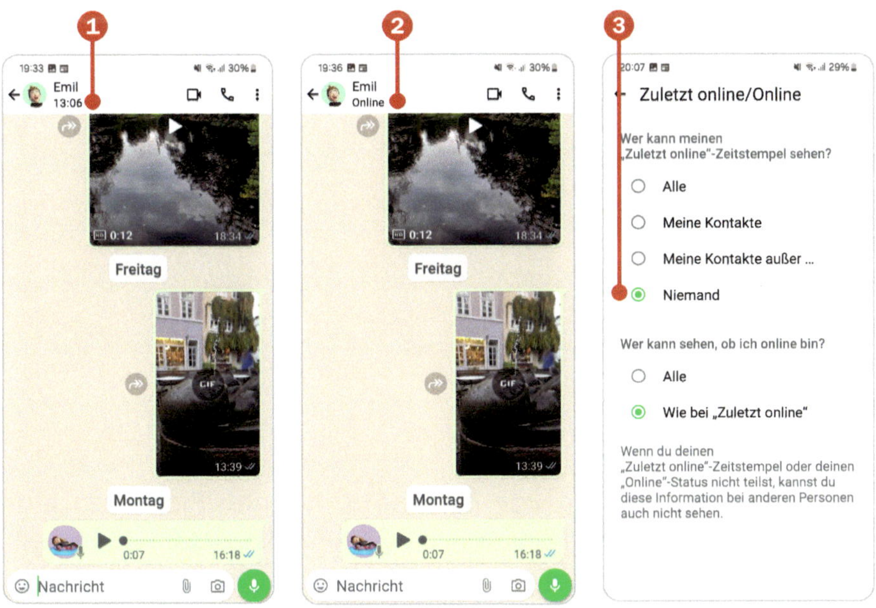

Lesebestätigungen

Die Lesebestätigung, dargestellt durch zwei blaue Häkchen ❶ hinter einer Nachricht, zeigt an, dass diese angesehen wurde. Die Übermittlung dieser Information können Sie auch ausschalten. Wählen Sie dazu ***Einstellungen*** ▸ ***Datenschutz*** und tippen Sie auf den Bereich ***Lesebestätigungen*** ❷. Dadurch wird der Schalter auf die Position ***Aus*** gestellt.

Jetzt wird keine Lesebestätigung mehr übermittelt. Allerdings erhalten auch Sie diese Information nicht mehr. Nochmaliges Antippen des Bereichs schaltet die Lesebestätigung wieder ein. Diese Einstellung hat **keine Auswirkung auf Gruppenchats**. Hier wird immer eine Lesebestätigung gesendet.

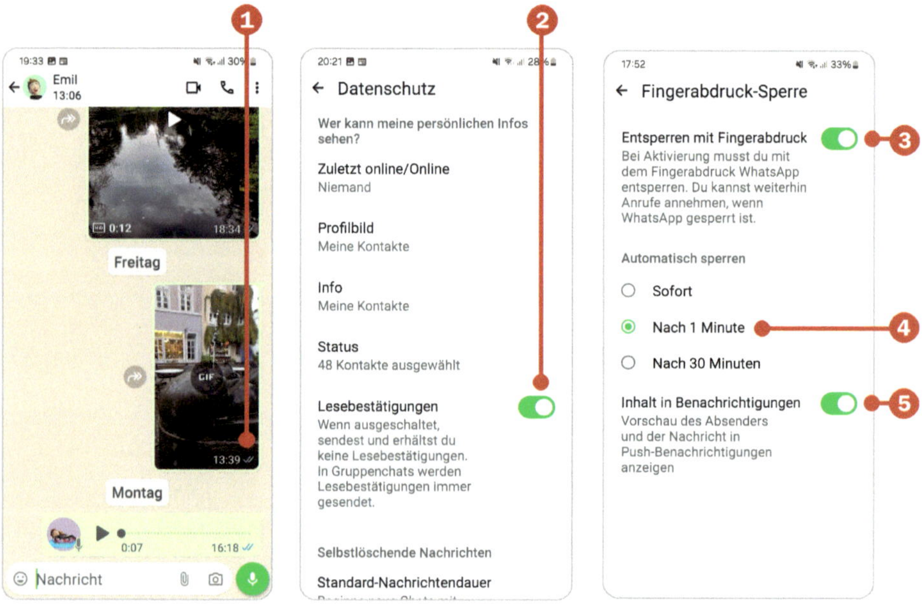

Fingerabdruck-Sperre

Das unbefugte Öffnen von WhatsApp können Sie durch eine zusätzliche Fingerabdruck-Sperre verhindern. Das ist sinnvoll, wenn Sie Ihr entsperrtes Handy öfter aus der Hand geben, z. B. einem Kind zum Videoschauen. Über ***Einstellungen*** ▶ ***Datenschutz*** ▶ ***Fingerabdruck-Sperre*** können Sie verhindern, dass WhatsApp geöffnet wird. Aktivieren Sie die Sperre 3 und entscheiden Sie, nach Ablauf welcher Zeit 4 WhatsApp bei Nichtverwendung gesperrt wird. Es ist dann auch sinnvoll, die Vorschau 5 auf neue Nachrichten, die in den Benachrichtigungen angezeigt wird, zu verbergen.

Datenschutz-Check durchführen

Im Bereich ***Datenschutz*** blendet WhatsApp oben ein Banner ein, mit der Möglichkeit einen Datenschutz-Check durchzuführen. Dabei werden Sie durch alle datenschutzrelevanten Einstellungsoptionen geleitet und können so schnell überprüfen, ob diese Ihren Wünschen entsprechen und sie ggf. anpassen.

Der Datenschutz-Check ist dabei nur ein Wegweiser; alle dort aufgeführten Optionen finden Sie in den Einstellungen von WhatsApp. Falls Sie das Banner versehentlich geschlossen haben, können Sie es nicht wieder selbst einblenden. Von Zeit zu Zeit wird das Banner automatisch in WhatsApp eingeblendet. Die Optionen die der Datenschutz-Check momentan abfragt, werden auch in diesem Buch behandelt.

- **Datenschutz-Check durchführen:** Wählen Sie ***weitere Optionen*** ⋮ ▶ ***Einstellungen*** ▶ ***Datenschutz*** aus und tippen Sie oben auf ***Check starten***. Tippen Sie einen der vier Bereiche an.

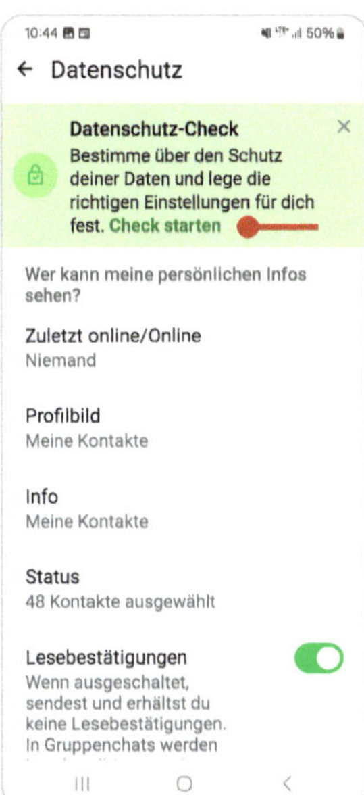

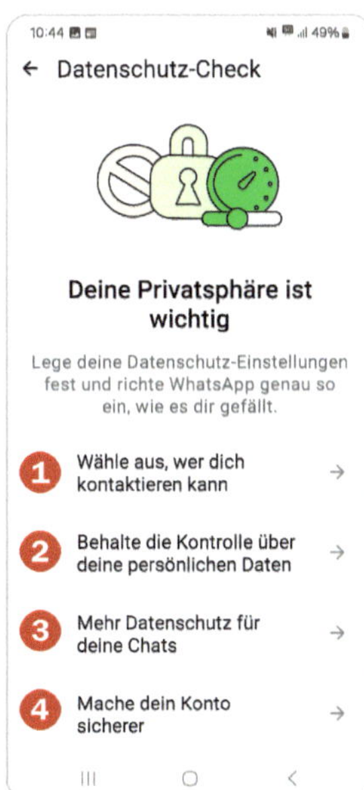

❶	Wer darf mich zu einer Gruppe hinzufügen	S. 121
	Anrufe von Unbekannt stummschalten	S. 190
	Blockierte Kontakte	S. 223
❷	Profilbild	S. 264
	Zuletzt online/Online	S. 264
	Lesebestätigung	S. 265
❸	Standard-Nachrichtendauer	S. 218
	Ende-zu-Ende-verschlüsselte Backups	S. 281
❹	Fingerabdruck-Sperre	S. 266
	Verifizierung in zwei Schritten	S. 285

Verschlüsselung

WhatsApp hat 2016 eine Ende-zu-Ende-Verschlüsselung eingeführt. Dadurch können die ausgetauschten Nachrichten, Fotos, Videos etc. jetzt nur noch vom Sender und vom Empfänger gelesen werden. WhatsApp gibt an, dass sie als Firma dadurch ebenfalls keinen Zugriff mehr auf die Chatinhalte der Nutzer hat. Die Ende-zu-Ende Verschlüsselung wird automatisch verwendet, sofern Sender und Empfänger die aktuelle WhatsApp Version installiert haben.

Sie werden auf diesen Umstand innerhalb des Chats durch einen gelb hinterlegten Infotext ❶ hingewiesen.

Wenn ein Freund ein neues Smartphone verwendet, ein gekoppeltes Gerät entfernt bzw. ein neues hinzufügt oder einfach WhatsApp neu installiert, erzeugt dieser Vorgang eine Sicherheitsbenachrichtigung in Ihrem gemeinsamen Chat ❷. Allerdings nur wenn die Option ***Sicherheitsbenachrichtigungen anzeigen*** aktiviert ist. Um dies zu überprüfen tippen Sie auf ***Weitere Optionen*** ⋮ ▸ ***Einstellungen*** ▸ ***Konto*** ▸ ***Sicherheitsbenachrichtigungen*** und ziehen den Regler ggf. auf die Position ***Ein*** ❸.

Falls der Freund WhatsApp **nicht** neu installiert hat und Sie trotzdem eine Sicherheitsbenachrichtigung erhalten, kann das ein Hinweis darauf sein, dass das WhatsApp des Freundes unberechtigt von Dritten genutzt wird.

Zur Überprüfung der Ende-zu-Ende Verschlüsselung könnten Sie sich nun mit diesem Freund treffen und die Sicherheitsnummer vergleichen ❹ bzw. den Code scannen. Die Nummer ist für jeden Einzelchat einmalig. Dazu zeigen Sie den gemeinsamen Chat an, tippen oben auf den grünen Bereich, um die Kontaktinfo anzuzeigen und wählen hier ***Verschlüsselung***. Der 60stellige Code muss auf beiden Smartphone derselbe sein.

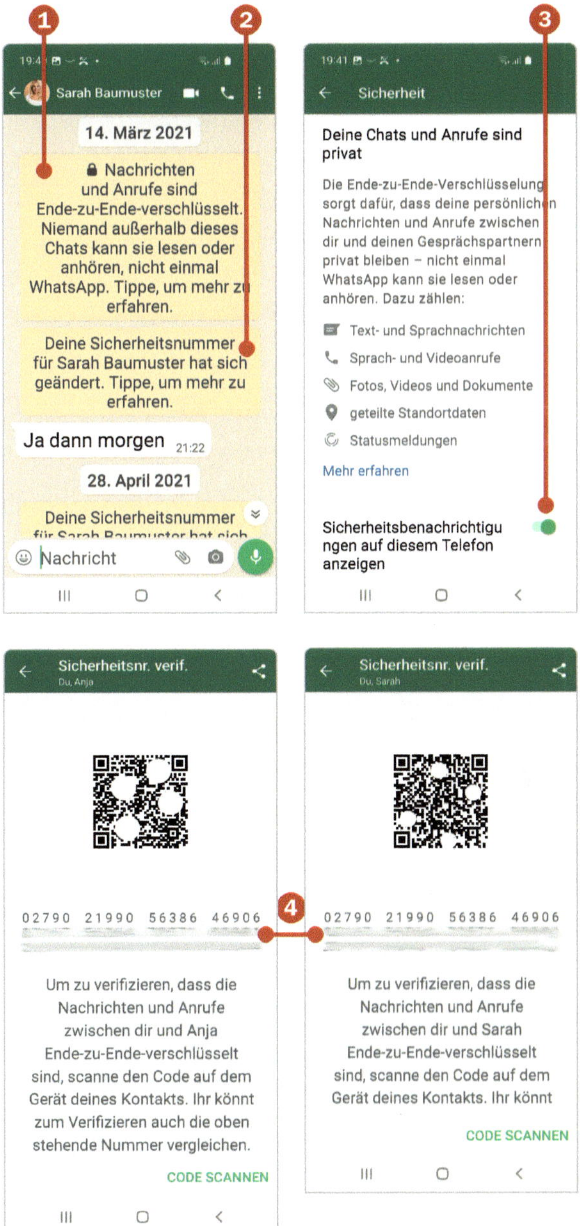
1
2
3
Sarah Baumuster
14. März 2021
Nachrichten und Anrufe sind Ende-zu-Ende-verschlüsselt. Niemand außerhalb dieses Chats kann sie lesen oder anhören, nicht einmal WhatsApp. Tippe, um mehr zu erfahren.
Deine Sicherheitsnummer für Sarah Baumuster hat sich geändert. Tippe, um mehr zu erfahren.
Ja dann morgen 21:22
28. April 2021
Deine Sicherheitsnummer
Nachricht
Sicherheit
Deine Chats und Anrufe sind privat
Die Ende-zu-Ende-Verschlüsselung sorgt dafür, dass deine persönlichen Nachrichten und Anrufe zwischen dir und deinen Gesprächspartnern privat bleiben – nicht einmal WhatsApp kann sie lesen oder anhören. Dazu zählen:
Text- und Sprachnachrichten
Sprach- und Videoanrufe
Fotos, Videos und Dokumente
geteilte Standortdaten
Statusmeldungen
Mehr erfahren
Sicherheitsbenachrichtigungen auf diesem Telefon anzeigen
Sicherheitsnr. verif.
Du, Anja
02790 21990 56386 46906
Um zu verifizieren, dass die Nachrichten und Anrufe zwischen dir und Anja Ende-zu-Ende-verschlüsselt sind, scanne den Code auf dem Gerät deines Kontakts. Ihr könnt zum Verifizieren auch die oben stehende Nummer vergleichen.
CODE SCANNEN
4
Sicherheitsnr. verif.
Du, Sarah
02790 21990 56386 46906
Um zu verifizieren, dass die Nachrichten und Anrufe zwischen dir und Sarah Ende-zu-Ende-verschlüsselt sind, scanne den Code auf dem Gerät deines Kontakts. Ihr könnt
CODE SCANNEN

9.3 Updates installieren

In der Regel werden Updates automatisch installiert. So verwenden Sie WhatsApp immer mit den neuesten Funktionen. Welche Update-Einstellungen an Ihrem Gerät gelten, finden Sie im Play Store.

- Öffnen Sie den Play Store und tippen Sie rechts oben auf Ihr Profil ❶.

- Tippen Sie dann auf ***Einstellungen*** ❷ und anschließend auf ***Netzwerkeinstellungen***: Bei ***Apps automatisch aktualisieren*** ❸ sollte folgender Text stehen: ***Automatische App-Updates nur über WLAN zulassen***. Sie sollten Updates nur über WLAN installieren, da sonst das Datenvolumen des Mobilfunkvertrags zu stark belastet wird.

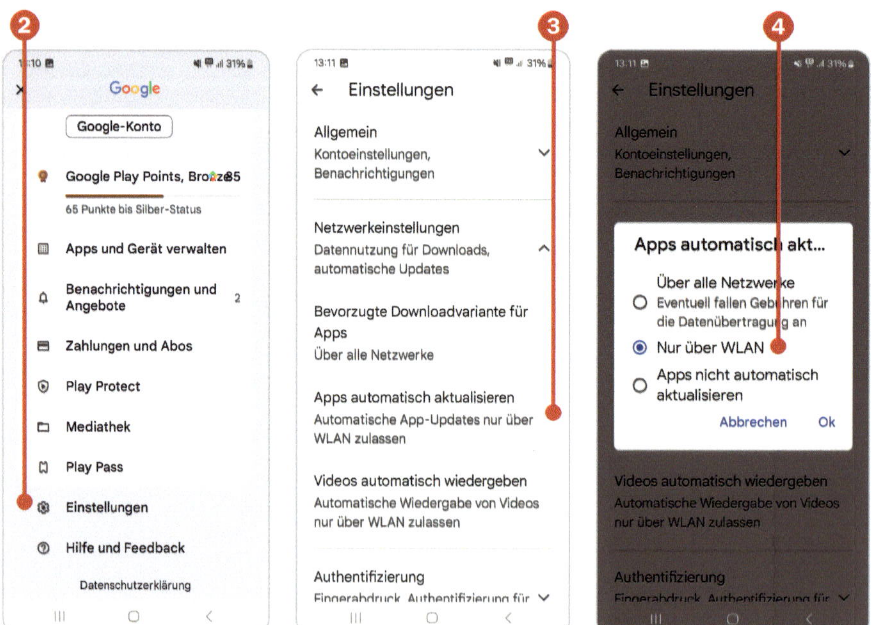

- Falls das nicht der Fall ist, tippen Sie auf ***Apps automatisch aktualisieren*** und wählen ***Nur über WLAN*** 4 (vorige Seite) aus. Bestätigen Sie durch Tippen auf ***FERTIG***. Die Einstellungen verlassen Sie über die Zurück-Taste.

Sie können jederzeit eine Aktualisierung auch manuell anstoßen. So geht's:

- Tippen Sie im Play Store rechts oben auf Ihr Profil und wählen ***Apps und Gerät verwalten*** 5 aus.
- Im Register ***Übersicht*** 6 wird angezeigt, ob Updates verfügbar sind. Dieses Register ist standardmäßig ausgewählt.
- Tippen Sie auf ***Details ansehen*** 7, um verfügbare Updates anzuzeigen. Tippen Sie auf ***Alle Aktualisieren*** 8, um für alle angezeigten Apps ein Update herunterzuladen. Soll nur WhatsApp aktualisiert werden, dann tippen Sie dort auf ***Aktualisieren***.

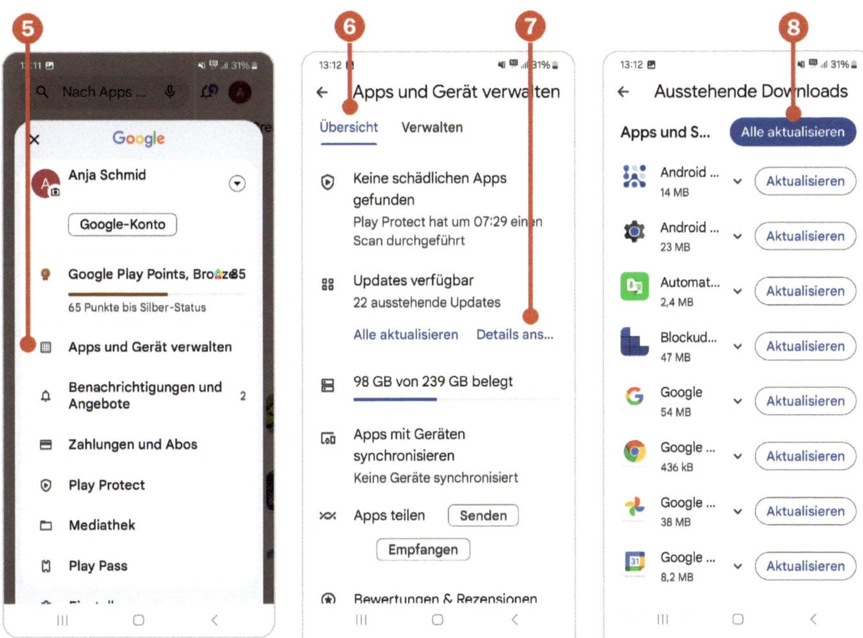

Beim Aktualisieren von Apps, sollten Sie mit WLAN verbunden sein.

WhatsApp Version am Smartphone

Um herauszufinden, welche WhatsApp Version Sie aktuell verwenden, öffnen Sie in WhatsApp das ***Menü*** ⋮ ▶ ***Einstellungen*** ▶ ***Hilfe*** 1 ▶ ***App-Info*** 2. Mit der Zurück-Taste verlassen Sie den Bereich wieder.

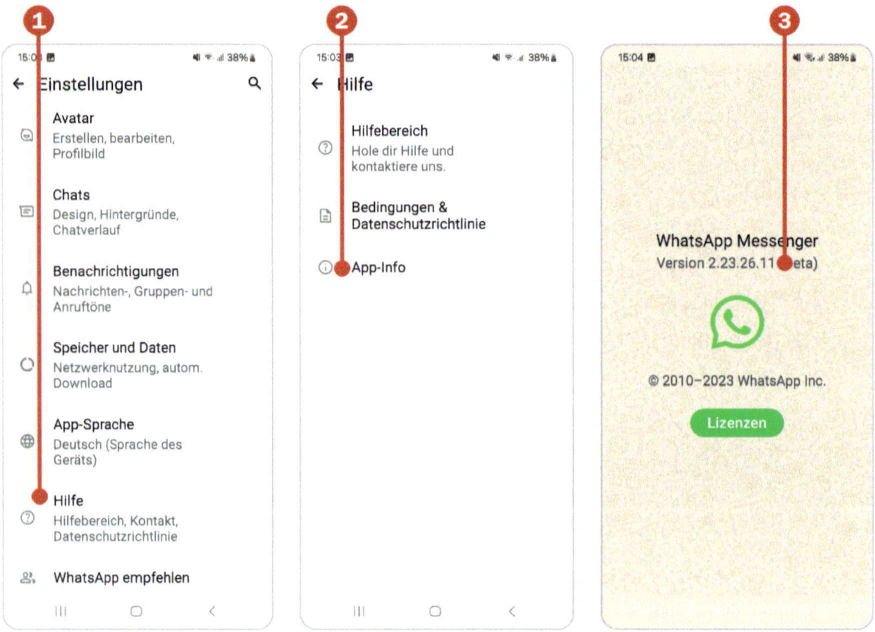

9.4 Datenvolumen schonen

Wie schon mehrfach erwähnt, wird durch die Verwendung von WhatsApp, außerhalb eines WLANs, das von Ihrem Mobilfunkanbieter zur Verfügung gestellte Datenvolumen verbraucht. In der Regel ist das Versenden von Nachrichten kein Datenvolumenkiller, bei Fotos und Videos kommt es auf die Menge an. Bedenken Sie dabei auch, dass Bilder, die Sie erhalten, heruntergeladen werden müssen und ebenfalls das Datenvolumen schmälern. Das gilt natürlich auch für Videos, Audiodateien oder Sprachnachrichten. Auch Telefonate über WhatsApp lassen das Datenvolumen schrumpfen.

Versuchen Sie, wann immer möglich, Ihr Smartphone mit einem WLAN zu verbinden und große Datenmengen nur bei bestehender WLAN-Verbindung zu versenden. Welche Entscheidungen Sie hier treffen, hängt natürlich auch davon ab, wie viel Datenvolumen Ihr Mobilfunkvertrag beinhaltet.

Um einen Eindruck zu erhalten, wie datenintensiv Sie WhatsApp nutzen, rufen Sie ***Weitere Optionen*** ⋮ auf und wählen ***Einstellungen*** ▶ ***Speicher und Daten*** ❶ ▶ ***Netzwerknutzung*** ❷.

Sie erhalten eine Übersicht Ihrer Nutzungsdaten, z. B. wie viel Datenvolumen verbraucht wurde, um Bilder, Videos oder Audiodateien auszutauschen. Diese Werte finden Sie unter ***Medien*** ❸, dabei bezeichnet der erste Wert die Gesamtgröße der Daten, die Sie gesendet haben und der zweite Wert ist die Gesamtmenge aller empfangenen Medien. Aber Vorsicht, hier sind auch Übertragungen bei bestehender WLAN-Verbindung berücksichtigt. Diese reduzieren natürlich das zur Verfügung stehende Datenvolumen nicht.

WhatsApp Nutzung messen

Über ***Statistik zurücksetzen*** **4** setzen Sie alle Werte auf Null, z. B. am Anfang des Monats, wenn Sie auch mit vollem Datenvolumen starten. Oder Sie testen an einem Tag ohne WLAN-Netz stichprobenhaft, wie viel Datenvolumen WhatsApp benötigen würde. Generell sind das natürlich nur Richtwerte.

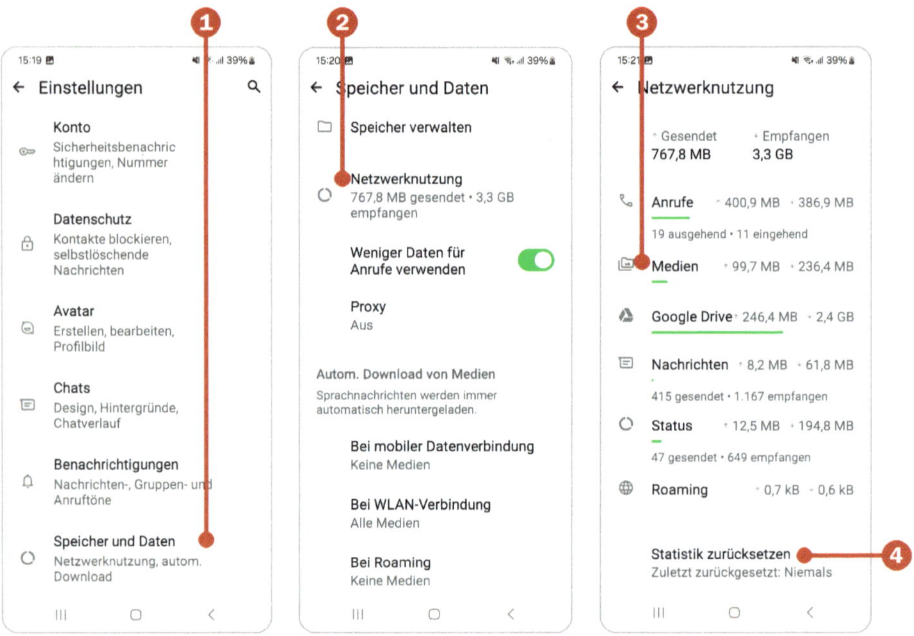

Automatische Downloads von Medien verhindern

Text- und Sprachnachrichten werden in WhatsApp immer automatisch heruntergeladen, egal ob Sie via WLAN oder mobil verbunden sind. Standardmäßig werden auch Bilder, die an Sie gesendet werden, automatisch geladen. Das schmälert unterwegs das Datenvolumen.

Ob Sie diese Standardeinstellung verändern, hängt von folgenden Faktoren ab: Wie oft Sie sich mit dem Smartphone außerhalb eines WLANs befinden, ob Sie eine Unmenge an Bildern erhalten und wie groß das Datenvolumen ist, welches Ihr Mobilfunkvertrag zur Verfügung stellt.

Wenn Sie schon Mitte des Monats kein Datenvolumen mehr zur Verfügung haben, kann diese Einstellung helfen:

- Wählen Sie über ***Weitere Optionen*** ⋮ ▶ ***Einstellungen*** ▶ ***Speicher und Daten*** und tippen auf ***Bei mobiler Datenverbindung*** ❶. Hier entfernen Sie durch Antippen das Häkchen bei ***Fotos*** ❷ und wählen dann ***OK***.

Wenn Sie unterwegs sind, sehen Sie im Chat zwar, dass Sie ein Bild erhalten haben, es wurde aber noch nicht heruntergeladen. In wichtigen Fällen können Sie das Bild jederzeit durch Antippen ❸ herunterladen und anzeigen. Sobald das Smartphone eine Verbindung zu einem WLAN hat, werden alle Bilder wieder automatisch heruntergeladen.

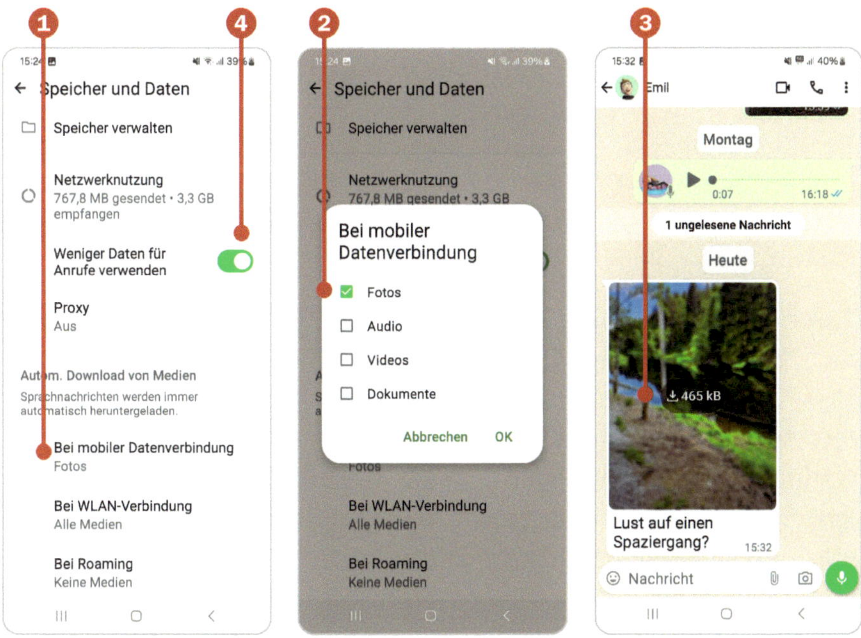

- Wer bei einem Anruf ohne WLAN-Verbindung sein Datenvolumen schonen möchte, geht so vor: Öffnen Sie ***Weitere Optionen*** ⋮ ***Einstellungen*** ▶ ***Speicher und Daten*** aus. Aktivieren Sie die Option ***Weniger Daten für Anrufe verwenden*** 4 (Grafik vorige Seite). Dazu tippen Sie einmal auf den Eintrag, der Regler springt auf ***Ein***. Die Einsparung geht natürlich zu Lasten der Qualität.

Datenroaming

Was ist Roaming bzw. Datenroaming?

Wenn Sie ins Ausland reisen, verbindet sich Ihr Smartphone mit dem ausländischen Mobilfunknetz. Da Sie auf der Grundlage Ihres Vertrag in der Regel nur für die Nutzung des Mobilfunknetzes Ihres Anbieters bezahlen, fallen für die Verwendung des fremden Netzes zusätzliche Gebühren an, z. B. für Anrufe, die Sie erhalten oder tätigen, für das Surfen im Internet mit dem Smartphone oder für das Versenden von Nachrichten in WhatsApp.

Eine Möglichkeit, wie Sie diesen sogenannten **Roaminggebühren** im Ausland entgehen können, ist das Smartphone nur zu nutzen, wenn dieses mit einem WLAN verbunden ist.

Durch die EU-Roaming-Verordnung von 2017 soll mit diesen Zusatzkosten zumindest im EU-Ausland Schluss sein. Die Idee ist, dass Sie im EU-Ausland telefonieren, surfen oder Nachrichten verschicken und dabei nur den Tarif bezahlen, den Sie im Heimatland bezahlen würden. Davon sind Einschränkungen möglich, z. B. dass nicht das gesamte vertraglich vereinbarte Datenvolumen im Ausland zur Verfügung steht.

Welche Regelung genau für Ihren Vertrag gelten, müssen Sie vor Reiseantritt mit Ihrem Anbieter oder durch Durchsicht Ihres Vertrags klären. Verlassen Sie sich nicht pauschal darauf, dass keine Roamingebühren entstehen. In der Regel erhalten Sie auch von Ihrem Mobilfunkanbieter eine SMS, sobald sich Ihr Smartphone in ein fremdes Netz einwählt. Diese Nachricht informiert Sie ebenfalls über die geltenden Bedingungen.

WhatsApp Einstellungen überprüfen

Wenn Sie roamen, d. h. eine Verbindung im Ausland zu einem fremden Mobilfunknetz aufbauen, sollten Sie keine Medien in WhatsApp herunterladen. Deshalb belassen Sie die Einstellungenunter ***Einstellungen*** ▶ ***Speicher und Daten*** ▶ ***Netzwerknutzung*** ▶ ***Bei Roaming*** (1) so, wie Sie sind – also ***Keine Medien***. Theoretisch würden Text- und Sprachnachrichten in WhatsApp dennoch im Ausland automatisch heruntergeladen werden und unter Umständen Kosten verursachen. Dies wird in der Regel durch eine Einstellung außerhalb von WhatsApp verhindert:

- **Samsung:** Zeigen Sie die ***Einstellungen*** Ihres Smartphones an und wählen Sie ***Verbindungen*** ▶ ***Mobile Netzwerke*** ▶ ***Datenroaming*** (2).
- **Xiaomi:** ***Einstellungen*** ▶ ***SIM-Karten & Mobile Netzwerke*** ▶ ***Erweiterte Einstellungen*** ▶ ***Datenroaming***.

Daten-Roaming: Standardmäßig ist das ***Daten-Roaming*** nicht aktiv (Schalter aus). Somit können Sie, wenn Sie sich im Ausland befinden, nicht mobil ins Internet – also kein Surfen, kein WhatsApp. Im

EU-Ausland und mit einem entsprechenden Vertrag können Sie das Daten-Roaming aktivieren und WhatsApp unterwegs nutzen.

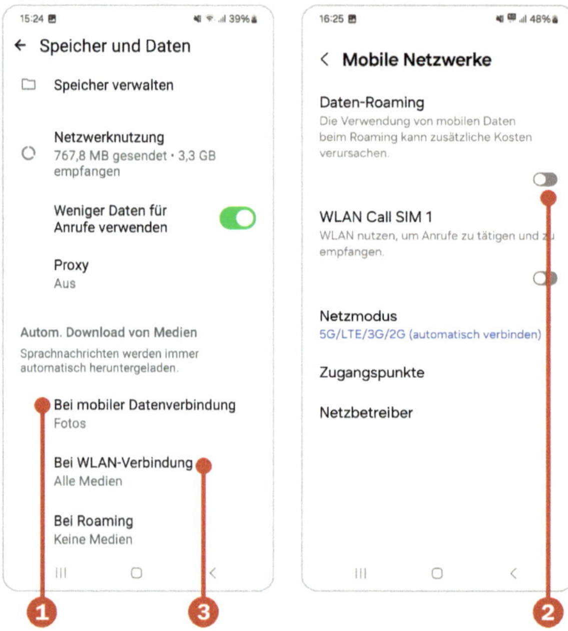

WLAN im Ausland: Von den Einstellungen beim Datenroaming unberührt bleibt selbstverständlich die Verbindung mit einem ausländischen WLAN-Netz, z. B. im Hotel. Bei bestehender WLAN-Verbindung werden wie gewohnt alle Medien heruntergeladen und in WhatsApp angezeigt. Beachten Sie auch hier, dass nicht jedes WLAN-Netz grundsätzlich kostenfrei genutzt werden kann. Falls die Nutzung des WLANs nach verbrauchtem Volumen abgerechnet werden sollte, ist es sinnvoll ***Bei WLAN-Verbindung*** 3 für die Dauer des Urlaubs die Häkchen bei allen Medien zu entfernen.

Kapitel 10
Datensicherung & Umzug

Das erwartet Sie hier!

Zum Abschluss noch zwei wichtige Themen die Sicherung Ihrer WhatsApp-Inhalte und der Umzug auf ein neues Smartphone.

- Bei einem **Backup** von WhatsApp werden WhatsApp-Nachrichten, Fotos, etc. auf einem Speichermedium, außerhalb des Smartphones, gespeichert. Sie sollten Datensicherungen in regelmäßigen Abständen durchführen. Das Smartphone kann ja kaputt oder verloren gehen oder Sie löschen versehentlich noch benötigte Inhalte. In diesen Fällen können Sie auf Ihr Backup zurückgreifen und die WhatsApp-Inhalte wiederherstellen.
- Zur Sicherung steht Ihnen **Google Drive** zur Verfügung. Das ist ein Cloud-Speicher (Online-Speicher), auf den via Internet Daten übertragen werden können. Mit Ihrem Google-Konto, welches Sie für die Einrichtung Ihres Android-Smartphones bereits angelegt haben, steht Ihnen automatisch auch Google Drive zur Verfügung.
- Nach dem Kauf eines neuen Smartphones ist der **Umzug** Ihrer WhatsApp-Inhalte mit Google Drive jetzt einfach zu bewerkstelligen. Wenn Sie dabei Ihre SIM-Karte behalten, geht das fast wie von selbst. Mit einer neuen Handynummer müssen Sie etwas mehr vorbereiten. Wie das geht, erfahren Sie ebenfalls hier.
- Einige Smartphone-Hersteller bieten eigene Lösungen zum Datenumzug, z. B. Samsung mit der App Smart Switch. Mit dieser werden alle App-Daten, Geräteeinstellungen und sogar das Hintergrundbild von einem zum anderen Smartphone übertragen. Trotzdem schadet eine vorige Sicherung Ihrer WhatsApp-Daten auf Google Drive nicht.

10.1 Datensicherung erstellen

Standardmäßig werden Ihre WhatsApp Daten einmal täglich automatisch auf Ihrem Smartphone gesichert. Zusätzlich sollten Sie vereinbaren, dass eine Sicherung auf Google Drive erstellt wird.

Google Drive zur Datensicherung einrichten

Google Drive ist eine praktische Möglichkeit, Ihre WhatsApp-Daten außerhalb Ihres Smartphones zu sichern und bei einem Wechsel der Geräte schnell und einfach zu übertragen. Natürlich speichern Sie Ihre Daten auf einen Server, den Sie letztendlich nicht kontrollieren können. Zur Einrichtung von Google Drive gehen Sie so vor:

- Öffnen Sie ***Weitere Optionen*** ⋮ ▶ ***Einstellungen*** ▶ ***Chats*** ▶ ***Chat-Backup***.
- **Speicherturnus bestimmen:** Tippen Sie den Eintrag ***Auf Google Drive sichern*** 1 an und wählen Sie aus, wie oft ein Backup erstellt werden soll – ***Täglich***, ***Wöchentlich*** etc. 2. In diesem Turnus werden Ihre Chats dann auf Google Drive gespeichert.
- **Google-Konto:** Wählen Sie das Google-Konto aus, auf dem Sie Ihre Daten sichern möchten. Das Benutzerkonto, mit dem Sie bereits an Ihrem Smartphone angemeldet sind, wird Ihnen hier zur Auswahl angeboten. Mit jedem Gmail-Konto steht Ihnen automatisch ein Zugang zu Google Drive zur Verfügung.
- Im nächsten Schritt müssen Sie den Zugriff und die Übertragung von Daten erlauben. Tippen Sie auf ***Zulassen*** 3.
- Ein Backup sollte nur erstellt werden, wenn Sie mit einem WLAN verbunden sind. Das schont ihr Datenvolumen. Deshalb ist der Schalter bei ***Über mobile Daten sichern*** 4 auf der Position ***Aus*** . Sollte es für Sie Gründe geben auch zu sichern, wenn Sie mit dem Mobilfunknetz verbunden sind, können Sie das hier ändern.

- Videos, die über WhatsApp versandt wurden, sind standardmäßig von der Sicherung ausgenommen, da diese viel Speicherplatz belegen und die Speicherdauer erhöhen. Google stellt Ihnen kostenlos einen Speicherplatz von 15 GB für Gmail, Google Fotos etc. auf Google Drive zur Verfügung. Die Sicherung von WhatsApp reduziert diesen Speicherplatz. Wenn Sie neben WhatsApp auch Ihre mit dem Handy aufgenommenen Fotos und Videos auf Google Drive sichern, könnte der Speicherplatz schnell zur Neige gehen. Ob Sie Ihre in WhatsApp empfangenen Videos auch sichern möchten, müssen Sie abwägen. Zur Sicherung der Videos tippen Sie auf ***Inklusive Videos*** 5, der Schalter wird dadurch eingeschaltet.
- **Ende-zu-Ende-Verschlüsselung:** Sie können das Backup verschlüsseln, bevor es auf Google-Drive hochgeladen wird. Die Verschlüsselung soll davor schützen, dass die Sicherung von Unbefugten gelesen wird. Wenn Sie das verwenden möchten, tippen Sie auf ***Ende-zu-Ende-verschlüsseltes Backup*** 6. Tippen Sie dann auf ***Einschalten*** und dann auf ***Passwort erstellen*** 7. Geben Sie hier eine Buchstaben-, Zahlen- und Sonderzeichenkombination ein und tippen Sie dann auf ***Weiter***. Dann geben Sie das Passwort erneut ein, um Sicherzustellen, dass Sie sich nicht verschrieben haben. Tippen Sie erneut auf ***Weiter***. Zum Abschluss tippen Sie auf ***Erstellen***. Beim ersten Verschlüsseln kann dieser Vorgang etwas Zeit in Anspruch nehmen. Vergessen Sie das Kennwort nicht, ohne es können Sie das Backup nicht verwenden.

Die Daten werden jetzt gemäß den festgelegten Turnus automatisch gesichert; natürlich unter der Voraussetzung, dass eine WLAN-Verbindung besteht. Hier 8 sehen Sie, wann das letzte Mal gesichert wurde. Falls noch kein Backup auf Google Drive gespeichert wurde, stoßen Sie die erste Sicherung mit ***Sichern*** 9 an. Auf diese Weise können Sie jederzeit auch manuell Ihre Daten auf Google-Drive übertragen und auf dem internen Speicher Ihres Smartphones sichern. .

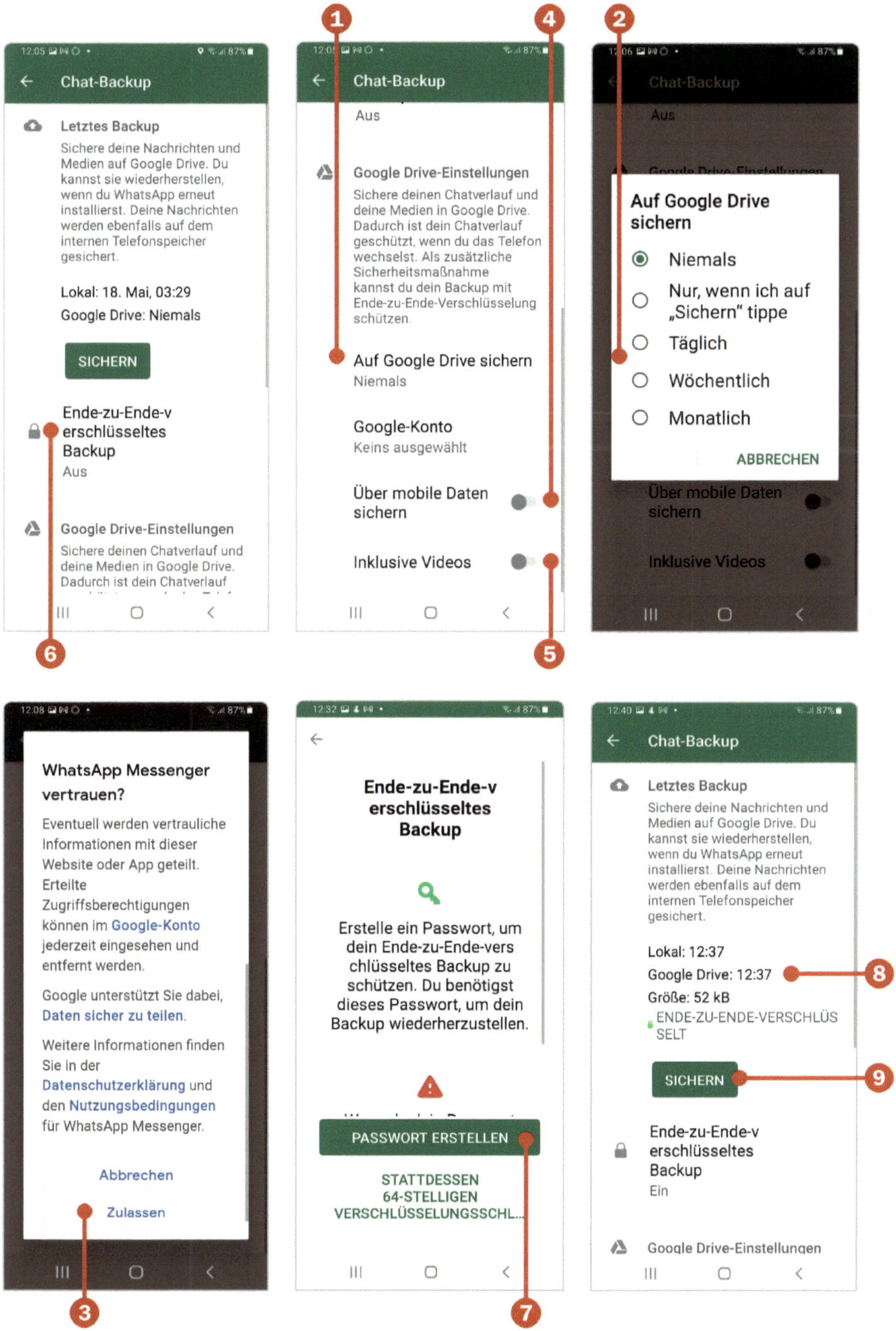
Chat-Backup
Letztes Backup
Sichere deine Nachrichten und Medien auf Google Drive. Du kannst sie wiederherstellen, wenn du WhatsApp erneut installierst. Deine Nachrichten werden ebenfalls auf dem internen Telefonspeicher gesichert.
Lokal: 18. Mai, 03:29
Google Drive: Niemals
SICHERN
Ende-zu-Ende-v erschlüsseltes Backup
Aus
Google Drive-Einstellungen
Sichere deinen Chatverlauf und deine Medien in Google Drive. Dadurch ist dein Chatverlauf
Chat-Backup
Aus
Google Drive-Einstellungen
Sichere deinen Chatverlauf und deine Medien in Google Drive. Dadurch ist dein Chatverlauf geschützt, wenn du das Telefon wechselst. Als zusätzliche Sicherheitsmaßnahme kannst du dein Backup mit Ende-zu-Ende-Verschlüsselung schützen.
Auf Google Drive sichern
Niemals
Google-Konto
Keins ausgewählt
Über mobile Daten sichern
Inklusive Videos
Auf Google Drive sichern
Niemals
Nur, wenn ich auf „Sichern" tippe
Täglich
Wöchentlich
Monatlich
ABBRECHEN
WhatsApp Messenger vertrauen?
Eventuell werden vertrauliche Informationen mit dieser Website oder App geteilt. Erteilte Zugriffsberechtigungen können im Google-Konto jederzeit eingesehen und entfernt werden.
Google unterstützt Sie dabei, Daten sicher zu teilen.
Weitere Informationen finden Sie in der Datenschutzerklärung und den Nutzungsbedingungen für WhatsApp Messenger.
Abbrechen
Zulassen
Ende-zu-Ende-v erschlüsseltes Backup
Erstelle ein Passwort, um dein Ende-zu-Ende-vers chlüsseltes Backup zu schützen. Du benötigst dieses Passwort, um dein Backup wiederherzustellen.
PASSWORT ERSTELLEN
STATTDESSEN 64-STELLIGEN VERSCHLÜSSELUNGSSCHL...
Chat-Backup
Letztes Backup
Sichere deine Nachrichten und Medien auf Google Drive. Du kannst sie wiederherstellen, wenn du WhatsApp erneut installierst. Deine Nachrichten werden ebenfalls auf dem internen Telefonspeicher gesichert.
Lokal: 12:37
Google Drive: 12:37
Größe: 52 kB
ENDE-ZU-ENDE-VERSCHLÜS SELT
SICHERN
Ende-zu-Ende-v erschlüsseltes Backup
Ein
Google Drive-Einstellungen
1
2
3
4
5
6
7
8
9

Backup erstellen

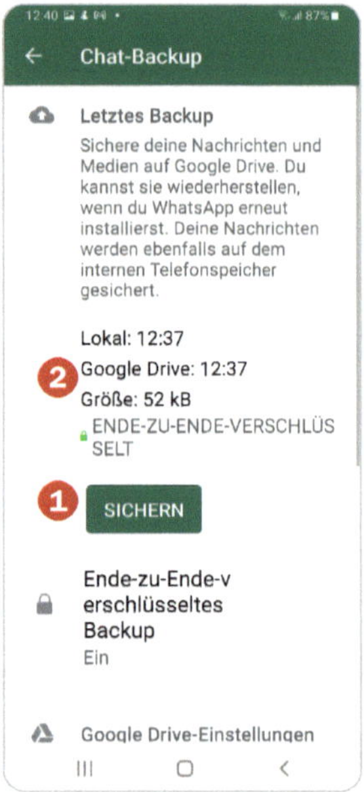

Kurz vor dem Umzug auf ein neues Smartphone sollten Sie eine manuelle Sicherung vornehmen, so dass wirklich alle WhatsApp-Daten auf Google Drive gesichert sind.

- Öffnen Sie ***Weitere Optionen*** ⋮ und wählen Sie ***Einstellungen*** ▶ ***Chats*** ▶ ***Chat-Backup***.
- Vielleicht möchten Sie auch die Videos sichern. Tippen Sie auf ***Inklusive Videos*** um den Schalter einzuschalten.
- Tippen Sie auf ***Sichern*** ❶.
- Überprüfen Sie, ob oben bei ***Letztes Backup*** die aktuelle Uhrzeit für ***Google Drive*** ❷ hinterlegt ist. Dann war die Sicherung erfolgreich.

Bei einem Datenverlust oder wenn WhatsApp nicht mehr funktioniert, können Sie WhatsApp löschen und erneut installieren. WhatsApp erkennt dann, sofern vorhanden, dass auf Google Drive ein Backup existiert und bietet Ihnen an, dieses wiederherzustellen. Problematisch ist hierbei, dass die Nachrichten, die seit der letzten Sicherung eingegangen sind, dadurch gelöscht werden. So kann es sein, dass Sie zwar alte Daten dadurch wieder erhalten, aber neue verlieren.

10.2 WhatsApp-Konto zusätzlich schützen

Sie können Ihr WhatsApp-Konto zusätzlich sichern, um zu verhindern, dass Unbefugte sich Ihres Kontos bemächtigen.

Um WhatsApp auf einem neuen Smartphone zu verwenden, benötigen Sie die Handynummer mit der das Konto verbunden ist und die dazu passende SIM-Karte. Mit der Verifizierung in zwei Schritten wird noch eine weitere Sicherung eingebaut: Die Eingabe einer sechsstelligen PIN.

- Öffnen Sie ***Weitere Optionen*** ⋮ und wählen Sie ***Einstellungen*** ▶ ***Konto*** ▶ ***Verifizierung in zwei Schritten*** und tippen Sie auf ***Aktivieren*** ❶.
- Geben Sie 6 Zahlen ein und wiederholen Sie diese. Dann tippen Sie auf ***Speichern***.
- Im nächsten Schritt können Sie eine E-Mail-Adresse hinterlegen. Falls Sie Ihre PIN vergessen, wird Ihnen an diese Adresse ein Link zum Zurücksetzen der PIN geschickt. Wenn Sie auf die Eingabe verzichten, keine E-Mail hinterlegen und dann das Kennwort vergessen, müssen Sie 7 Tage warten, bis Sie die PIN über WhatsApp zurücksetzen können. Nachrichten, die in dieser Zeit eingehen, werden nicht angezeigt. Zur Eingabe tippen Sie auf ***E-Mail hinzufügen*** ❷: Geben Sie auch hier die E-Mail-Adresse zweimal ein, um Sicherzustellen, dass Sie sich nicht vertippt haben.

Nach Einrichtung der Verifizierung in zwei Schritten verlangt WhatsApp von Zeit zu Zeit, dass Sie die PIN eingeben. So soll sichergestellt werden, dass Sie diese nicht vergessen. Über denselben Weg, können Sie die Verifizierung auch wieder deaktivieren ❸.

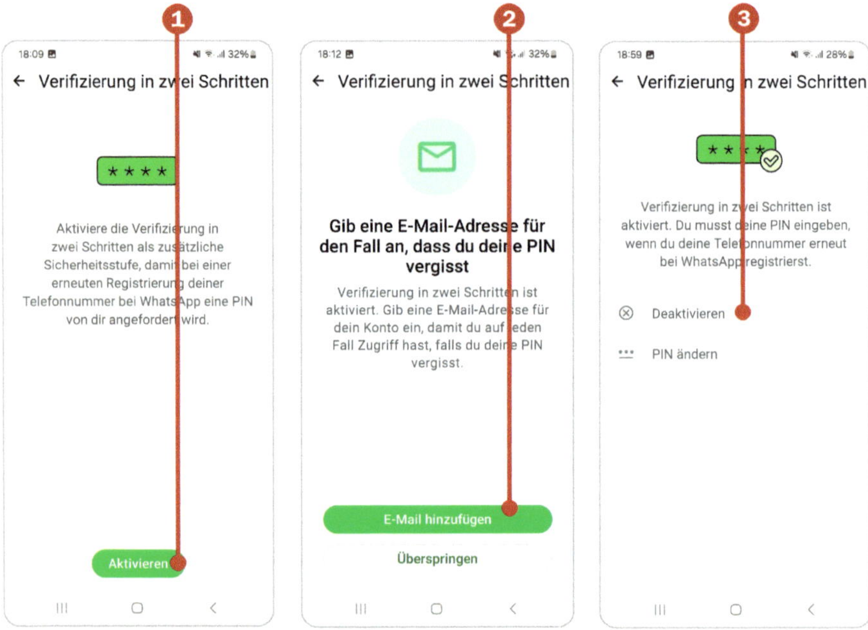

10.3 WhatsApp auf einem neuen Smartphone

Sie haben ein neues Smartphone gekauft und WhatsApp auf Ihrem alten Smartphone schon verwendet. Jetzt möchten Sie sicherlich Bilder, Videos und auch Ihre Nachrichten auf das neue Gerät übertragen. Wie das geht, wird hier gezeigt. Voraussetzungen für die folgenden Vorgehensweisen sind:

- Das alte und das neue Smartphone verwenden ein Android-Betriebssystem.
- Das Google-Benutzerkonto, mit dem Sie sich an Ihrem alten Smartphone angemeldet haben und mit dem das WhatsApp-Backup erstellt wurde, ist dasselbe Konto mit dem Sie sich an Ihrem neuen Smartphone anmelden werden.

- Sie behalten Ihre Telefonnummer. Im letzten Abschnitt erfahren Sie, wie Sie vorgehen, wenn Sie Ihre Telefonnummer ändern.

Hier wird nur beschrieben, wie Sie WhatsApp Inhalte vom alten auf das neue Smartphone umziehen. In der Regel werden Sie auch weitere Daten, wie z. B. Fotos, die Sie mit der Kamera geknipst haben, heruntergeladene Musik oder die Kontakte Ihres Adressbuchs auf das neue Smartphone übertragen. Hier wird nur der WhatsApp-Umzug beschrieben.

Löschen Sie die Daten von Ihrem alten Smartphone erst, wenn Sie sicher sind, dass das neue Gerät alle notwendigen Inhalte enthält. Falls Videos oder Fotos fehlen, können Sie diese auch nachträglich manuell übertragen.

WhatsApp Inhalte via Google Drive übertragen

- Für den Umzug Ihrer WhatsApp Daten von einem alten zu einem neuen Android Smartphone erstellen Sie ein Backup Ihrer aktuellen WhatsApp-Daten auf Google Drive, wie auf Seite 284 beschrieben.
- Schalten Sie Ihr altes Smartphone aus. Entnehmen Sie die SIM-Karte und legen Sie diese in Ihr neues Smartphone ein. Schalten Sie das Gerät an und geben Sie die PIN für die SIM-Karte ein. Melden Sie sich an Ihrem neuen Smartphone mit demselben Google-Benutzerkonto an, welches Sie auch zur Sicherung der Daten auf Google Drive mit Ihrem alten Gerät verwendet haben.
- Es ist von Vorteil, wenn Ihr Smartphone mit einem WLAN verbunden ist. Installieren Sie WhatsApp (siehe Kapitel 1) und öffnen Sie die App. Legen Sie die Sprache fest. Stimmen Sie den

Nutzungsbedingungen und Datenschutzrichtlinien zu. Entscheiden Sie, ob WhatsApp Ihnen Benachrichtigungen schicken darf. Tragen Sie Ihre Telefonnummer ein und warten Sie auf die SMS-Verifizierung. Falls Sie eine Verifizierung in zwei Schritten hinterlegt haben, wird jetzt die sechstellige PIN abgefragt. Dann werden die Zugriffsberechtigungen abgefragt. Bis jetzt entspricht alles dem Ersteinrichtungsprozess, wie Sie ihn in Kapitel 1 bereits kennengelernt haben.

- Der nächste Schritt weicht nun ab: Das Backup wurde gefunden. Es wird Ihnen ebenfalls angeboten, die Daten vom alten Telefon zu übertragen. Ich beschreibe die Verwendung des Backups auf Google Drive.
- Das Backup auf GoogleDrive sollte ausgewählt sein. Sie erkennen das an der grünen Umrandung. Klicken Sie auf ***Weiter*** 1, um alte Nachrichten und andere Medien wieder in WhatsApp anzuzeigen.
- Falls die Backup-Datei verschlüsselt wurde, müssen Sie nun das Kennwort 2 eingeben und auf ***Weiter*** tippen.
- Das Backup wird wiederhergestellt. Nach Fertigstellung tippen Sie auf ***Weiter***.
- Ihr Profilbild und Ihr Name wurden übernommen. Bestätigen Sie mit ***Weiter*** 3.

Es kann nun eine Zeit dauern bis Ihre gesamten Medien wiederhergestellt werden. Sie sehen den Fortschritt oben im Chatfenster.

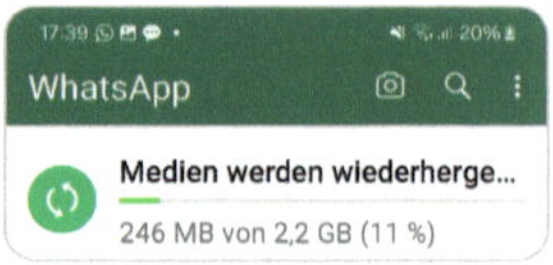

Im Chat Ihrer Freunde wird angezeigt, dass sich Ihre Sicherheitsnummer geändert hat.

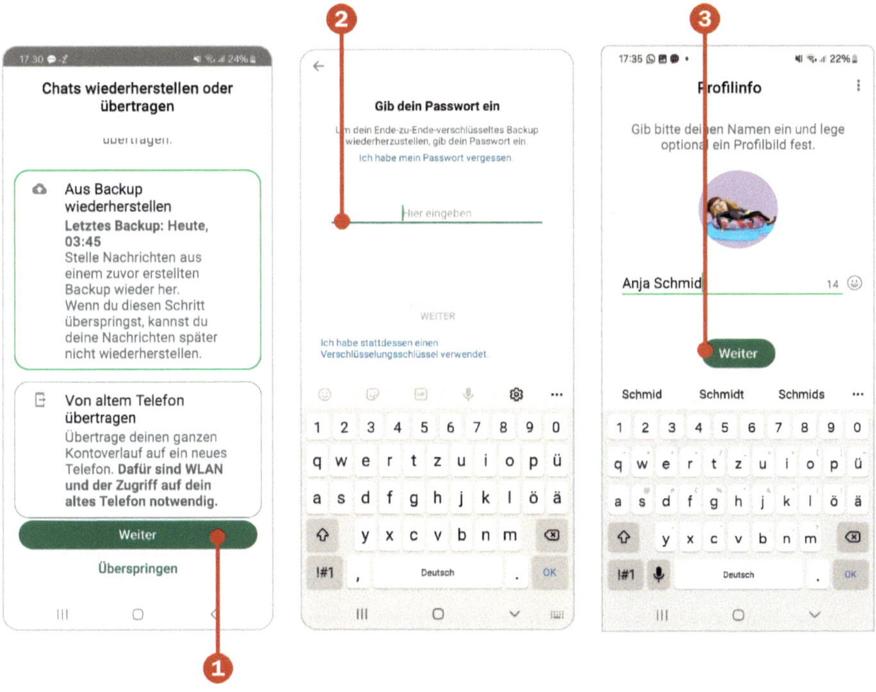

Eine neue Telefonnummer verwenden

Sie haben Ihren Anbieter gewechselt und jetzt eine neue Mobilnummer? In diesem Beispiel erfahren Sie, was bei einem Nummerntausch zu tun ist. Ich gehe zunächst davon aus, dass das Smartphone nicht ausgetauscht wird. Wie Sie vorgehen, wenn Sie auch ein neues Smartphone haben, erfahren Sie gleich.

- Sie müssen auf Ihrer neuen Nummer SMS oder Anrufe empfangen können. Sie neue SIM-Karte muss also freigeschaltet sein.
- Schalten Sie Ihr Smartphone aus und legen Sie die neue SIM-Karte ein. Schalten Sie das Gerät wieder ein. Da Sie das Smartphone nicht getauscht haben, ist keine Einrichtung nötig. Sie werden in der Regel nach der PIN der neuen SIM-Karte gefragt. Diesen haben Sie zusammen mit der Karte erhalten.

- Öffnen Sie WhatsApp und wählen Sie ***Weitere Optionen*** ⋮ ▸ ***Einstellungen*** ▸ ***Konto*** ▸ ***Nummer ändern*** (1). Sie erhalten eine Informationsseite. Tippen Sie auf ***Weiter***.
- Tippen Sie auf das Feld ***alte Telefonnummer*** (2) und geben Sie die alte Nummer ein. Geben Sie dann Ihre neue Nummer in das Feld ***neue Telefonnummer*** ein. Tippen Sie dann auf ***Weiter***.
- Wenn Sie möchten, können Sie Ihre Kontakte über den Nummernwechsel informieren: Tippen Sie auf den Regler ***Kontakte benachrichtigen***, um ihn zu aktiveren (3). Entscheiden Sie, ob alle Kontakte oder nur die, mit denen Sie Chats haben, benachrichtigt werden sollen. Bei ***Benutzerdefiniert*** können Sie auswählen, wer benachrichtigt werden soll. Tippen Sie dann auf ***Fertig*** (4).
- Daraufhin erfolgt die automatische SMS-Verifizierung. Nach kurzer Zeit erhalten Sie eine Meldung über die erfolgreiche Änderung Ihrer Nummer. Tippen Sie auf ***OK***.

So sieht es bei Ihren Freunden aus: Im WhatsApp Ihrer Freunde wird der Chat mit Ihrer alten Telefonnummer noch angezeigt. Hier wird ein Hinweis (5) über die Nummernänderung eingeblendet, falls das so bei der Änderung der Telefonnummer ausgewählt wurde.

Tipp zum schnellen Übernehmen einer neuen Nummer: Zur Aktualisierung der Nummer tippen Sie den Hinweis (5) an und wählen ***Zu Kontakten hinzufügen***. Im nächsten Schritt wählen Sie in der App ***Kontakte*** die Person aus, deren Nummer Sie ersetzen möchten. Die neue Nummer wird dem Kontakt hinzugefügt, die alte Nummer müssen Sie noch entfernen. Speichern Sie den Kontakt ab.

Derjenige, der seine Nummer ändert, hat nach wie vor dieselben Chats. Die Freunde haben nach der Speicherung der neuen Nummer, die unumgänglich ist, zwei Chats – einen mit der alten Nummer, der nicht mehr verwendet werden kann und einen neuen.

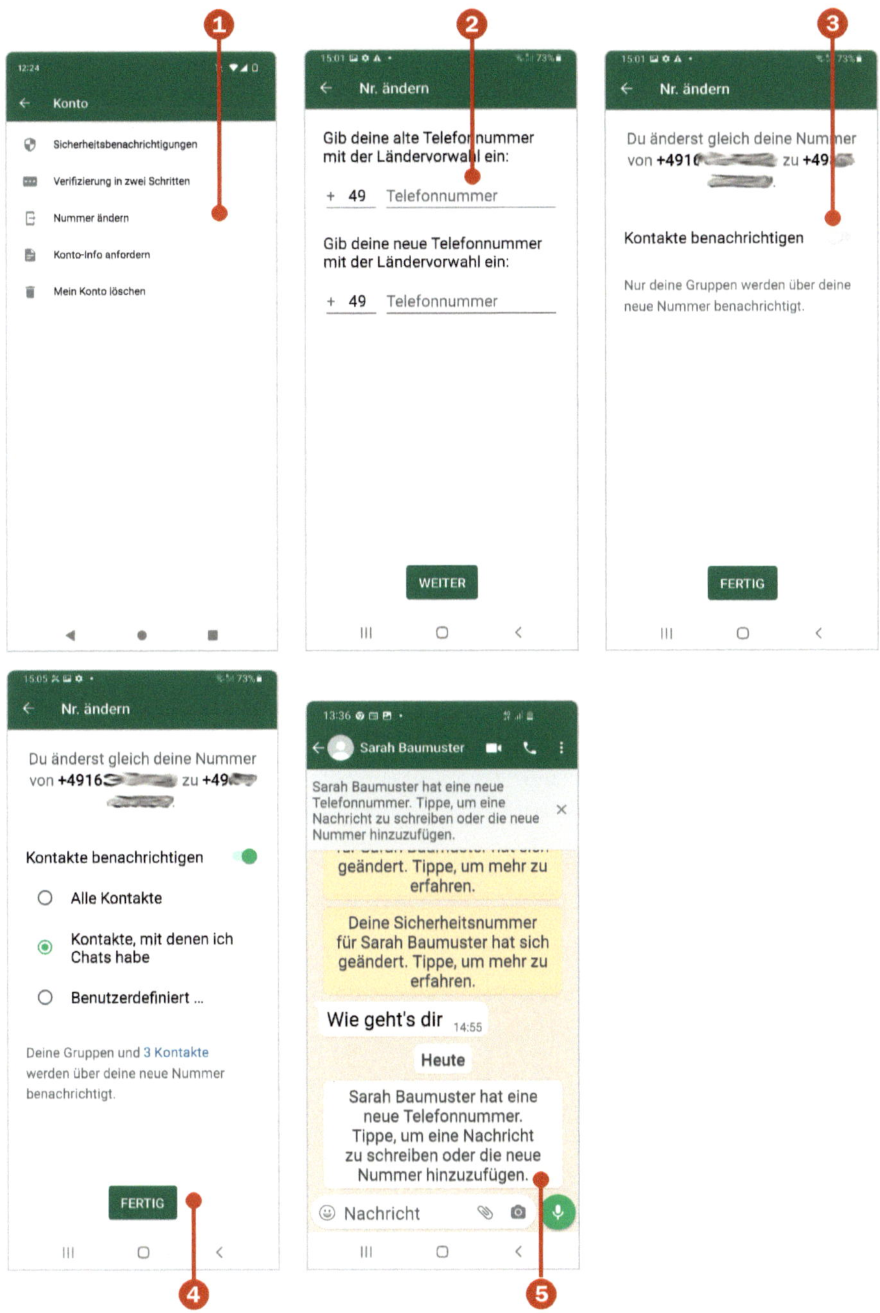
1
12:24
Konto
Sicherheitsbenachrichtigungen
Verifizierung in zwei Schritten
Nummer ändern
Konto-Info anfordern
Mein Konto löschen
2
Nr. ändern
Gib deine alte Telefonnummer mit der Ländervorwahl ein:
+ 49 Telefonnummer
Gib deine neue Telefonnummer mit der Ländervorwahl ein:
+ 49 Telefonnummer
WEITER
3
Nr. ändern
Du änderst gleich deine Nummer von +4916 zu +49
Kontakte benachrichtigen
Nur deine Gruppen werden über deine neue Nummer benachrichtigt.
FERTIG
4
Nr. ändern
Du änderst gleich deine Nummer von +4916 zu +49
Kontakte benachrichtigen
Alle Kontakte
Kontakte, mit denen ich Chats habe
Benutzerdefiniert ...
Deine Gruppen und 3 Kontakte werden über deine neue Nummer benachrichtigt.
FERTIG
5
13:36
Sarah Baumuster
Sarah Baumuster hat eine neue Telefonnummer. Tippe, um eine Nachricht zu schreiben oder die neue Nummer hinzuzufügen.
geändert. Tippe, um mehr zu erfahren.
Deine Sicherheitsnummer für Sarah Baumuster hat sich geändert. Tippe, um mehr zu erfahren.
Wie geht's dir 14:55
Heute
Sarah Baumuster hat eine neue Telefonnummer. Tippe, um eine Nachricht zu schreiben oder die neue Nummer hinzuzufügen.
Nachricht

Vorgehensweise zum Austausch der Telefonnummer und des Smartphones

1. Sichern Sie Ihre Daten auf Google Drive (siehe Seite 284).

2. Nehmen Sie zunächst den SIM-Karten- und Nummerntausch auf Ihrem **alten** Smartphone vor, wie auf Seite 289 beschrieben.

3. Falls Sie während der Aktion Nachrichten erhalten haben, müssen Sie nochmals sichern.

4. Schalten Sie das alte Smartphone aus. Entfernen Sie dann die neue SIM-Karte aus dem alten Smartphone und legen Sie diese in das neue Gerät ein.

5. Richten Sie Ihr Smartphone ein, installieren Sie WhatsApp und stellen Sie Ihr Backup wieder her, wie ab Seite 287 erläutert.

Emoji	Interpretationen
😀 😃 😄 😁 😆	Glückliches Lachen: Das finde ich witzig. Ich freue mich.
🥹	Freudentränen | Das Gesicht soll Gemütszustände von Traurigkeit über Wut bis Freude und Dankbarkeit ausdrücken. Durch das kleine Lächeln erscheint es eher positiv.
😅	Das war knapp. Gerade nochmal gut gegangen.
😂 🤣	Ich kriege mich nicht mehr ein vor lachen! Ich wälze mich auf dem Boden vor Lachen (zweites Emoji).
🥲	Ich bin gerührt, dankbar oder erleichtert.
😊 ☺️	Du machst mich verlegen. Danke für das Kompliment. Schüchternes Lächeln.
😇	Ich bin absolut unschuldig!
🙂	Emoji mit einem Lächeln | Oder: Die Bemerkung war sarkastisch.
🙃	Ich albere nur herum.
😉	Das war nur Spaß. Steht bei zweideutigen oder ironischen Bemerkungen. Wird auch verwendet, um zu flirten.
😌	Das ist ja gerade nochmal gut gegangen!
😍 🥰 😘 😘 💋	Ich bin verliebt. Es kann aber auch freundschaftliche Zuneigung damit ausgedrückt werden oder Begeisterung für eine Sache, einen Ort etc.

Emoji	Interpretationen
😗 😙 😚	Du bist ein wahrer Freund! / Ich mag dich! Küssendes Gesicht als Symbol der Zuneigung oder des Dankes. Kann auch als pfeifendes Gesicht verwendet werden: Ich war das nicht und pfeife ganz unschuldig!
😋	Das war lecker!
😛 😝 😜	Ich mache nur Spaß. Das meine ich nicht ernst. Zeigt auch Schadenfreude.
🤪	Irrsinnig komisch, wobei hier auch mitschwingen kann, dass jemand verwirrt oder verrückt ist.
🤨 🧐	Das ist seltsam. Da bin ich skeptisch. Das Emoji drückt Argwohn oder Misstrauen aus.
🤓	Du bist ein Besserwisser.
😎	Mir gehört die Welt. Steht aber auch für: Ich bin im Urlaub.
🥸	Verkleidet oder inkognito sein.
🤩	Ich freue mich auf dich. Ich freue mich auf etwas.
🥳	Party-Emoji, beliebt an Silvester und Karneval. Jetzt wird gefeiert.
😏	Ich will nicht angeben, aber ...
😒	Ich bin genervt oder unzufrieden.

Emoji	Interpretationen
😞 😔	Das finde ich schade. Das ist traurig. Ich bin enttäuscht. Ich bedauere das.
😟	Ich bin sehr besorgt.
😕	Das Geschriebene verwirrt mich. Ich bin verwirrt und unzufrieden, aber nicht traurig.
🙁 ☹️	Das macht mich traurig. / Ich bin traurig.
😖 😣	Wie konnte das nur passieren?
😫 😩	Ich bin müde und kaputt. | Ich bin erschöpft und habe keine Lust mehr.
🥺	Flehende Bitte
😢 😭	Ich weine vor Traurigkeit und bin aufgelöst! Ich bin untröstlich.
😤	Das macht mich wütend! Kann aber auch ein verächtliches Schnauben demonstrieren.
😠 😡 🤬	Ich bin zornig und ärgere mich! Ich fluche (letztes Emoji).
🤯	Explodierender Kopf: Steht für eine erstaunliche oder schockierende Nachricht.
😳	Eigentlich schämt sich dieses Emoji, es ist mir also etwas peinlich. Viele verwenden es aber auch, um zu sagen, dass sie schockiert oder erstaunt sind.
🥵 🥶	Mir ist so heiß. | Mir ist so kalt.

Emoji	Interpretationen
😶‍🌫️	Das Gesicht hinter den Wolken kann verschiedene Bedeutungen haben. Jemand ist verwirrt oder hat einen "vernebelten" Verstand. Das Emoji kann aber auch für ruhige Glückseligkeit stehen oder ganz konkret für Rauch oder Nebel.
😱	Schreiendes Emoji: Ich bin vor Angst erstarrt, ungläubig. / Ich bin extrem aufgeregt.
😨	Ich bin entsetzt, überrascht, schockiert oder traurig.
😓 😥 😰	Ich mache mir große Sorgen./ Es war stressig, aber jetzt bin ich erleichtert!
🤗 👐	Ich könnte dich und die ganze Welt umarmen! Offene Hände sind auch ein Symbol für Umarmung.
🤔	Lass mich überlegen!
🫣	Durch die Finger gucken; man kann nicht wegsehen, obwohl es einem Angst macht oder peinlich ist.
🤭	Das macht mich sprachlos oder verlegen. Hinter vorgehaltener Hand lachen.
🫢	Damit drücken Sie Schock oder Überraschung aus.
🫡	Salutierendes Emoji signalisiert Respekt oder Zustimmung: Aye, aye, Käpt'n!
🤐 🤫	Das ist ein Geheimnis.

Emoji	Interpretationen
🫠	Schmelzendes Gesicht: Vor Hitze vergehen oder vor Scham.
🤥	Pinocchio-Nase: Das glaube ich nicht. Oder: Ich hab dich angeschwindelt.
😶	Dazu kann ich nichts sagen. Kein Kommentar.
😑 😐 🫥	Dazu habe ich keine Meinung. Kein Kommentar. Man zieht sich zurück oder ist isoliert.
🫤	Ich bin skeptisch, verwirrt oder frustriert.
🫨	Kopfschüttelndes oder zitterndes Gesicht.
😬	Ich war es nicht. / Ich bin nervös.
🙄	Das Emoji rollt mit den Augen: Das nervt mich. Ich will mich nicht weiter damit beschäftigen.
😮 😧 ☹️ 😯	Ich bin schockiert.
😲	Überraschtes Gesicht
😴 😪	Ich gehe schlafen. Gute Nacht | Ich bin müde. Etwas ist sehr einschläfernd.
🥱 🦥	Gähnendes, gelangweiltes Emoji. Man kann natürlich auch die eigene Trägheit durch das passende Tier symbolisieren.
🤤	Sabberndes Emoji: Mein Verlangen nach ... ist riesig.

Emoji	Interpretationen
😮‍💨	Gesicht atmet sichtbar aus: Ich bin erleichtert. | Ich bin müde / erschöpft. | Ich bin enttäuscht (seufzen). | Ausatmen von Rauch.
😵	Das glaube ich nicht. | Ich bin beeindruckt. | Das überrascht mich. | Mir ist schwindelig. | Kann auch für Krankheit stehen.
😵‍💫	Mir ist schwindelig. | Ich bin verwirrt. | Kann auch für Hypnose stehen.
🥴 🤢	Ich bin betrunken. Mir ist schwindelig.
🤕 🤒 🤧 🤮	Ich fühle mich gar nicht wohl. Ich bin krank.
😷	Ich bin krank und möchte niemanden anstecken. Ich möchte mich nicht anstecken und schütze mich.
🤑	Ich habe Geld gewonnen. Ich hoffe, ich gewinne.
👻	Verspielter Geist. Das ist aber gruselig! Aufgrund der Zunge kann der Geist als Alternative zu 😛 (Ich mache nur Spaß!) verwendet werden.
💩	Das ist ein Kothaufen. "Oh, das ist aber echt 💩 gelaufen." "Mir geht es heute echt 💩".
😾 😹 😸 😺	Emojis in Katzenform
🫷🏽 🫸🏽	Stop-Geste oder auch High-Five.
🫶	Ich liebe Dich. Ich unterstütze Dich.

Emoji	Interpretationen
🙌	Ich bin in Feierlaune und strecke die Hände nach oben zum Tanzen.
👏	Bravo! Sehr gut gemacht.
👍 👌	Okay. Das finde ich gut. Das machen wir so. Geht in Ordnung.
👎	Das gefällt mir nicht.
🤌	Dieses Emoji wird auch als "italienische Geste" bezeichnet. In Italien wird diese verwendet, wenn man enttäuscht oder frustriert ist: "Was willst du?" In Israel bedeutet die Geste "Entspann dich" oder "Bleib ruhig".
🤏	Ein wenig, ein bisschen oder auch so klein.
🤟 ≠ 🤘	Ich liebe dich. Zeichen aus der Gebärdensprache ≠ Pommesgabel: Geste auf Metal-Konzerten, um Begeisterung für die Musik zu demonstrieren.
👋	Hallo! / Tschüss! / Auf Wiedersehen!
🙏	Dies sind Hände zum Beten gefaltet. Wird als flehende Bitte oder auch als Danke verwendet. Andere sehen darin ein "High Five" .
🫵	Du! bist gemeint.
☝️	Nimm dich in Acht!
🤞	Viel Glück! Ich verspreche es. / Ich schwöre es.

Emoji	Interpretationen
👀	Nicht schlecht. | Das gefällt mir (z. B. wenn man ein Foto einer attraktiven Person sieht). Das Emoji kann aber auch dafür stehen, dass man etwas im Schilde führt.
🤦‍♂️ 🤦‍♀️	Oje, wie kann man nur? / Das darf nicht wahr sein!
🤷‍♀️ 🤷‍♂️	Das weiß ich nicht! / Das interessiert mich nicht!
💃	Lass uns tanzen gehen!
💑	Wir lieben uns! / Wir sind jetzt ein Paar!
💏	Lass dich küssen!
👑	Du bist großartig! / Das ist herrlich!
🐵	Du machst dich zum Affen!
🙈 🙊 🙉	Nichts sehen. | Nichts sagen. | Nichts hören.
🐽 🐷	Viel Glück! / Da hast du aber Schwein gehabt.
☀️ ☔ 🌧️ ☃️ ❄️	Lass uns das schöne Wetter genießen! | Vergiss den Regenschirm nicht! | Willst du einen Schneemann bauen? | Es ist bitterkalt.
🎅🎄🎁🐇	Auch rund um Feiertage gibt es passende Emojis: Weihnachtsmann | Weihnachtsbaum | Weihnachts- oder Geburtstagsgeschenk | (Oster-)hase

Emoji	Interpretationen
🍝🍕	Hast du Hunger?
🎂	Alles Gute zum Geburtstag!
🎉	Konfetti oder Wundertüte: Lass uns feiern!
❤️💞❣️💙	Herzensangelegenheit: Das erste Herz pulsiert im Chat, wenn es allein verschickt wird, und ist eines der beliebtesten Emojis überhaupt.
💘❤️‍🔥	Ich bin verliebt. | Ich brenne vor Leidenschaft.
💔❤️‍🩹	Gebrochenes Herz/Liebeskummer. | Heilendes Herz.
✨	Das Emoji kann für Verschiedenes stehen: Glück | Liebe | Fröhlichsein | Aufregung/Vorfreude | ein neuer/sauberer Gegenstand.
🔥	Das finde ich heiß. | Dafür brenne ich. | Ich bin Feuer und Flamme.
🪫	Der Akku ist leer, vielleicht vom Smartphone oder vom Elektroauto...
☑️✔️	Die Aufgabe ist / wird erledigt. | Das stimmt so.

Stichwortverzeichnis

A

B

C

P

Q

R

S